Micrologus

ミクロログス（音楽小論）

〘全 訳 と 解 説〙

グイド・ダレッツォ Guido d'Arezzo………〔著〕

中世ルネサンス音楽史研究会………〔訳〕

春秋社

まえがき

　本書は、中世期ヨーロッパで記述された多数の音楽理論書のうち、とくに令名たかく当時ひろく筆写されて後世にも甚大な影響をあたえたグイド・ダレッツォ（アレッツォのグイド）Guido d'Arezzo（991/2 頃 -1033 以降）著『ミクロログス（音楽小論）Micrologus』の日本語訳である。現代日本の音楽教科書にもその名が記されているグイドの文言に直接ふれることは、わが国の音楽界にとってもひとつの意味あいをもつに相違ない。

　私たち「中世ルネサンス音楽史研究会」は、ヨーロッパ音楽史専攻者たちによって組織された研究グループで、すでに 50 年以上の歩みを重ねてきている。今回の訳書は、以前刊行された伝フィリップ・ド・ヴィトリ Philippe de Vitry（14 世紀）著『アルス・ノヴァ Ars nova』（『音楽学』第 19 巻、1972 年）、ヨハンネス・ティンクトリス Johannes Tinctoris（15 世紀）著『音楽用語定義集 Terminorum musicae diffinitorum』（シンフォニア、1979 年）、ヨハンネス・デ・グロケイオ Johannes de Grocheio（13 世紀）著『音楽論 De musica』（春秋社、2001 年）に続く、私たちの第 4 番目の訳業である。

　翻訳の底本としたのは、スミッツ・ファン・ヴァースベルヘ Smits van Waesberghe 編『ミクロログス Micrologus』（Corpus Scriptorum de Musica 4、American Institute of Musicology、1955 年）である。彼ヴァースベルヘは、ほぼ 80 点にのぼる筆写異稿を厳密に検討吟味し、詳細な注釈を付した畏敬すべき校訂本を作成した。

　そのラテン語文を「研究会」同人は月 1 回ごとに集まって輪読し、真摯な議論を重ねつつ訳出してきた。さらにウォーレン・バッブによる英語訳（*Hucbald, Guido, and John on Music: Three Medieval Treatises*, translated by Warren Babb: edited, with introductions, by Claude V. Palisca, Yale University Press, 1978）、ライモント・シュレヒト、ミヒャエル・ヘルメスドルフそれぞれによる 2 種のドイツ語訳（"Micrologus; Guidonis de disciplina artis musicae" In deutscher Uebersetzung von Raym. Schlecht, *Monatshefte für Musik-Geschichte* No. 9-11, 1873; *Micrologus Guidonis de disciplina artis musicae d.i. Kurze Abhandlung Guidos über die Regeln der musicalischen Kunst*, übersetzt und erklärt von Michael Hermesdorff, Trier, 1876）、マリー＝ノエル・コレットとジャン＝クリストフ・ジョ

リヴェ共同のフランス語訳（*Micrologus / Gui d'Arezzo*, traduction et commentaries Marie-Noël Colette, Jean-Christophe Jolivet, Editions ipmc, 1993）、アンジェロ・ルスコーニによるイタリア語訳（*Guido d'Arezzo: Le Opere: Testo Latino e Italiano*, introduzione, traduzione e commento a cura di Angelo Rusconi, Edizioni del Galluzzo per la Fondazione Ezio Franceschini, 2008）、また同書をめぐる数多い研究論文を能うかぎり参照するよう努めた。

　なお付言すると、グイドが「ドレミの始祖」としてひろく知られ、また有線記譜法への最初期の説明を残しているにもかかわらず、本『ミクロログス』にはこの件について直接ふれる文言は見出されない。実は、それらに関連する言及は本『ミクロログス』ではなく、彼グイドによる他の３つの文書……『韻文規則 Regulae rhythmicae』『アンティフォナリウム序文 Prologus in antiphonarium』『未知の聖歌に関するミカエルへの書簡 Epistola de ignoto cantu directa ad Michahelem』に在るのである。私たちはこれらの問題が、音楽にかかわる現代の人びとにとっても大きな関心事であることを勘案して、上記３つの文書中この件に関するすべての箇所を参考資料として訳出した。さらにまた、これらグイドによる原文訳とともに、やや理解しにくい文意を補足説明するために、「モドゥス」「モノコルド」「オルガヌム」等々に関する解説論文を付した。

　本書の完成にあたって、川島重成、原田裕司の両氏から貴重なご教示をいただいた。記して感謝の意を表したい。また出版を快くお引き受けくださった春秋社、編集の実務をご担当いただいた同社高梨公明、中川航の両氏に、心より御礼申し上げる。

（皆川達夫　記）

ミクロログス（音楽小論）

全訳と解説

目　次

解説論文 ——————————————93

凡　例

1. 記号

《　　》	曲名	［　　］	訳者による補足
『　　』	書名	（　　）	訳者による同義的な言い換え
「　　」	引用、強調	〈　　〉	本書が底本としたヴァースベルヘ
" 　　"	外国語の引用、強調		校訂版における補足

2. ルビ

　術語として用いられている単語などについては、必要に応じて原語のカナ読みをルビで記した。ただし、同一パラグラフ内では原則として初出箇所のみにとどめた。なお、原語が同じ単語であっても、文脈に応じて、訳語をあえて変えた箇所もある。

3. 外国語のカナ表記

　固有名詞については、原則として一般的に用いられている読み方を採用した。ラテン語をカナ表記する場合、いわゆる教会ラテン語の発音に従った。その際、原則として母音の長短の区別は示さず、音引きは用いないこととした。

4. 引用文日本語訳

　訳注中の引用文日本語訳は、出典を明記したものを除き、本研究会によるものである。

5. 音名の表記

　アルファベットの音名は下記のとおり、グイドが『ミクロログス』本文中で用いている表記に従った。

大文字のＢは常にロ音を示す。ロ音と変ロ音を区別する場合、ロ音は♮、変ロ音は♭で示す。グイドの体系外の音高に言及する場合は、混乱を避けるため日本語カナ表記の音名を用いた。

6. 文献の表記

　訳注、解説論文において文献を引用または参照する場合、（　　）内に文献を特定する情報のみを示し、書誌情報の詳細は巻末の参考文献表に載せた。その際、一次資料については著者、タイトル、引用箇所に関する情報、二次文献については著者、発行年、巻数、頁数を（　　）内に記載した。

　聖書を引用する場合、日本聖書協会『聖書　新共同訳』を用い、引用箇所は書名、節、章で示した。

ミクロログス（音楽小論）

全訳と解説

グイド・ダレッツォ
Guido d'Arezzo

ミクロログス（音楽小論）
Micrologus

ミクロログス〈すなわちグイドの音楽小論〉ここに始まる

　学舎へと自由の身のムーサたちを呼び戻そう。

　うら若き者たちに、大人たちがこれまでほとんど知り得なかったものを示し、

　慈しみが、見境なき悪意の剣を振り払うために。

　大地からは確かに悪しき禍があらゆる恵みを奪い去ったのだ。

　おのおのの詩行の頭文字をもってわが署名とす[注1]。

〈司教テオダルドゥス宛てのグイドの書簡〉

神を敬い、全き英知をもつとの誉れ高き敬愛すべき師父にして尊ぶべき御方、

あらゆる司祭、司教のなかで最も尊きテオダルドゥス猊下

　　　　　　　　　　　　　猊下のもとにある修道士の末席に連なり

　　　　　　　　　　　　　僕にして息子たらんと願うグイド

　ささやかな孤独の生活に務めるこの身でございますが、非力ながら、聖なる御言葉の探求へと向かうようにとの猊下の思し召しを賜りました。猊下のもとでは、高邁なる精神の持ち主にして、豊かな才能を活かす力を持ち、英知の探究心を十分に備えたあまたの方々が、託された下々の者たちを、猊下とともに正しく導き、絶ゆることなく熱心に神について思索しておられることに疑いはございません。しかしながら、数ならぬこの身の心と肉体、憐れみ護られるべき弱さも、猊下の仁慈、父のごとき愛の助けによって支えを得て、もしも神の思し召しによって私が何程かのお役に立つことがあるならば、神は猊下の功績とされることでしょう。

　そこで猊下は、教会にとっても有益であることから、音楽という技芸（アルス）の訓練を

公のものとするようにお命じになりました。その訓練のための私の努力は、神の御心にかない、無益ではなかったと思われます。それはまさに、神の御意志により正当な代理人として猊下が統括しておられる司教殉教者聖ドナトゥスの教会［建立］を、いとも驚くべき計画に従って完成させようとしておられるように、猊下がその類いなき気高さと品位によって、この教会に奉職する人々を地上のほぼすべての聖職者の鑑となされているのと同様です。さらに、まことに驚くべき、かつ好ましきことに、猊下の教会におきましては少年たちでさえも［聖歌の］歌唱の実習において、他のいかなる場所の老練な年長者をも凌駕しているのであります。先達の師父たちの後を継ぎ、この教会の学問のかくのごとき大いなる名声が猊下のお力によって高まったことは、猊下の名望と功績をいや増すものでありましょう。

　したがって、猊下のかくも適切な御下命に背くつもりもなければ、できるはずもございませんので、猊下の聡明にして父のごとき愛に対し、音楽という技芸^{アルス}の諸規則をここにお示し申し上げます。私は、哲学者たち^(注2)と同じように詳述したり、そのやり方を踏襲したりはせず、できる限り明白で簡潔に説明し、ひたすら教会の目的に適い、われわれの少年たちの助けになることだけを心がけました。この技芸の規則が今までよく知られなかったのは、それが実に難解であるために誰もわかりやすく説明できなかったからです。このような機会が得られましたので、その有用性と意図について少しばかり述べさせていただきたく存じます。

序文ここに始まる

　私は、当然の仕事として、また善き行ないを見倣って、皆に役立つことに取り組もうと考え、様々なものの中でも音楽を少年たちに教えることにした。すると神の御恵みにより、モノコルドをなぞりながらわれわれの音の表示法によって訓練された少年たちのある者は、ひと月もしないうちに、見たことも聞いたこともない聖歌を初見とまどうことなく歌ったのである。それは多くの人々にとってまさに驚くべき光景だった。にもかかわらず、そのように歌うことができない者が、どのような顔をして自らを音楽家^{ムジクス}あるいは歌い手^{カントル}などと称せるのか、理解に苦しむ。

　使徒が「［彼女たちは］いつも学んでいながら、決して真理の認識に達することができません」^(注3)と言っているとおり、たとえ 100 年にわたって歌の勉強を続けてきたとしても、最も短いアンティフォナでさえ独力で歌いきることができないような歌い手たちに、私は大いに悩まされてきた。そこで、われわれの有用な教程がみなに役立つことを切望して、神のご加護のもと、これまで様々な機会に集めてきた音楽に関する多くの論考の中から、歌い手たちに役立つと信じるいくつかの事柄を可能な限り簡潔に述べることにした。もちろん歌唱にあまり役立たず、議論されていても理解できないような音楽［の問題］については言及しない。学習が進む者がいるのであれば、たとえ反感を抱く者が出たとしても、私の関知するところではない。

　序文ここに終わる。各章始まる。

第1章
音楽という学科を志す者は何をなすべきか

　さてそこで、われわれの学科を身に付けようとする者は、われわれの音名で表示されたいくつもの聖歌を学び、モノコルドが使えるように手を慣らし、それぞれの音の働きと性質を理解して、知らない歌もよく知っている歌のように気持ちよく歌えるまで、ここに示す規則を何度も思い起こすべきである。しかし、音楽という技芸の第一の基礎である音はモノコルドでよりよく観察できるので、この技芸が自然に倣ってモノコルドの上にそれぞれの音をどのように配分しているかを、まず見ることにしよう。

第2章
音名とは何か、それはどのようなもので、いくつあるのか

　さて、モノコルドにおける音名は次のようになっている。まず最初にギリシア文字のΓが置かれるが、これは近年になって付け加えられたものである(注4)。これにアルファベットの7つの文字が続く。これらは低音域なので、ＡＢＣＤＥＦＧのように大文字で記される。その後に同じ7つの文字が高音域で繰り返されるが、これらは小文字で表記される。ただしその際、aとbの間にわれわれはもうひとつ丸いbを置き、先の文字は四角（♮）にしておく。つまりａ♭♮ｃｄｅｆｇのようになる。われわれはさらに、これと同じ文字を、しかし形を変えて使うことにより、上高音域のテトラコルドを加える。ここでもまた♭と♮を再度用いる。つまり、ａ♭♮ｃｄ / ａ♭♮ｃｄのようになる。これら（上高音域の音名）を余計なものだと言う人も多いが、しかしわれわれは、不足するよりは多すぎるほうを選んだのである。したがって［音名は］次のように全部で21となる。ΓＡＢＣＤＥＦＧａ♭♮ｃｄｅｆｇａ♭♮ｃｄ / ａ♭♮ｃｄである。これらの配置は、これまで教師たちに

よって言及されず、あるいは極めてあいまいなために混乱した状態のままであったが、しかし今回、少年たちにも［わかるように］簡潔に、しかも十分満足のゆく形で示された。

第3章
モノコルド上での音名の配置について

　まずΓの位置を定めた後、そこから端までの弦の長さを9つに分ける。そして、9等分した最初の部分の端にAの文字を置く。この文字は、古えの人々がみな始まりと定めたものである。同様に、Aから［弦の］端までを9等分して、同じやり方でBの文字を置く。この後、Γへ戻り、そこから端までを4つに分けると、その最初の部分の端にCが見つけられる。Γを起点にして4つに分けることによってCを見つけたように、同じ方法で順々にAからD、BからE、CからF、DからG、Eからa、Fから丸いbが見つかる。これに続く、［響きは］似ていて［文字が］同じすべて［の音］は、［これまでに得られた音と弦の端との］真中に次々と容易に見つけられる。たとえば、Bから［弦の］端までの真中にもうひとつのbを置く。同じようにすれば、Cはもうひとつのcを、Dはもうひとつのdを、Eはもうひとつのeを、Fはもうひとつのfを、Gはもうひとつのgを示すことになる。残りも同様である。古えよりのこの技芸の規範にとらわれなければ、こうした方法で無限に上方あるいは下方に続けることができる(注5)。モノコルドの多種多様な分割方法から、そのひとつを示した。多くのものの中からひとつのものへ注意を向けさせれば、迷うことなく受け入れられるからである。［この分割方法は］とくに有用であり、容易に理解され、一度理解すればほとんど忘れることがない。

　続いて、別の分割方法に移る。この方法は覚えにくいが、これによればモノコルド［の分割］を［前述の方法より］いっそう速やかに行なえる。まず、Γから

［弦の］端までを9つに刻み、［等しい］小部分に分ける。すると、第1の刻み目はAとなり、第2は空き、第3はD、第4は空き、第5はa、第6はd、第7は$\overset{a}{\text{a}}$となり、残りは空く。同様にAから［弦の］端までを9つに分ければ、第1の刻み目はBとなり、第2は空き、第3はE、第4は空き、第5はb、第6はe、第7は$\overset{\text{b}}{\text{b}}$となり、残りは空く。同様に、Γから［弦の］端までを4つに分割すれば、第1の刻み目はCとなり、第2はG、第3はgとなり、第4は［弦の］端である。また同様に、Cから［弦の］端までの4つの刻み目の第1はFとなり、第2はc、第3は$\overset{c}{\text{c}}$となり、第4は［弦の］端である。さらに、Fから4つの刻み目の第1は丸いbとなり、第2はfとなるのである。

　［モノコルド上での］音（ヴォクス）の並べ方については、以上2つの方法で十分であろう。これらのうち、前者はきわめて覚えやすいが、後者は速やかに実行できる。さて次に、分割によって起こるすべての音程（モドゥス）を簡潔に説明しよう。

第4章
6つの音程（モドゥス）により音（ヴォクス）が互いに結びつけられること

　このようにして音（ヴォクス）を置いてみると、音と音の間に、ある時はΓとAの間やAとBの間のように大きな間隔が、またある時はBとCの間などのように小さな間隔があることがわかる。

　そして、大きい方の間隔はトヌス（全音）、小さい方の間隔はセミトニウム（半音）と呼ばれる[注6]。セミ、すなわち完全ではないトヌスということである。

　同様に、ある音とそこから3つ目の音の間はディトヌス（二全音、長3度）、すなわちCからEまでのようにトヌス2つのこともあれば、セミディトヌス（短3度）、すなわちDからFまでなどのようにトヌスとセミトニウムのこともある。一方、ディアテサロン（完全4度）は、AからDまでやBからEまでなどのように、どのようであれ2つの音の間にトヌス2つとセミトニウム1つがある場合で

ある。ディアペンテ（完全5度）はそれよりも1トヌス分大きいもので、AからEまでやCからGまでなどのように、音の間にトヌス3つとセミトニウム1つがある場合である。

　このようにして、6つの旋律的音程^(注7)、すなわちトヌス（全音）、セミトニウム（半音）、ディトヌス（二全音、長3度）、セミディトヌス（短3度）、ディアテサロン（完全4度）、そしてディアペンテ（完全5度）が得られる。実際、どのような聖歌においても、上行するにせよ下行するにせよ、他の音程で音と音が結びつけられることはない。すべての旋律は、これほどまでに少ない要素によって形作られているので、それらをしっかりと記憶にとどめ、歌うときに十分に感じ取り認識できるようになるまで、練習を決してやめないことが大切である。というのも、これらをいわば鍵として持っていれば、より賢くより易しく歌の経験を積むことができるからである。

第5章
ディアパソンについて、また音名はなぜ7つだけなのか

　さて、ディアパソン（完全8度、オクターヴ）はディアテサロン（完全4度）とディアペンテ（完全5度）を結び合わせたものである。たとえば、AからDまでがディアテサロンであり、そのDから高音域のaまでがディアペンテなので、Aからもうひとつのaまでがディアパソンとなるのである。

　その特性は、Bからb、Cからc、Dからdなどのように、どちらの側にも同じ文字があるということである。つまり、どちらの音も同じ文字で記されているように、両方の音はあらゆる点で同じ性質をもち、全くよく似ていると見なされ、そのように考えられているのである。

　実際われわれは、7つと限られた日を同じように繰り返し、最初の日と8番目の日を同じ名（曜日）で呼んでいるように、最初の音と8番目の音を常に同じ名

で表し、そのように呼んでいる。なぜなら、それらがＤとｄのように、自然の調和によって協和すると感じられるからである。確かに、どちらの音からも全音、半音、全音、全音と下行し、また同様に全音、半音、全音、全音と上行する。そこで、歌う場合には２人または３人、あるいは可能であればそれ以上の数の歌い手が、何であれ同じアンティフォナを、この音程で異なる音（オクターヴ離れた音）から歌い始め、歌い続けるならば、驚くべきことに、ほんのわずかな違いはあるものの、異なる位置で同じ音がして、同じ聖歌が低音域、高音域、上高音域でありながら次のようにひとつに響くことになる。

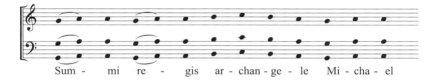

```
g a a      g a a b c♭b a      g a a
g a a      g a a b c♭b a      g a a
G a a      G a a b c♭b a      G a a
Γ A A      Γ A A B C B A      Γ A A
Sum- mi   re- gis ar-chan- ge- le   Mi- cha- el
```

いと高き王に仕える大天使、ミカエルよ

Sum- mi re- gis ar-chan-ge- le Mi-cha- el

　同様に、同じアンティフォナを一部は低音域また一部は高音域で歌っても、あるいは、この音程（オクターヴ）でどのように変えたとしても、音の同一性は明らかであろう。したがって、詩人がいみじくも「７つの異なる音」［による調べ］(注8)と詠んだのは、たとえ［音が７つ］より多くなるとしても、他［の音］を付け加えるのではなく、同じ音を再び用い、繰り返すということなのである。こうした理由で、われわれはボエティウスや古えの音楽家たちに従って、すべての音(注9)を７つの文字で表したのだが、今日の一部の人々ははなはだ不注意なことに４つの記号しか用いてこなかった。しかし実は、ある音はその５つ目の音とは全く一致せず、またどの音であってもその５番目の音と完全には一致しない。

それが疑いもない真実であるにもかかわらず、彼らは明らかにあらゆる5つ目の 音 をどこでも同じ記号によって表している。しかし、8番目の音以外はどのような 音 でも他の音と完全に一致することはないのである^(注10)。

第6章
ふたたび［モノコルドの］分割とその意味について

　さて、モノコルドの分割についてひと言でいえば次のようになる。ディアパソン（完全8度）［の刻み目］は常に［弦の］端までを2歩で、ディアペンテ（完全5度）は3歩で、ディアテサロン（完全4度）は4歩で、トヌス（全音）は9歩で渡りきる［歩幅の第1歩目にあたる］のである。歩数が多くなればなるほど、その間隔は狭くなる。ただし、これら4つ以外の分割を見つけることはできない。

　ところでディアパソンは「すべてから成る」と解釈される。［そこに］すべての 音 を含んでいるからであり、また古えにはキタラがその音程にわたる8つの弦でできていたからである。この種［の音程］では、Aとaのように、低い方の音が2つ分の間隔をもち、高い方の音が1つ分の間隔をもっている。ディアペンテは「5から成る」と言われる。確かにDからaまでのように、そこには5つの音がある。その低い方の音は3つ分の、高い方の音は2つ分の間隔をもっている。

　ディアテサロンは「4から成る」を意味する。つまり4つの音を含むからである。そしてDからGまでのように、低い方の音は4つ分の、高い方の音は3つ分の間隔をもっている。

　これら3種［の音程］は、音の甘美な結び付きを意味する「シンフォニア」^(注11)と呼ばれていることを覚えておくとよい。なぜなら、ディアパソンでは異なる音がひとつに響くからである。またディアペンテもディアテサロンも、ディアフォニア、すなわちオルガヌムのあり方を律するもので、どのような場合にも［2つの音が］ひとつの音のような響きを生み出すのである。

　一方トヌスは、「響かされる」という意味の「イントンナンドゥス」の語からその名を得ており、[弦の]長い方の音（低い音）が9歩分、短い方の音（高い音）が8歩分にあたる。しかし、セミトニウム（半音）、ディトヌス（二全音、長3度）、セミディトヌス（短3度）は、歌唱の際に音と音をつなぐものであるが、[モノコルド上に]分割点は与えられていない。

第7章
4つのモドゥスによる 音 の親近関係について

　さて、音は7つあり、すでに述べたように、それ以外[の音]は同様のもの[の繰り返し]であるから、その7つ[の音]を説明すれば十分である。それらはいずれも異なる[4つの]モドゥスに属し、異なる性質をもっている。第1のモドゥスは、ある音が下には全音下行し、上には全音、半音、全音、全音の順に上行してゆく場合で、AとDにおいてそれが起こる。第2のモドゥスは、音が下には全音、全音と下行し、上には半音、全音、全音の順に上行する場合で、BとEにおいてそれが起こる。第3は、半音、全音、全音の順に下行し、また全音、全音と上行してゆく場合で、CとFにおいてそれが起こる。第4は、全音で下行する一方、全音、全音、半音の順で上行する場合で、Gにおいてそれが起こる。

　さらに、第1はA、第2はB、第3はCというように順序よく続いていることにも留意するとよい。同じように、第1にD、第2はE、第3はF、第4はGである。これらの音の親近関係(注12)が、ディアテサロンとディアペンテによって成り立っているということにも留意しよう。つまり、以下の図のようにAはDに、BはEに、CはFに、低音域からはディアテサロンで、高音域からはディアペンテで結び合っているのである。

A B C D E F G a b c

ディアテサロン   ディアペンテ

第 8 章
その他の親近関係、および♭と♮について

　他にどのような親近関係（アフィニタス）があるとしても、それらもまたディアテサロンとディアペンテから作られているものなのである。なぜなら、ディアパソンはその中にディアテサロンとディアペンテを含み、両端に同じ文字をもっているので、常にその間隔（音域）の中ほどには、上記の図に示したように、ディアパソンの両端に対して、低音域の文字とはディアテサロンを生じ、高音域の同じ文字とはディアペンテが成立するような文字があるからである。そしてまた、ＡＥａのように低音域の文字に対してディアペンテをとると、上方の音域の同じ文字に対してディアテサロンが生じることになるからでもある。確かに、ａとＥはそれらの音から全音、全音、半音の順に下行する点で共通している。またＧは、ＣとＤと、それぞれ上述の音程で響き、下行においては一方（Ｄ）と、上行においては他方（Ｃ）と同じ形をとる。つまり、ＣとＧからはどちらも全音、全音、半音の順に上行し、ＤとＧからはどちらも全音、半音の順に下行するのである。

　丸い♭はどちらかと言えば正規のものではなく、付加的なもの、あるいは柔らかいもの[注13]と呼ばれ、Ｆと協和する。これが加えられたのは、Ｆがそこから4番目の♮とはトリトヌス（三全音）隔たっていて、協和することができないからである。ただし、同一の旋律句（ネウマ）[注14]において♭と♮を併用してはならない。

　低音域のＦあるいは高音域のｆが連続するような聖歌（カントゥス）では、しばしば丸い♭

が使われる。すると、［このｂによって］ある種の混乱と変化が引き起こされる。つまり、Ｇがプロトゥスとして、ａがデウテルスとして、その丸いｂがトリトゥスとして響いてしまう^(注15)。そのため、丸いｂに言及した者はほとんどいなかった。他方、もうひとつのｂは一般に受け入れられている。もし、丸いｂを一切使いたくなければ、それが出てくる旋律句、例えばＦＧａｂを、Ｇａｂｃとするとよい。もし、ＤＥＦの後に全音、全音、半音の順に上行しようとする時や、ＤＥＦ［のＤ］から全音、全音と下行しようとする時のように、ｂが生じる旋律句の場合には、ＤＥＦに代えてａｂｃを用いるとよい。これらは同じモドゥスであり、前述した上行形と下行形とを規則通り含んでいる。このように、ＤＥＦとａｂｃの間の上行と下行をはっきりと認識することで、不都合な混乱が最大限避けられるのである。

　われわれは 音 が類似していることについて手短かに触れてきた。なぜなら、多様な事柄のなかに類似しているところが見出されると、長年、頭を混乱させ負担を与えてきた多様性そのものが減ぜられるからである。まとまったものは、ばらばらなものより常にわかりやすい。

　要するに、すべての［音の］モドゥスとそのディスティンクツィオは、以下の３つの音（ＣＤＥ）^(注16)に関わっている。私は今「ディスティンクツィオ」と言ったが、これを多くの人々は「ディフェレンツィア」と言っている。しかしディフェレンツィアというのは、変格と正格を識別したり分別したりするために言うのであって、それ以外の使い方は間違っているのである^(注17)。他のすべての音は、下行あるいは上行においてこれらの音とある程度まで一致しているが、ディアパソンの場合を除いて、どの音も両方向で他の音と全く同じというわけではない。しかし求めようとするなら誰でも、以下の図の中にこれらすべての類似関係を見出すことができる^(注18)。

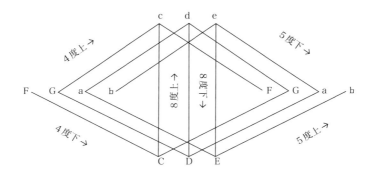

第9章
ふたたび 音（ヴォクス） が類似していることについて、
その中ではディアパソンだけが完全である

　上で述べたそれらの 音（ヴォクス） は、あるものは下行、あるものは上行、またあるもの
はその両方において類似しているので、それに応じて旋律（ネウマ）も類似したものになる。
このように、ひとつの知識は他の知識をもたらすのである。これに対して、全く
類似していない音、つまり異なったモドゥスの間では、一方に他方の旋律や
聖歌（カントゥス）は当てはまらない。もし無理に当てはめようとすれば、旋律は変わってし
まうことになる。つまり、開始音がDであるアンティフォナを、もし他のモド
ゥスの音であるEかFで始めようとすると、どれほど異なったものに変化して
しまったかがすぐに耳で聞き取れるに違いない。しかし、同じモドゥスのDとa
では、ほとんどの場合、同じ聖歌を［歌い］始めて［歌い］終えることができる
のである。私は「どんな場合でも」ではなく、「ほとんどの場合」と言った。と
いうのも、ディアパソン以外では、類似は完全ではないからである。
　つまり、全音と半音の位置が一致しない場合には、必然的に異なった旋律（ネウマ）が生
じてしまう。確かに、いま同じモドゥスであると言った音（Dとa）でさえ、類

似していないところが見つかるのである。つまり、D が全音［、半音と］下行するのに対して、a は全音、全音と下行する[注19]。他のどの音においても同様である。

第 10 章
ふたたび様々な［音の］モドゥスについて、また旋律（メロス）の誤りに気づいて正すことについて

　以上が 4 種の［音の］モドゥスあるいはトロプス[注20]である。ちなみに、それらは誤ってトヌスとも呼ばれている。それら（4 種のモドゥス）はもともと異なっており、それぞれ別のものなので、一方が他方に自分の領分をゆずることはない。つまり、他のモドゥスの旋律（ネウマ）を変えてしまうか、決して受け入れないかのどちらかである。

　さらにまた、歌うときに間違って調子の外れた音が入り込むこともある。たとえば、正確に測られた音（ヴォクス）から、ほんの少しばかり低めに外れたり、高めに外れたりする場合で、それは人の不正確な声が引き起こすのである。あるいはまた、決められた音程以外で上がったり下がったりして、ある［音の］モドゥスの旋律（ネウマ）をゆがめて他のモドゥスにしてしまったり、［本来］音のない場所から歌い出したりする場合である。

　このことを例で明らかにしてみよう。聖体拝領唱（コンムニオ）《雅びあふるる Diffusa est gratia》[注21]では、F で始めるべき「このゆえに propterea」を、多くの人は F の下には全音が存在しないにもかかわらず、全音低く始めてしまう。その結果、この聖体拝領唱の終わりも同じく何も音が存在しないはずの場所に来てしまうことになる[注22]。そこである旋律（ネウマ）をどの場所で、あるいはどのモドゥスで始めるかは、歌い手（カントル）の経験に任されねばならない。もし［音の高さを］移すことが必要ならば、彼は親近性のある音を探し求めるべきである。これら［4 種の音の］モドゥスあ

るいはトロプスを、ギリシア語でプロトゥス、デウテルス、トリトゥス、テトラルドゥスと呼ぶことにする[注23]。

第 11 章
聖 歌の中でどの 音 が主要な位置を占めるのか、そしてそれはなぜか

さてどの 聖 歌も、あらゆる 音 と音程によって作られているが、主要な位置を占めるのは聖歌を終える音である。なぜなら、その音がより長く引き伸ばされ響くからである。そして、よく訓練された人たちにのみわかることだが、それより前の音は最後の音に向かって整えられているので、それらがあたかも最後の音からある色合いを見事に引き出しているように思われるのである。

もちろん残りの音は、前に述べた 6 つの旋律的音程によって、旋律を終える音と整合していなければならない。つまり、聖 歌の始めの音、各 楽 句 の終わりの音、またそれらの出だしの音でさえも、聖歌を終える音と密接に関連していなければならない。例外は E で終わる聖歌で、しばしば E からディアペンテと半音（短 6 度）隔たった c で始まる。例えばアンティフォナ《そのことがありしより、三日目となり Tertia dies est quod haec facta sunt》[注24]がこれにあたる。

c aG　ab　　a　G　G　　FG　E　E　EDGacc dccaGF aacGF GaGaGFE
Tertia di-　es est quod haec facta sunt

そのことがありしより、三日目となり　［『ルカによる福音書』第 24 章 21 節］

また誰かが歌っているのを聴いても、最初の音がどのモドゥスに属するのかはわからない。その後に、全音か半音か、あるいは残りのどの音程が続くのか、われわれは知らないからである。しかし聖歌が終わると、前に歌われていた一連の

音から最後の音が属するモドゥスをはっきりと知ることができる。つまり、聖歌を歌い始めた時にはその後に何が続くかわからないが、歌い終わった時には何がその前にあったかがわかるのである。したがって、終止音（フィナリス・ヴォクス）こそ重視すべき音なのである。そこで、もしその聖歌の後に、唱句（ヴェルスス）または詩編唱あるいはその他のものをつなげようとするならば、何よりも［その聖歌の］終止音に合わせることが肝要であって、最初の音やその他の音にまで遡って考慮する必要はない。また、入念に作られた聖歌は、それぞれの楽句（ディスティンクツィオ）が主として［その聖歌の］終止音で終わっているということも付け加えておこう。

　音楽の諸規則が終止音によって決まるとしても、驚くにはあたらない。文法上の品詞においても、最後の文字または音節に示される格、数、人称、時制を通して、その文意を見極めるのが普通である。つまり、あらゆる賛辞[注25]が最後に歌われるように、すべての聖歌は最後に鳴る［音の］モドゥスに属し、そのモドゥスに律されると言ってよい。

　ところでどの聖歌においても、終止音から5番目の音まで（下へ完全4度）下行しても、また8番目の音まで上行してもよい[注26]。もっとも、この規則に反して、9番目や10番目の音まで進むこともしばしばある。以上のことから、ＤＥＦＧが終止音と定められている。なぜなら、モノコルド上の位置がいま述べた上行や下行に好都合だからである。つまり、下方には低音域のテトラコルドが1つ、上方には高音域のテトラコルドが2つ存在するのである。

第12章
4つのモドゥスを8つに分けることについて

　あるモドゥス、たとえばプロトゥスの聖歌（カントゥス）は、［その聖歌の］最後の音に比べて低く平坦なものもあれば鋭く高いものもある。そこで、［それに続く部分は］前述のように唱句（ヴェルスス）であれ詩編唱であれ、また他のものであれ、最後の音に合わせ

て、ひとつの同じモドゥスで続けなければならないのだが、これまでは異なる音域に合わせることができなかった。なぜなら、続く部分が低ければ高い音とは合わず、高ければ低い音とは調和しなかったからである。そこで、それぞれのモドゥスを2つに、すなわち高いものと低いものに分け、分配し規則付けることによって、高い音は高いモドゥスに、低い音は低いモドゥスに合わせることが考え出された。そして、それぞれの高いモドゥスは正格、つまり正であり第一義的なもの、低いモドゥスは変格、つまり副であり第二義的なものと呼ばれた。たとえば、ある人が私の傍らに立つと言った場合には、その人は私よりも下位にあることになるが、その人が私より上位にあれば、私の方がその人の傍らに立っていると言うのがより適切なのである。

したがって、正格のプロトゥスとそのプロトゥスの変格があり、その他も同様なので、これらのモドゥスはもちろん音においては4通りであったが、聖歌においては8通りとなる。しかし、ラテン人たちによって、正格のプロトゥスとそのプロトゥスの変格の代わりに第1と第2、正格のデウテルスとそのデウテルスの変格の代わりに第3と第4、正格のトリトゥスとそのトリトゥスの変格の代わりに第5と第6、正格のテトラルドゥスとそのテトラルドゥスの変格の代わりに第7と第8、と誤って呼ばれるようになった(注27)。

第13章
8通りのモドゥスをその高低で認識することについて

言葉に8つの品詞(注28)があり、至福も8つ(注29)あるように、モドゥスも8通りある。旋律はすべて、これら8つのモドゥスに従って分かれ、その8つの異なる性格に応じた様々な形をとるのである。聖歌においてモドゥスを判別するために、ある種の旋律が作り出されており、そのどれに合うかによって聖歌のモドゥスを知ることができる。それはちょうど体格に合うかどうかで、トゥニカ

が誰のものかがわかるようなものである^{（注30）}。たとえば次のようになる。

Dab a   a   GEF G FE   DDC FGaGaGFE FGaGFEFED

Pri- mum quaerite regnum Dei

第一に神の国を求めよ^{（注31）}［『マタイによる福音書』第6章33節］

Pri - mum quae - ri - te   regnum   De - i

　あるアンティフォナの終わりがこのような旋律（ネウマ）とよく合うことがわかれば、それが正格のプロトゥスであることを疑う余地はない。他のモドゥスでも同様である。このこと（聖歌のモドゥスを知ること）にもっとも有効なのは、宵課（ノクトゥルム）のレスポンソリウムの唱句（ヴェルスス）や聖務日課（オフィツィウム）の詩編唱、およびモドゥスの旋律定型（フォルムラ）^{（注32）}に定められたすべてである。もしこれ（旋律定型）を知らない人が、ここで述べている事柄を部分的にでも理解するならば、それは驚くべきことである。こうした知識があれば、ある特定のモドゥスによる聖歌（カントゥス）において、開始音としてほとんど用いられない音やよく用いられる音、また決して生じるはずのない音も予測できる。たとえば変格においては、楽句（ディスティンクツィオ）の始まりや終わりでごくまれに第4音が出てくることがあっても、第5音まで上行することは決してあり得ない。また正格では、こうした楽句の始まりや終わりで、デウテルスを除いて、第6音まで上行することは決してあり得ない。なお、プロトゥスとトリトゥスの変格では第3音まで上行し、デウテルスとテトラルドゥスの変格では第4音まで上行する^{（注33）}。

　さらに、通常用いられている聖歌（カントゥス）が示しているところから明らかなように、正格（アウテントゥス）はその終止音から1音を超えた下行は滅多にないということを心に留めておくべきである。その中でもトリトゥスの正格では、さらにまれにしか見られないが、それは終止音のすぐ下にある半音がもつ不完全さのためである。正格は第8音、第9音、さらに第10音まで上行する。一方、変格（プラガ）は第5音まで上行、

［あるいは下へ完全4度］下行する。ただし上行の場合、その道の権威によれば、第6音も許容される。これは正格における第9音や第10音と同様である。なお、プロトゥス、デウテルス、トリトゥスの変格では、時として高音域のa b cに終止せざるを得ない場合がある^(注34)。

　このような規則は、とりわけアンティフォナとレスポンソリウムにおいて守られている。それらの聖歌を詩編唱^{カントゥス}や唱句^{ヴェルスス}に結びつけるためには、同じ規則によらなければならない。とはいえ、低い方の音と高い方の音が入り混じっていて、正格と変格のどちらに属しているかわからない聖歌も数多く見られる。さらに、聞いたことのない聖歌を吟味するにあたっては、前述の旋律やそれに付随するもの^(注35)を並べてみることが大いに助けとなる。それらとの適合の具合によって、トロプスの本質に応じたそれぞれの音^{ソヌス}の特徴を見極めることができるからである。トロプスとは歌の在りようであり、モドゥスとも呼ばれる。ここで、それについて述べることにしよう。

第14章
前述のトロプスと、音楽^{ムジカ}の力について

　よく訓練された人たちは、これらのトロプスの特徴なり相違、いわば姿とでもいうべきものを耳にすると、直ちにそれを識別する。それはちょうどさまざまな地域の人たちのことをよく知っている人が、大勢の人々を前にして彼らの外見を一目見ただけで「こちらはギリシア人で、あちらはイスパニア人、こちらはラテン人であちらはテウトニ人、そちらはまさしくガリア人」と言うことができるようなものである。また、トロプスの多様さは［人々の］心の多様さと結びついているので、ある人はデウテルスの正格（第3旋法）の変化に富んだ跳躍に心惹かれ、他の人はトリトゥスの変格（第6旋法）の喜ばしさを選び、またある人はテトラルドゥスの正格（第7旋法）の多弁さがむしろ好ましく、さらに別の人はそ

の変格（第8旋法）の甘美さを良しとする等々ということになる。

　音（ソヌス）の変化によって聴覚が楽しむとしても、驚くにはあたらない。それは、視覚が色の変化を喜び、嗅覚が香りの変化によって快く感じ、舌がさまざまな味わいを楽しむのと同じである(注36)。このように不思議なことに、身近な魅力あるものが肉体の窓を通して心の中にしみ入っていくのである。そこで、味や香りによってのみならず、ある種の色を見ることによっても、心身ともに健康が損なわれたり、増進したりすることになる。［聴覚の］例を挙げると、昔、医者アスクレピアデスは歌うことによってある狂乱の男を狂気から呼び戻したと言われている(注37)。また他の男は、キタラの音（ソヌス）で欲情を激しく掻きたてられ、狂乱のあまり若い娘の寝室に押し入ろうとしたが、キタラ奏者がいちはやくモドゥスを変えると、男は肉欲を悔い、恥入って引き下がったという。同様にダビデはキタラを奏してサウルの悪霊を鎮め、この技芸（アルス）のあらたかな力と甘美さとによって悪霊の凶暴さを打ち砕いたという(注38)。いずれにせよ、この［音楽の］力は神の叡智の前にのみ完全に明らかなのである。しかしわれわれは、遠くからおぼろげにそれを感じるだけである(注39)。とにかくこの技芸の効力については多少なりとも触れてきたので、［次に］よい節付けのために何が必要かを見ることにしよう。

第15章
適切な、あるいはなされるべき節付け（モドゥラツィオ）について

　さて、韻律詩（メトルム）に文字（リテラ）と音節（シラバ）、単語（パルス）と詩脚（ペス）そして詩行（ヴェルスス）があるように、旋律（アルモニア）にも音（プトングス）、すなわち楽音があり、それが1つ、2つあるいは3つで［音楽上の］「音節（シラバ）」になる。その「音節」もまた、1つか2つで旋律句、すなわち旋律にとっての「単語（パルス）」を構成する。そして1つあるいは複数の「単語」が楽句（ディスティンクツィオ）、すなわち息継ぎにふさわしい区分を作り出すのである。これらについて注意すべきは、「単語」全体をまとめて記譜し、一息で歌うということである。「音節」に

おいてはなおさらである。

　テノル（注40）、すなわち最後の 音 （ヴォクス）の引き延ばしは、［音楽上の］「音節」（シラバ）においてはわずかであっても、「単語」（パルス）ではそれより長く、 楽 句 （ディスティンクツィオ）ではもっとも長いものであり、それらは区切りのしるしとなっている。したがって、ちょうど詩の詩脚（ペス）の場合のように 旋 律 （カンティレナ）のテノルは適切な長さをとるべきであり（注41）、あるテノルは、他のテノルに対して2倍ないしは半分のモルラをもつ（注42）。あるいはゆれのあるモルラ、つまり変化のあるテノルをもつこともあり、その長さはしばしば文字に付された横線で示される（注43）。旋律句が同じ 音 （ネウマ）の反復によって作られるのであれ、2つあるいはそれ以上の音の連結によって作られるのであれ、旋律句同士が常に 音 （ヴォクス）の数、あるいはテノルとの関係のいずれかにおいてまとめあげられるように、その配分には十分注意する必要がある。つまり、ある時は同じ長さの旋律句同士が対応し、ある時は2つまたは3つの旋律句と1つの旋律句が対応し、また3つに対して2つ（セスクィアルテラ）、あるいは4つに対して3つ（セスクィテルツィア）というように対応してもよい（注44）。

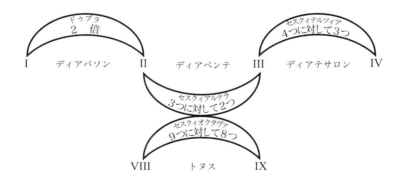

　詩人が何らかの詩脚（ペス）によって 詩 行 （ヴェルスス）を形作るように、音楽家（ムジクス）もこれらのうちのどの［比率の］区切り方（ディヴィジオ）によるのかを自ら決め、歌い進む聖 歌 （カントゥス）を形作らなければならない。しかし、規則にあまり縛られる必要はない。なぜならこの技芸（アルス）は、

理に適った多様さに従って、音の配分の点で常に変化するものだからである。たとえ理に適っているということがしばしばわれわれにはわからなくても、理性を宿している［人間の］精神を喜ばせるものは理に適っていると信じることができる。しかし、このようなことは無理に書くよりも、語って示す方がわかりやすい。

また、詩 行の場合と同様に、それぞれの 楽 句 も同じ長さであることが望ましい。時には同じものを反復したり、多少の変化を付けてもよい。楽句が非常に美しい場合には、それぞれの「単語」があまり異ならないようにしながら重複してもよい。またしばしば同じものの音程関係を変えてもよいし、上行下行が似たようなものになってもよい。

また、その前と逆の動きをする旋律句は、同じ道を同じ歩みで辿りながら戻ることになる。

また、ある旋律句が高い音から下行して、流 れないし線を描くときには、下がった先の旋律句は低い音からそれと正反対の動きで応えることが望ましい。それはあたかも井戸の中にわれわれに対して向かい合う似姿を期待するのと同じである[注45]。

また、ある時は１つの音節が１つまたは複数の旋律句をもってもよいし、ある時は１つの旋律句が複数の音節に分割されてもよい。これら、すなわちすべての旋律句は、音の高低がもつ様々な性質に従って、ある時は同じ音で始まり、またある時は異なる音で始まるので、多様なものとなる。

また、ほとんどすべての 楽 句 は、主要な音、すなわち終止音に向かって、あるいはその代わりにそれと関連する音が選ばれればその音に向かって、進むべきである。そして、それと同じ音ですべての旋律句あるいは数多くの楽句を終えたり、開始したりしなさい。もし興味があるならば、このような例はアンブロシウス［の聖歌］に見出すことができよう[注46]。しかし、こうしたことがあまり尊重されない、いわば散文的な聖 歌もある。そのような聖歌では、散文のように、「単語」が長くとも短くとも、あるいは楽句［の区切り］がどこに現われようと

も、配慮されることはない。

　それでも、私は聖歌（カントゥス）を韻律的であると言う。なぜなら、韻文［で書かれた聖歌］そのものを歌う場合と同様に、われわれはしばしば詩行を詩脚（ペス）に乗せて唱えるかのように［散文的な聖歌も］歌うからである[注47]。ここで注意すべきは、3音節や4音節の旋律句（ネウマ）を混ぜることなく、2音節の旋律句ばかりを続けてはならないということである。まさに抒情詩人が時に応じてあれこれと詩脚を結び付けたように[注48]、聖歌を作る者も、選びとった様々な旋律句をよく考えながら配置するのである。そこで、旋律句が旋律句に、楽句（ディスティンクツィオ）が楽句に、常にある程度の類似性をもって互いに調和して響き合うように、旋律句と楽句とのほどよい多様性が生み出されれば、それはよく考えられた判断と言える。つまり、きわめて甘美なアンブロシウス［の聖歌］にみられるように、似てはいても同じであってはならないのである。

　実際、韻文と聖歌（カントゥス）における類似は小さなものではない。旋律句が詩脚（ネウマ）（ペス）に、楽句（ディスティンクツィオ）が詩行（ヴェルスス）に相当するからである。つまり、この旋律句はダクティルス（長短短格）のようだが、あの旋律句はスポンデウス（長長格）、また別の旋律句はヤンブス（短長格）のように進んでいるといった具合である。そして楽句は、これはテトラメテル（四歩格）、これはペンタメテル（五歩格）、別のものはいわばヘクサメテル（六歩格）であると識別できるであろう[注49]。また他の多くの点でも同様である。

　また、旋律の「単語」（ネウマ）（パルス）と歌詞の単語や、旋律の楽句（ディスティンクツィオ）と歌詞の詩句（ディスティンクツィオ）が、それぞれ一致して終わるようにすべきであろう。短い音節に長めのテノルをあてたり、あるいは長い音節に短めのテノルをあてたりするような恥ずかしいことにならないようにするためである。ただしこのようなことを気にする必要はほとんどない。

　さらに歌の効果が歌詞内容に沿ったものとなるように、悲しい歌詞では旋律（ネウマ）も荘重に、穏やかな歌詞なら楽しげに、幸福な歌詞では喜び踊るようにというふう

にするのがよい。

　またわれわれは、しばしば音に重々しいアクセントや鋭いアクセントを付ける。なぜなら、同じ音の反復でさえ上行あるいは下行していると思われるほどに、強弱をつけて音を発することがよくあるからである。

　また、ちょうど駆けてきた馬のように、楽　句（ディスティンクツィオ）の終わりではつねに音が緩やかに息継ぎのところに近づくようにするのがよい。それはあたかも休息場所に疲れ果てて近づくようなものである。音を必要に応じて詰めたり空けたりして書くことで、しばしばこのことを示すことができる。

　また音は、言葉［の発音］で起こるように、多くの箇所で融化する。それは、ひとつの音からもうひとつの音に滑らかに移ってゆくように始めると、停滞した感じを与えないからである。そこでわれわれは融化する音の下に、しみのような点を以下のように付ける(注50)。

　　　　　GD　F　Ga　a　G
　　　　　Ad　te　le - va - vi
　　　　わが魂は御身を仰ぎ　［詩編第 24（新共同訳 25）編 1-4 節］

　もしその音をそのまま融化させずに歌おうとしても何ら差し支えなく、むしろその方が望ましい場合も多い。

　以上述べてきたことは、軽視しすぎたり重視しすぎたりすることなく、分別をもって行なうのがよい。

第 16 章
楽音と旋律句が多種多様であることについて

　さて、じつに数多くの様々な聖歌が、じつにわずかな音から作られている
のを見ても驚くにはあたらない。すでに述べたように、音は上行するにせよ下行
するにせよ、わずか 6 つの音程によって互いに結び付けられているのである。一
方［言葉の場合］、わずかな文字からある程度の数の音節が作り出されるが、その
数は数えられる範囲である。しかし、それらの音節から限りなく多くの単語が成
り立つ。そして韻文詩においては、わずかな種類の詩脚からいかに多くの種類の
韻律型が案出されることだろう。たとえば六歩格におけるように、ひとつの種類
の韻律がいろいろ変化して様々な形を取るのである[注51]。それがどのように行な
われるかは、文法家が考えることである。われわれは、どのようにして互いに異
なる旋律句を作ることができるかを可能な限り見てみよう。

　音の進行は、前述のように 6 つの音程によって作られているのだが、アルシス
とテシス、つまり上行と下行からなっている[注52]。これら 2 種類の進行、アルシ
スとテシスによって、［同じ音の］反復と単独の音を除くすべての旋律句が形成
される。そしてアルシスとテシスは、アルシスとアルシスあるいはテシスとテシ
スというように、同じもの同士で連結されることもあれば、アルシスがテシスに、
テシスがアルシスにというように一方が他方に連結されることもある。そして、
その連結自体も、時には類似しているものから、また時には類似していないもの
から作られている[注53]。

　そのような非類似性が生じるのは、前に述べた進行において一方が他方より音
が多いか少ないか、あるいは音と音とがより近いか、より離れているかの場合で
ある。［上行や下行の］連結が類似していないものによるのであれ、類似している
ものによるのであれ、ある進行と次の進行とは以下のように連結される。すなわ
ち最初の進行の上に、つまりより高い位置に次の進行が置かれるか、あるいは下

に、あるいは隣に、つまり前の進行の終わりと後の進行の最初とが同じ音である
ように置かれるかである。あるいはまた中間の位置に、つまりひとつの進行がも
うひとつの［音域の］範囲内に含まれており、低くもなく高くもない位置に置か
れることもあれば、これらを混合した形で、つまり、一部は中間に、一部は低く、
一部は高く、また一部は隣に置かれることもある^(注54)。繰り返すならば、これら
の 配 置は音の低さと高さ、多さと少なさ、さらには音程といった様々な性質に
従って分類することができる。旋律句同士もまた、時には 楽 句 同士も、上
述したすべての方法で変化させることができる。このことについては、ひと目で
わかるように図表を添えておこう。

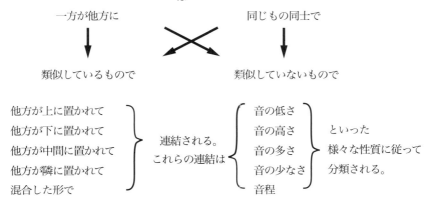

音楽とは［以下の6つの音程による］音 の 進行 である

トヌス　セミトニウム　ディトヌス　セミディトヌス　ディアテサロン　ディアペンテ
（全音）　（半音）　（二全音、長3度）（短3度）　（完全4度）　（完全5度）

アルシス　と　テシス
は

一方が他方に　　　　　　　　　　　同じもの同士で

類似しているもので　　　　　　　　類似していないもので

他方が上に置かれて
他方が下に置かれて
他方が中間に置かれて　　　連結される。　　音の低さ
他方が隣に置かれて　　　　これらの連結は　音の高さ　　といった
混合した形で　　　　　　　　　　　　　　音の多さ　　様々な性質に従って
　　　　　　　　　　　　　　　　　　　　音の少なさ　分類される。
　　　　　　　　　　　　　　　　　　　　音程

第 17 章
語られるものはすべて 歌(カントゥス) になる、ということについて

　これまで手短かに説明してきたこととは別に、非常に平明な事柄を君に教えることにしよう。今まで耳にすることがなかったとしても、それは知っておけば大変役に立つことである。それによって、あらゆる旋律(メロス)の基礎が完全に明らかとなるので、君は適切と考えるものを利用し、なおかつ不都合と思われるものを排除することができるだろう。

　まず、語られるものはすべて書きとめることができるように、書きとめられるものはすべて 歌(カントゥス) にできる、ということを考えてみよう。つまり語られるものはすべて歌になるのである。なお、書きとめられるものは文字によって表される。

　しかし、われわれの規則(レグラ)が冗長にならないように、これらの文字の中から 5 つの 母音(ヴォカリス) だけを取り上げることにしよう。これら [5 つの母音] なしには、他のいかなる文字も音節(シラバ)も音になることはない。様々な単語において、甘美な響き合い(コンコルディア)がどれほど頻繁に見出されようとも、それはまさにこれらの [5 つの] 母音によっているのである。たとえば韻文詩の中に、共鳴し互いに呼応する詩行(ヴェルスス)が頻繁(メトルム)に見出されるので、君はいわば言葉(グラマティカ)の交響(シンフォニア)に驚くはずである。もしそこに音楽が同じ呼応関係によって結び付けられるなら、[言葉と音楽との] 二重の 諸調(モドゥラツィオ) によって魅力は倍増しよう。

　では、これら 5 つの 母音(ヴォカリス) を取り上げることにしよう。それらがこれほど好ましい響き(コンコルディア)を言葉に与えるのなら、おそらくそれに劣らぬ 協和(コンチネンツィア) を旋律(ネウマ)にもたらすだろう。それらを順番にモノコルドの文字の下に配置してみよう。母音は 5 つしかないので、ひとつひとつの 音(ソヌス) に対してそれらが記入されるまで、次のように繰り返す。

Γ	A	B	C	D	E	F	G	a	♭	c	d	e	f	g	aa
a	e	i	o	u	a	e	i	o	u	a	e	i	o	u	a

　さて、この図において次のことをよく吟味しなさい。つまり、この5つの文字によってあらゆる発話が引き起こされるのだから、前述のように、当然5つの文字に応じて5つの音も次々に現われることになる。そのようなわけで、何かひとつの発話を取り上げて、それぞれの音節をそれに対応する音で歌ってみよう。その対応する音は、以下のように［図の左端に］書き添えられたそれぞれの音節の母音が示している。

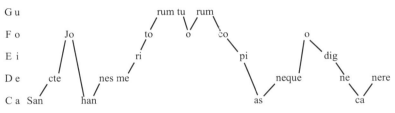

Sancte Johannes meritorum tuorum copias nequeo digne canere

聖ヨハネ、汝が大いなる功にまさる誉め歌、世にあらず

San-cte Jo-han-nes me-ri-to-rum tu-o-rum co-pi-as ne-que-o dig-ne ca-ne-re

　この言葉で行なったことは、疑いもなくあらゆる言葉で行なうことができる。しかしこの方法では、どのような調べでも、音が5つより少ないことはほとんどなく、その5つの音を超えて広がっていくことは望むべくもない。そこで、君をあまり厳格な規則で縛らないようにしよう。君がもう少し自由にできるように、別の母音の列を同じように付け加えてみよう。ただし次のように、最初の列の3番目の位置から始めて、違いができるようにする。

Γ	A	B	C	D	E	F	G	a	♭	c	d	e	f	g	aa
a	e	i	o	u	a	e	i	o	u	a	e	i	o	u	a
o	u	a	e	i	o	u	a	e	i	o	u	a	e	i	o

　ここでは、それぞれの音（ソヌス）の下に2つ［の母音の列］があり、各列の母音（ヴォカリス）は5種類である。つまりそれぞれの音には、ひとつ［の母音］が置かれているが、さらにもうひとつ［の母音］があるので、好きなように［旋律の］動きを大きくしたり小さくしたりして進んでいく、より大きな可能性が十分君に与えられているのである。さて今ここで、これらの母音が次の韻律詩[注55]にどのような調べ（シンフォニア）をもたらしているのかを見てみよう。

F	G	a	♭	c	d	e	f
e	i	o	u	a	e	i	o
u	a	e	i	o	u	a	e

　G　G　F a G　a　a a　a ♭ G　a c ♭ c d

Linguam refrenans temperet ne litis horror insonet,

猛けき罵（ののし）りおきぬよう、舌を抑え自制させたまえ

　e d　　c d　c c　a G　a c ♭ G a　F　G G

visum fovendo contegat ne vanitates hauriat.

虚しき物を見せぬよう、眼（まなこ）をやさしく蔽いたまえ

Lin-guam re - fre-nans tem - pe-ret ne li - tis hor-ror in-so-net,

vi-sum fo-ven-do con-te-gat ne va-ni-ta-tes hau-ri-at.

　最後の部分のみ、今述べたようなやり方になってはいないが、それはテトラル
ドゥスに合わせて旋律を終わらせるためである^(注56)。こうして、これらの母音^{ヴォカリス}
のみによって、それにふさわしい旋律^{カンティレナ}を作ることができるので、いろいろ試し
てみて、多くの可能性の中からより良いもの、よりふさわしいもののみを選べば、
最適なものが得られることは疑いない。隙間は詰め、詰まりすぎは緩め、広すぎ
れば狭め、狭すぎれば広げることで、最良の作に仕上げることができる。さらに
次のことも知っておいてほしい。すべての歌^{カントゥス}は純粋な銀のように使えば使う
ほど色合いが増し、気に入らないものでも使うことによって、ヤスリをかけたよ
うに磨きがかかり^(注57)、称賛されるようになる。また生まれや育ちの違いで、あ
る人には気に入られなくても他の人には好まれることもあり、まとまりの良さを
好む人もいれば変化に富んだものを良しとする人もいるのである。後者はその気
まぐれな性格から絶え間なく変化するものを求め、前者はその真面目さから節度
ある歌に安らぐ。さらに、複雑でねじれた刺激的な動きに我を忘れて狂喜する人
もいる。このようにそれぞれが、生来の気質にかなった歌であればよりいっそう
心地よく歌うのである。

　今まで述べたやり方によって熱心に練習を重ねるならば、これらすべてに無知
ではあり得なくなる。もちろん、われわれの認識が部分的なものでしかない以上、
十分な知識に至るためには当然これらのやり方を実践すべきである。これに関し
て論ずべきことは多々あるが、ここでは簡潔を旨としており、長々と述べること
は望ましくないので、［言葉を］歌にすることに関してはこれで十分であろう。
では、次にディアフォニアの規範について簡単に述べることにしよう。

第18章

ディアフォニア、すなわちオルガヌムの規範について^(注58)[注58]

ディアフォニアでは 音^{ヴォクス} が分離して鳴り、われわれはそれをオルガヌムと呼んでいるが、そこでは互いに分離した音が調和しながら別々に響いたり、別々に響きながら調和している。ディアフォニアについて、ある人たちは、[聖歌を]歌っている人に対してつねに4番目の 音^{コルダ}[注59] が下にくるようにするという方法をとっている[注60]。たとえばDに対してAが下にくるようにするのだが、もしオルガヌム声部をADaのように高音域の a ^{アクトゥス}で重複させると、AはDに対してディアテサロン（完全4度）、aに対してディアパソン（完全8度）で響くことになる。またDは、Aとaそれぞれに対してディアテサロンとディアペンテ（完全5度）となり、高音域のaは、下の［2つの］音（DとA）に対してディアペンテとディアパソンとなる。これら3種［の音程］が、似たような響きを生み出すことはすでに述べたが[注61]、それらはオルガヌムにおいてよく結合し、心地よく混ざり合う。それゆえシンフォニアと呼ばれるが、それは音の適切な結び付きを意味する。ただし、シンフォニア［という語］はまたすべての聖歌^{カントゥス}［の旋律］についても用いられる[注62]。さて、次がディアフォニアと呼ばれるものの例である。

ディアペンテ		c d e c	d e d	c	c c b a G c d e d d c
ディアパソン		F G a F	G a G	F	F F E D C F G a G G F
		Miserere	me - i	De - us	
ディアテサロン		C D E C	D E D	C	C C B A Γ C D E D D C

神よ、われを憐れみたまえ　［詩編第50（新共同訳51）編2節］

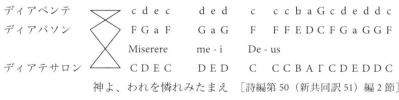

　君は、オルガヌム声部が加えられた聖歌（カントゥス）も、そのオルガヌム声部自体も、ディアパソン（完全 8 度）によって好きなだけ重複させることができる。なぜなら、ディアパソン（コンコルディア）の響き合いが生じるところではどこでも、前に述べたシンフォニアの本質が失われることはないからである。

　さて、このように音を重複させることについては十分に明らかにしたので、［聖歌の］歌い手より低く歌うことについて、われわれが行なっているやり方を説明しよう。先程述べたディアフォニアのやり方は明らかに生硬だが、われわれのやり方には柔軟性がある。われわれはセミトニウム（半音）とディアペンテ（完全 5 度）は認めないが、トヌス（全音）、ディトヌス（二全音、長 3 度）、セミディトヌス（短 3 度）およびディアテサロン（完全 4 度）は受け入れている[注63]。ただし、セミディトヌスは位置づけが最も低く、ディアテサロンが主要なものとして重んじられる。ディアフォニアはこの 4 つの音程（コンコルディア）によって聖歌（カントゥス）に付き従うのである。

　ところで、トロプス[注64]の中には［オルガヌム声部に］適しているもの、より適しているもの、最も適しているものがある。適しているのは、デウテルスであるＢやＥのように、ディアテサロン（完全 4 度）だけで、つまり［オルガヌム声部と聖歌との間で］互いに 4 番目の音同士でオルガヌムを生じる場合である[注65]。より適しているのは、プロトゥスであるＡやＤのように、4 番目の音だけではなく、［オルガヌム声部と聖歌との間で互いに］2 番目の音、すなわちトヌス（全音）［の音程］で、また稀ではあるが 3 番目の音、すなわちセミディトヌス（短 3 度）［の音程］で響き合う場合である。しかし、最も適しているのは、テトラルドゥスであるＧやトリトゥスであるＣとＦのように、最も頻繁に使われ、しかもより心地よくオルガヌムを作る場合である。ここでは、トヌス、ディトヌス（二全音、長 3 度）、ディアテサロンが使われる。

　それらの中でトリトゥスについて考えてみよう。［聖歌の］歌い手がトリトゥスより低い音をとる場合は別として、楽句（ディスティンクツィオ）の終わり［の音］がトリトゥス

となるか、あるいは楽句の終わりそのものより、その直前にあるトリトゥスが下にある場合には、伴唱者は決して［トリトゥスより］下がってはならない[注66]。つまりオルガヌム声部［の歌い手］は、［楽句の］最終音であるトリトゥス、あるいは最終音の直前にあるトリトゥスより下の音をとるべきではない。しかし、［聖歌の］歌い手がしかるべき箇所で［トリトゥスより］低い音をとるならば、オルガヌム声部［の音］はディアテサロン（完全4度）下に置かれるべきである。［聖歌の歌い手が］楽句のその低い音域を離れ、再びそこ（低い音域）に戻ることが予想されなければ、伴唱者はすぐにもとの音に戻るべきである。そうすれば、伴唱者が［聖歌の］最後の音に達した場合はその音に留まればよいし、達した音より［聖歌の最後の音が］上にある場合でも、伴唱者は近くから適切に［最後の］音に到達することができる。

　このオクルスス（楽句の終わりでの声部の合流）はトヌス（全音）からの進行がより望ましく、ディトヌス（二全音、長3度）からはあまり好ましくない[注67]。セミディトヌス（短3度）からはあり得ない。また、ディアテサロン（完全4度）からのオクルススもほとんどない。なぜなら低い伴唱はその位置（ディアテサロン下）のままのほうが好ましいからである。ただし 調 べ^{シンフォニア}の最後の 楽　句^{ディスティンクツィオ} では、それが生じないように配慮すべきである。

　しかし、しばしばあるように［聖歌の］歌い手がトリトゥスより低い音をとった時には、上になったオルガヌム声部をトリトゥスに留めておく。その際［聖歌の］歌い手は 楽　句^{ディスティンクツィオ} を、その低い音域で完結させるのではなく、音をすばやく動かして本来のトリトゥスに戻りやすくし、楽句をより高い音域で完結させることによって自分自身も相手も困らないようにするべきである。

　さらに、トヌス（全音）からオクルススが行なわれる場合には、［聖歌の］最後の音を長くのばしておき[注68]、［オルガヌム声部は］まずはその音に対して下に付き従い、次いで同じ音になる。一方ディトヌス（二全音、長3度）からの場合にはさらに長くのばし、たとえわずかでもしばしば［ディトヌスとオクルススの］間

［のオルガヌム声部］に音を挿入して付き従わせ、トヌスを経ての合流が欠けることがないようにする。旋律がデウテルスで終わる場合には、そのようになるのである。すなわち、もし［聖歌の］歌い手がトリトゥスまで下行しそうにないときには、オルガヌム声部は［ディトヌスに始まり］プロトゥスの位置を占め、［聖歌の］続く音に付き従い、トヌスを経て終わりの音に正しく合流するのが好ましい。

　また、ディアテサロン（完全4度）より広く離れることは許されないので、［聖歌の］歌い手がさらに上行しようとするときには、伴唱者も同様に上行すべきである。たとえば、CはFに、DはGに、Eはaに、というように付き従うのである。

　さらに、ディアテサロン（完全4度）は各音の下に置かれるが、四角いｂの場合は除く。したがって、その音を含む楽句では、Gがオルガヌム声部としての有効性をもつ。このことが生じた場合、聖歌がFに下行するか、あるいはGで終わる楽句を作るなら、［聖歌の］Gやaに対して、しかるべき場所で［オルガヌム声部は］Fで伴唱する。しかし、聖歌がGで終わらないなら、聖歌に従っていたFはオルガヌム声部としての有効性を失う[注69]。

　しかし聖歌に柔らかいｂがある時には、オルガヌム声部はFをとる。したがって、ディアフォニアでは、まさにトリトゥスこそが他のどれにも増して使いやすいため首位を占め、それがグレゴリウスによって他のどの音よりも好まれたのも当然であろう。たしかにグレゴリウスは、多くの旋律の冒頭や反復音の大多数にそれ（トリトゥス）を当てているので、もしその聖歌からトリトゥスのFとCを取り除くなら、ほぼ半分の音が取り去られてしまうことが分かるだろう[注70]。

　ディアフォニアの規範はこれで提示された。それを実例で確かめるならば、完全に理解できるだろう。

第19章

実例を用いた前述のディアフォニアの検証

さて、トリトゥスで終わるにせよ、それに続く音で終わるにせよ、われわれはオルガヌム声部をトリトゥスより下には置かない。たとえば次のように。

```
F   F G  G F F    D E F E D C
Ip - si   so -  li
C   C D  D C C    C C C C C
```

［譜例 1］

Ip - si___ so - li_____

これ（譜例 1）はトリトゥス C における終わりである。

```
F G   G a G   G F
Servo fi -    dem
C D   D E D   D C
```

(Ipsi soli servo fidem 主のみ信じたてまつる)

［譜例 2］

Ser - vo fi - - - dem___

これ（譜例 2）は別の、トリトゥス F に終わる　楽　　句　である。ここでは［オルガヌム声部は］4番目の　音　、つまりディアテサロン（完全4度）によって付き従うが、ディアテサロンによる伴唱はオクルススよりも好ましい。

```
F  F E D  F G  F
Ip - si   me to - ta
C  C C C  C D  C
```

［譜例 3］

Ip - si___ me to - ta

これ（譜例3）は同じトリトゥスFで終わる別の楽句の例である。

F F F　F E G　F E D　D
Devoti - o - ne　com- mit- to
C C C　C C D　C C C　D

(Ipsi me tota devotione commito　ふかき信心もて、われを主に委ねまつる)

　　　　　　　　　　　　　　　　　　　　　　　［譜例 4］

De - vo - ti - o - ne com - mit - to

　これ（譜例4）は別の、プロトゥスDで終わる楽句である。ここでは終わりの
部分でトヌス（全音）のオクルススがはっきりと見られる。

同様に、　　　C D F　F F　F　F　F E D E　E
　　　　　　　Homo　erat in　Iheru - sa - lem
　　　　　　　C C C C C　C　C C C C　E

(Homo erat in Iherusalem　エルサンムにその人ありき

　　　　　　　［『ルカによる福音書』第2章25節に基づく］)

　　　　　　　　　　　　　　　　　　　　　　　［譜例 5a］

Ho - mo　e - rat in Ihe - ru - - sa - lem

あるいは次のように。　　　　　F　F E　D E　E
　　　　　　　　　　　　　　　Iheru - sa - lem
　　　　　　　　　　　　　　　C　C C　C D　E

　　　　　　　　　　　　　　　　　　　　　　　［譜例 5b］

Ihe - ru - - sa - - lem

　これ（譜例5a、5b）はデウテルスEで終わる楽句である。ここでは、ディトヌ
ス（二全音、長3度）からのオクルススが、単純な形（5a）で、あるいは他の音を
間に置いて（5b）現われる。

同様に、　C F F F　D E C D　D C B A　C D F　F C E D
　　　　　Ve - ni ad　docendum　nos　　　vi - am prudentiae
　　　　　C C C C　C C C C　A Γ Γ A　C C C　C C C D

（Veni ad docendum nos viam prudentiae 来りて、われらに智恵の道を教えたまえ）

［譜例 6］

　［譜例 6 の上段は］プロトゥス A で終わる楽句である。この楽句では、終止音 D
に最も近くて下にあるトリトゥス C よりも低い音が許されている。低い部分が
終われば、元の位置に戻される。以下も同様である。

　F F G G F F　D D C　F G a G　F G　F F E D C F G a G F
　Sexta　　ho - ra se - dit　super pute - um
　C C D　D C C　C C C　C D E D　C D　C C C C C F F F F F

（Sexta hora sedit super puteum
第六時（正午）ごろ井戸のほとりに坐したまいぬ）

［譜例 7a］

　この（譜例 7a）最後の楽句では、オルガヌム声部が［ディアテサロン（完全 4
度）による］伴唱にならないよう上行している。

```
F   F G  G F F   D   D C  F G   a   G   F G   F F E D C F G a G F
Sexta    ho -  ra se - dit  super pute - um
F   F F   F F F   F   F F   F F   F   F F   F F F F F F F F F
```

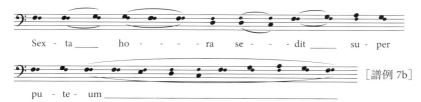

```
Sex - ta ____   ho - - - ra  se - - dit ____  su - per
```

[譜例 7b]

```
pu - te - um _____
```

ここ（譜例 7b）では［聖歌の］歌い手が低い音を用いているので、オルガヌム声部をトリトゥス F に留めている。

```
c   c   d c a c b c a G F G G
Victor  ascendit  coelos unde  descenderat
G G   a G G G G G F   F F F G
```

（Victor ascendit coelos unde descenderat 勝利の主は、降られし天に昇りたもう）

[譜例 8]

```
Vic - tor   as - cen - dit   coe - los   un - de   des - cen - de - rat
```

ここ（譜例 8）では終わりの部分で、F が G と a に付き従っている。

変則的なトリトゥス[注71]においても同様のことが見られる。つまり、F が G と a に付き従うように、［丸い］b が c と d に付き従うのである。以下に例を示す。

```
e c d   d e d c   d d c
Venite ad -     oremus
c c c   c c c c   b b c
```

（Venite adoremus 来れ、われら主を拝まん［詩編第 94（新共同訳 95）編 6 節？］）

[譜例 9]

```
Ve - ni - te  ad - - - - - - - o - re - mus
```

このような次第なので、旺盛な探究心をもって実際に練習しなさい。何であれ
シンフォニア
調 べがあるなら、これらの規則によってディアフォニアを十分作れるようにな

るだろう。

　ところで、音楽という技芸（アルス）の起源については、読者が初心者だと分かっていたので最初のうちは触れなかった。しかし今では練習を積み、より多くを知るようになったので、最後にそれについて述べることにしよう。

第 20 章
音楽（ムジカ）［の理］がいかにして鎚の 音（ソヌス）から発見されたか

　古えの時代にもなにがしかの楽器があり、多くの歌い手もいたが、彼らは無知蒙昧であった。実際、人は誰も 音（ヴォクス）の相違とシンフォニアの在りようを何らかの論拠によって結論づけることができなかったし、神の御恵みによって以下のことが御心のままに取り計らわれなかったなら、この技芸（アルス）について何らかの確かなことを決して理解できなかったであろう。

　ピュタゴラスという偉大な哲学者がたまたま道を歩いていると、とある工房に行き当たった。そこでは、1 つの鉄床の上で 5 つの鎚が打ちつけられていた。その［音の］心地よい 調 和（コンコルディア）に驚いた哲学者は、近寄って、始めはその 音（ソヌス）と響き具合の効果（モドゥラツィオ）は［職人たちの］打ち方の差に拠るのであろうと予想し、鎚を取り替えてみた。そうしたところ、その効果はそれぞれの鎚に拠っていた。そこで、他とは調和（ディ）しない 1 つの鎚（ソヌス）を取り除き、残りの鎚の重さを量った。すると驚くべきことに神の御心によって、第 1 の鎚の重さは 12、第 2 は 9、第 3 は 8、第 4 は 6 であった。もっとも、その重さの単位については私は知らない。

　こうしてピュタゴラスは、音楽に関する 学（ムジカ）（シエンツィア）が数の 比（プロポルツィオ）とその関 係（コラツィオ）にかかわるものと悟った。たしかに、4 本の鎚［の重さ］の相互関係は 4 つの［音を表す］文字 A D E a のそれと同じだったのである。つまり、A が 12、D が 9 であり、3 をひとまとまりとしてそれが 4 つあると考えれば、12 の A は 3 が 4 つ、9 の D は 3 が 3 つとなる。これがディアテサロンである。さらに A が 12、E が 8

とすれば、A は 4 が 3 つ、E は 2 つとなり、ディアペンテであることがわかる。一方、A が 12、もうひとつの a が 6 ならば、6 は 12 の半分で、ちょうど、高音域の a がもうひとつの A の真中にあたるのと同じである。したがって、それはディアパソンとなる。こうして、A は D に対してディアテサロン、E に対してディアペンテ、もうひとつの a に対してはディアパソンの関係となる。D もまた、E に対してはトヌスで、A と a とに対してはそれぞれディアテサロンとディアペンテで響く。さらに E は D に対してはトヌス、A と a とに対してはそれぞれディアペンテとディアテサロンの関係を示す。そして高音域の a は当然、A とはディアパソン、D とはディアペンテ、E とはディアテサロンで響くのである。注意深く学ぶ者なら、これらすべてのことを前述の数のなかに見出すであろう。

　ここから出発してこの技芸（アルス）を展開させたボエティウスも、この技芸と数の比率との、数多くの不思議かつ難解きわまる対応関係（コンコルディア）を明らかにしている。

　さらに一言。かの開祖ピュタゴラスは、前に述べたいくつかの種類の音程を使って音（ヴォクス）を配列し、モノコルドを考案した。これによって、この技芸の知識がいい加減にではなく入念に解明されたものとなったので、広く教養ある人たちに好まれ、今日に至るまでこの技芸は徐々に成長し発展した。かの師こそ、常に人間の無知の闇に光をともし、その至高の英知は世々に栄えるのである。アーメン。

　〈ミクロログス、すなわち音楽に関する小論、ここに終わる。〉

訳　注

注 1 (p. 5)　詩のラテン語原文は以下の通り。

> **G**ymnasio musas placuit revocare solutas,
> **U**t pateant parvis habitae vix hactenus altis,
> **I**nvidiae telum perimat dilectio caecum;
> **D**ira quidem pestis tulit omnia commoda terris,
> **O**rdine me scripsi primo qui carmina finxi.

注 2 (p. 6)　ここでの哲学者とは、おそらくボエティウス Anicius Manlius Severinus Boethius（480 頃 – 547 頃）などを想定していると考えられる。ボエティウスに代表されるように、当時の音楽に関する著作は音楽を四学科のひとつの学問として論じており、その内容は哲学的、思弁的なものであった。グイドはそのような方法は採らないということを宣言している。佐野隆「『ミクロログス』解題」（本書収録論文）参照。

注 3 (p. 7)　『テモテへの手紙二』第 3 章 7 節。

注 4 (p. 9)　偽オド Pseudo-Odo の『対話 Dialogus』を念頭に置いていると思われる。石川陽一「モノコルドについて」（本書収録論文）参照。

注 5 (p. 10)　石川陽一「モノコルドについて」（本書収録論文）参照。

注 6 (p. 11)　「トヌス tonus」は男性名詞であるが、「セミ semi-」の接頭辞が付いた場合、「セミトニウム semitonium」と中性名詞になる。ただし、このような中性名詞化は常に行なわれるわけではない。そのことは、次の段落に出てくる「ディトヌス ditonus」は "semi-" が付いても「セミディトヌス semiditonus」と男性名詞のままであることからもわかる。中世の音楽理論書では "semitonium" の形が一般的であるが、まれに "semitonus" と表記している場合もあり、12 世紀の作者不明の理論書『ハルモニア音楽技法 Ars musice armonie』には "semitonus uel semitonium"（セミトヌスあるいはセミトニウム）という表現が見られる。

注 7 (p. 12)　「旋律的音程」の原語 "consonantia" は時代により著者によってさまざまな意味で使われる用語である。たとえばグイドより 1 世紀ほどまえに活躍したフクバルドゥス Hucbaldus（850 頃 – 930）は、『ミクロログス』第 20 章でも紹介されているように、ピュタゴラス Pythagoras（前 6 世紀後半活躍）によって発見されたという 1 から 4 までの整数比で表すことのできる完全協和音程（オクターヴ 2：1、完全 5 度 3：2、完全 4 度 4：3 とそれらの複合音程）を "consonantia" と呼んでいる（Hucbaldus *De Harmonica Institutione*、原文 Gerbert ed. 1784, 1: 107、英訳 Babb trans. 1978: 19）。グイドは、ほぼこれに相当するカテゴリーは "symphonia" と呼び（第 6 章）、"consonantia" はローマ聖歌（いわゆるグレゴリオ聖歌）に用いられる 6 つの旋律的音程（全音、半音、長 3 度、短 3 度、完全 4 度、完全 5

度）を指す用語として用いるのである。さらに、本文において数行下に見られるように、グイドはこれらの音程を "modus" とも呼んでいる。ただし "modus" の語は、むしろ「旋法」に通じる概念として使われる場合のほうが多いので注意を要する。後者の場合、本訳書では一貫して「モドゥス」とカナ表記している。"consonantia" と "modus" の用法についての詳細は那須（2007: 52-68）及び那須輝彦「グイドの教会旋法論」（本書収録論文）を参照。

注8（p. 13）　引用句は、古代ローマの詩人ウェルギリウス Publius Vergilius Maro（前70－前19）作『アエネイス Aeneis』第6巻645〜647行による。この第6巻で、トロイア王家の出のアエネアス（アイネイアス）は巫女シビュラの手引きによって地下の楽園に到達し、人びとが競技を楽しみ、また踊りや歌にあわせて竪琴を奏する情景が記されている。

　　nec non Threicius longa cum ueste sacerdos

　　obloquitur numeris septem discrimina uocum

　　iamque eadem digitis, iam pectine pulsat eburno

　　長い衣を身にまとったトラキアの祭司（オルペウス）も負けじと、

　　調べに合わせて7つの音を弾き分け、

　　時には指、時には象牙の撥で弦を打ち鳴らす。（原文 Conte ed. 2009: 185、本研究会訳）

注9（p. 13）　グイドは「音」について言及する際、主として "vox" という語を用いているが、この部分で初めて "sonus" という語も「音」を意味する語として用いている。この2語の使い分けは、"vox" が『ミクロログス』全体にわたって使用されているのに対し、"sonus" は特定の章（第5章、第13〜17章）に限って使われていることが指摘できる。この "sonus" の用法について簡単にまとめると以下のようになる。

　まず第5章は「音名が7つである」ことの理由を述べている章で、冒頭から音と文字との対応関係について "vox" を用いて説明している。ところが後半に入り「音楽家たちに従って、すべての音（ソヌス）を7つの文字で……」いう部分から "sonus" の語を用いはじめ、この2つが混在して用いられていることが見て取れる。

　一方、第13〜14章のモドゥスや音楽の効用に関する章では、実際に鳴り響く音楽が論じられており、この中の「音」を指す場合には1つを除いてすべて "sonus" が用いられている。また続く第15〜17章の節付けに関する章では、直前の章とは逆に "vox" が多用されているものの、「旋律句が同じ音（ソヌス）の反復によって作られるのであれ、2つあるいはそれ以上の音の連結によって作られるのであれ、旋律句同士が常に音（ヴォクス）の数、あるいはテノルとの関係の……」というように、明らかな混用が多く認められる。

　したがって、グイドはこの2語を厳密に規定し使い分けているわけではないと考えられるが、音楽の効用や聖歌の節付け等を論じている部分で "sonus" という語が主に用いられていることから、グイドが "sonus" と言った時、そこには実際に鳴り響く楽音が念頭に置かれていたと推測することができる。

注10 (p. 14)　「今日の一部の人々は……4つの記号しか用いてこなかった」とは、ダジア記譜法において使われる記号のことと考えられる。ダジア記譜法とは、9世紀の音楽理論書『ムジカ・エンキリアディス Musica enchiriadis』や『スコリカ・エンキリアディス Scolica enchiriadis』において説明されている音高の表記法である。この体系では、ＤＥＦＧのように全音、半音、全音の間隔で並べられた4音からなるテトラコルドが基本になっている。この4音は低い方から順に「プロトゥス protus」（あるいは「アルコス archo[o]s」）「デウテルス deuterus」「トリトゥス tritus」「テトラルドゥス tetrardus」と呼ばれ、そのそれぞれに特殊な記号が当てられている（注15参照）。テトラコルドは低いほうから順に「グラヴェス graves」「フィナレス finales」「スペリオレス superiores」「エクシェレンテス excellentes」と呼ばれ、隣接するテトラコルド同士は全音の間隔で接続されている。そのため、ある音とそこから5番目にあたる音、すなわち隣接するテトラコルドの同じ位置にある音同士は常に完全5度の関係になっている。異なるテトラコルドの同じ位置にある音は、原則として同じ記号を向きを変えて用いることにより表示されている。すなわち「あらゆる5つ目の音をどこでも同じ記号によって表わしている」。このような記号の使い方は、完全5度隔たった音同士の類似性を重要視していることの表れであるように思われる。結果として、全体としての音組織は次のようになる。

この体系では一部の箇所で、ある音と8番目の音との間に完全8度ではなく増8度（変ろ音とロ音、ヘ音と嬰ヘ音など）の音程関係が作られてしまう。一方グイドは、音組織は全音階であるべきと考えている。その場合、ある音と8番目の音は常に「完全に一致する」、すなわちオクターヴを形成する。しかし5番目の音については、一部の箇所で♭とfのように減5度を形成し「全く一致しない」。それ以外の箇所では完全5度となり、似た性質をもつものの、8番目の音と違って「完全には一致しない」。この指摘によって、性質が必ずしも一致しないはずの5番目の音に対し、同じ記号を用いるダジア記譜法の不備を説明しようとしているのである。

『ムジカ・エンキリアディス』と『スコリカ・エンキリアディス』は多くの写本に残されており、グイドも読んでいた。そのことは彼が『未知の聖歌に関するミカエルへの書簡 Epistola de ignoto cantu directu ad Michaelem』の最後で「知識欲のある者は、『ミクロログス』という名のわれわれの小さな本を学び、そしてまた大修道院長オド師が見事に書かれた『エンキリディオン Enchiridion』（『エンキリアディス』）を読むべきである。私は音の表記に関する限りその例には従わなかったが、それは少年たちに合わせるためである。Qui autem curiosus fuerit, libellum nostrum cui nomen Micrologus est quaerat; librum quoque Enchiridion quem reverentissimus Oddo abbas luculentissime composuit perlegat. Cuius exemplum in solis figures sonorum dimisi, quia parvulis condescendi.」と述べている（Guido d'Arezzo *Epistola ad Michaelem*、原文と英訳 Pesce 1999: 528-530）ことからも明らかである。実際に『ミクロログス』やその他の著作の中で、直接題名は挙げていないが『エンキリアディス』の内容を意識したと思われる記述が何箇所か見られる。それらの中には、本章のように必ずしも肯定的に扱っていない場合もあるのが興味深い。

　なお『エンキリアディス』の題名には、中世において多くのヴァリアントがあり、グイドの挙げた『エンキリディオン』もその1つである（Schmid ed. 1981: 3; Phillips 1984: 399）。作者についてもオド Odo、フクバルドゥスをはじめ写本により様々な名前が挙がっているが、いずれも近年の研究で否定されたり、積極的な証拠がないとされたりしている（Erickson trans. 1995: xxii-xxiii）。なお、近年になり、『スコリカ・エンキリアディス』断片の最古の写本が書かれたヴェルデン Werden（ドイツ、エッセン Essen 近郊の町）の修道院長ホゲル Hoger（?‐906）が作者ではないかとする説が出ている（Torkewitz 1999）。

　注 11（p. 14）　この「シンフォニア symphonia」という語は、第17、18、19章にも使われている。詳細は本書第18章の注62を参照。

　注 12（p. 15）　「モドゥス」と「親近関係」については、那須輝彦「グイドの教会旋法論」（本書収録論文）参照。

　注 13（p. 16）　当時の音階では、「b」の音は2通りの音高、すなわちbナチュラルとbフラットを取ることができると考えていた。この両者を区別する必要がある場合には、前者を「堅いｂｂ durum」「四角いｂｂ quadratum」、後者を「軟らかいｂｂ molle」「丸いｂ rotundum」と呼び、記号もｈとｂを使い分けた。ただし、低音域の大文字で表すBは常にろ音となる。後のシャープ記号、ナチュラル記号、ドイツ音名のhはこのｂに、また後のフラット記号はこのｂに由来する。また、この "durum"、"molle" はドイツ語で長調、短調を意味する "Dur"、"Moll" の語源にもなっている。

　注 14（p. 16）　"neuma" の語は、中世の音楽において総じて「旋律的な音の流れ」を意味する言葉である。記譜記号や特定のメリスマ的な旋律など、いくつか具体的に区別され得る対象を指すために用いられることもある（Hiley 2001, 17: 785）。グイドも様々な意味でこの語を使用しているため、その意味内容に照らしながら本書では「旋律句」「旋律」「ネウマ符」「ネウマ譜」等と訳し分け、適宜ルビを付した。「旋律句」と訳出したのは、数音程度の音のまとまりを指すと考えられる部分で、『ミクロログス』の第15章では、1〜3音のまとまりである「音節（シラバ）」が1、2個まとまったものを "neuma" であると具体的に説明している。これに対し、第13章におけるように、モデル・アンティフォナのような一定の長さの音の流れを指してこの語を用いている部分については「旋律」の訳語を当てた。なお、『韻文規則 Regulae rhythmicae』や『アンティフォナリウム序文 Prologus in antiphonarium』といったグイドの他の著作では、具体的な記譜について説明する時に、旋律を書き記す記号に対してこの語を用いているため、「ネウマ符」や「ネウマ譜」として訳出した。

注 15 (p. 17)　ここではじめて「プロトゥス（第 1）」「デウテルス（第 2）」「トリトゥス（第 3）」の語が現れる。本書のみならず、当時のヨーロッパでは、これら 3 つに「テトラルドゥス（第 4）」を加えた 4 語が、第 7 章以降解説されてきた 4 種類のモドゥスを、さらにはこれ以降に論じられる 4 種類の「旋法」（一般にドリア、フリギア、リディア、ミクソリディアと称されているもの）を指す語として使われた。ただしここでは、それら 4 種類のモドゥスそれぞれの基点となる音（第 11 章で論じられる終止音（フィナリス））そのものを指している。この用法は、オルガヌムを論じた第 18 〜 19 章に頻出する。詳細は、那須輝彦「グイドの教会旋法論」（本書収録論文）参照。

注 16 (p. 17)　われわれが底本にしているヴァースベルへの校訂版における「以下の音（ＣＤＥ）」の当該箇所には、"his tribus"（これら 3 つに）とあるのみで、具体的な音名は記されていない。しかし写本によっては、ここに "ＣＤＥ" ないし "ＤＥＦ" と付記されたものがある（Waesberghe ed. 1955: 127）。当箇所の前後の文脈を勘案した結果、われわれは "his tribus" が、このあとに掲載されている図と関連していると判断し、「以下の音」と訳出したうえで（ＣＤＥ）と補記した。

注 17 (p. 17)　那須輝彦「グイドの教会旋法論」（本書収録論文）参照。

注 18 (p. 17)　この図を五線譜上に書き直して、その言わんとするところを考えてみたい。

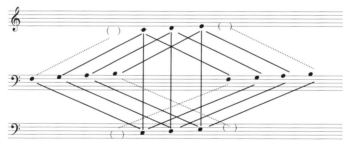

　図の下段に Ｃ、Ｄ、Ｅ が書かれている。これらはそれぞれ第 3 のモドゥス、第 1 のモドゥス、第 2 のモドゥスの起点となる音である。この 3 つの音が上段の c、d、e と縦線で結ばれているのは、オクターヴ離れた同名の音が上下の音程配列の点で一致していることを表している。ここでの Ｃ → Ｄ → Ｅ ／ c → d → e、すなわち全音、全音の進行を、いま便宜的に階名でドレミと呼ぶ。

　下段の Ｃ が中段右の Ｇ と結ばれているのは、5 度上の音 Ｇ からも Ｃ からと同じドレミの進行が生じることを示す。上段の c が中段右の Ｆ と結ばれているのは 5 度下の Ｆ からも同じドレミの進行が得られることを示す。同様に、中段左の Ｆ が下段の Ｃ と結ばれているのは、Ｆ が 4 度下の Ｃ と同じドレミの起点となることを、中段左の Ｇ が上段の c と結ばれていることは、Ｇ が 4 度上の c と同じドレミの起点となることを示す。要するに上段・中段・下段、それぞれの音を結ぶ 3 本の線はすべて、左から、階名でドレ

ミと歌える音程進行であり、類似しているのである。

このように音の親近関係は完全４度と完全５度の音程で生じる。しかし中段右のＦは線で結ばれる音が下段のＣの左にない。Ｇ→Ｆの下行が全音であるのに対し、Ｃの下は半音であるから対応しないのである。同様に、中段右のｂは線で結ばれる音が上段のｅの右にない。ａ→ｂの上行が全音であるのに対し、ｅの上は半音なので対応しないからである。このように、中段に書かれている４つの音のうちＦとｂが、上段・下段のいずれかに対して連結する相手を欠いていることに、「ディアパソンの場合を除いて、どの音も両方向で他の音と全く同じというわけではない」ことが示されている。

ところで「モドゥスとそのディスティンクツィオ」に関わる３つの音を列記するにあたっては、まず第１モドゥスのＤから始めて、第２モドゥスのＥ、そして第３モドゥスはＣではなくＦで表し、Ｄ、Ｅ、Ｆとするのが順当と思われよう。事実、注16で触れたように、写本によっては「３つの音」に（ＤＥＦ）と補記したものもある。しかし３つの音をＤＥＦとして同様の図を描こうとすると、以下の譜例のようにｂと丸いｂを併用しなければならない。丸いｂは「付加的なもの」で、その使用は「ある種の混乱と変化」のもとであるし、そもそも低音域には丸いｂは存在しないので、ＣＤＥが優先されたと考えられよう。

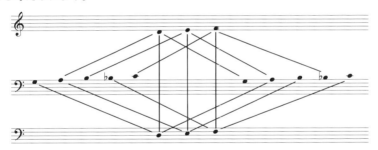

また第７章で紹介されたモドゥスのうち、最後の、第４のモドゥスの起点となるＧが取り上げられていない点も一考を要するであろう。第７章で論じられているように、７つの音のうちＧのみは、その上下両方向で音程配列を同じくする（すなわち類似性をもつ）相手を欠いている。７つの音が、じつは完全４度と完全５度の関係で生じる類似性によってＡ─Ｄ、Ｂ─Ｅ、Ｃ─Ｆとグループ化できることを論じている文脈においては、Ｇは事情を異にするので、「３つの音」と区別されたのではなかろうか。

注 19（p. 19）　原文は "D enim deponitur tono, a vero detono" とあり、直訳すると「Ｄは全音分下げられ、Ａは２全音分下げられる」となるが、ここでは、それぞれの音の下に全音、半音がどのような順序で並んでいるかを論じているので、このように訳出した。

注 20（p. 19）　「モドゥス」「トヌス」の同義語として、ここではじめて「トロプス」の語が現れる。

注 21（p. 19）　ヴルガタ版『詩編』第 44 編（新共同訳第 45 編）3 節。

注 22（p. 19）　那須輝彦「グイドの教会旋法論」（本書収録論文）参照。

注 23（p. 20）　第 8 章では「プロトゥス」「デウテルス」「トリトゥス」が各モドゥスの基点となるそれぞれの音の意味で使われていたが、ここでは各モドゥス全体を示す概念として使われている。

注 24（p. 20）　『ルカによる福音書』第 24 章 21 節。いわゆるモデル・アンティフォナである。詳細は、那須輝彦「グイドの教会旋法論」（本書収録論文）参照。

注 25（p. 21）　聖務日課の詩編唱の末尾、あるいはレスポンソリウムやミサのイントロイトゥスなどで「唱句 versus」の最後に歌われる「栄唱 doxologia」を指していると思われる。那須輝彦「グイドの教会旋法論」（本書収録論文）参照。

注 26（p. 21）　ここで「終止音から 5 番目の音」とは、「終止音から上に数えて 5 番目の第 5 音」を指している。その音「まで下行する」とは、実際には第 5 音のオクターヴ下の音まで進む、すなわち 4 度下行することになる。

注 27（p. 22）　4 種類のモドゥスを正格と変格で 8 種類に分けるという操作は西方教会の創意ではなく、ビザンツ聖歌におけるオクトエコスという旋法の慣行に倣ったものである。そしてビザンツ聖歌においては、まず 4 種の正格旋法が第 1、第 2、第 3、第 4 で呼ばれ、その後にそれぞれの変格旋法が続いた。そもそもプロトゥス、デウテルス、トリトゥス、テトラルドゥスが「第 1」、「第 2」、「第 3」、「第 4」の意なのであるから、ある意味では当然である。しかし 8 世紀の間に 4×2 ＝ 8 種類の旋法概念が西方教会に流入し、ラテン語で序数名称が付けられた際に、プロトゥスの正格が第 1、その変格が第 2 というように、各旋法の正格と変格とを対にして、第 1 ／第 2、第 3 ／第 4、第 5 ／第 6、第 7 ／第 8 と呼ぶ番号付けに変わってしまった。フクバルドゥスも偽オド Pseudo-Odo もこの番号付けを採用している。グイドが「誤って」と述べるのはそのためである（Powers, Wiering et al. 2001; Jeffery, 2001）。

　以上を踏まえると、「ラテン人たちによって」という記述は、ラテン語を母語としていた古代ローマ人たちによってという意味ではなく、東方文化圏にあったものがラテン語文化圏に移入されるうちに、という趣旨であろうと推察される。

　那須輝彦「グイドの教会旋法論」（本書収録論文）参照。

注 28（p. 22）　「8 つの品詞 octo partes orationis」とは、中世の文法における「名詞 nomen」、「代名詞 pronomen」、「動詞 verbum」、「副詞 adverbium」、「分詞 participium」、「接続詞 coniunctio」、「前置詞 praepositio」、「間投詞 interiectio」の 8 つを指す。中世の教育の基礎となっていたのは、文法、修辞学、弁証術の「三学科 trivium」と算術、幾何学、音楽、天文学の「四学科 quadrivium」からなる「七自由学芸 septem artes liberales」であり、その筆頭にあげられる文法は、ラテン語を正しく読み書きするために必須の基礎科目であった。文法を学ぶ者が最初に身につけなくてはならないのがドナトゥス Aelius Donatus（4 世紀中頃活躍）の『小文法 Ars minor』で、もっぱらこの 8 つの品詞を説明する問答体で書かれている。詳細は、吉川文「『ミクロログス』と文法」（本書収録論文）参照。

　ドナトゥスをはじめとする中世の文法論は、古代ギリシアの文法を踏襲したものである。文法の基礎とされた 8 品詞の分類は、ディオニュシオス・トラクス Dionysios Thrax（前 2 世紀中頃）の『テクネー・グラマティケー（文法術）Thechne grammatike (Τεχνη γραμματικη)』にまで遡る。ここでは 8 品詞として「名詞 onoma (ονομα)」、「動詞 rhema (ρημα)」、「分詞 metoche (μετοχη)」、「冠詞 arthoron (αρθρον)」、「代名詞 antonymia (αντωνυμια)」、「前置詞 prothesis (προθσιζ)」、「副詞 epirrhema (επιρρημα)」、「接続詞 syndesmos (συνδεσμοζ)」の 8 つを挙げている。ラテン語は冠詞をもたないため、ドナトゥスらは代わりに間投詞を 8 つ目の品詞としている。

　『ミクロログス』の仏訳注によれば、ここで現れる 8 つの "partes orationis" とは、アリストテレス Aristoteles（前 384- 前 322）の『詩学』第 20 章に見受けられるものであり、その後中世の間に繰り返し登場するものとある（Colette & Jolivet ed. 1993: 54 n2）。だが、『詩学』の第 20 章に挙げられているのは、語法における 8 つの機能部門、「すなわち (1) 要素（ストイケイオン）、つまり字母（アルファベット）、(2) 音節（シラベー）乃至綴、(3) 接続小詞（シュンデスモス）、(4) 文節小詞（アルトロン）、(5) 対象指示詞（オノマ）、(6) 動詞（レーマ）、(7) 語の様態（プトーシス）、つまり格変化と活用、(8) 文章（ロゴス）乃至話」（アリストテレス『詩学』、今道訳 1972: 70）であって、品詞の分類とは異なる。品詞の区分に限って考えれば、ここに挙げられたもののうち (3) から (6) までの 4 つが該当するのみである。さらに、『詩学』が広くヨーロッパに受容されるのはルネサンス期以降と考えられていることから、グイドがここで直接アリストテレスを念頭において言及しているとは考えがたい。ただし、8 つに分類するというアリストテレスの考え方そのものが後代に影響を与えた可能性は否定できない。言語学史の研究者ロビンズは、『テクネー・グラマティケー』における 8 品詞を列挙する際に「アリストテレスの分類法を言語学に適用した例として」その品詞分類と定義を引用している（ロウビンズ 1992: 41）。

　注 29（p. 22）　8 つの「至福」とは、「山上の説教」で示される 8 つの幸いのこと（『マタイによる福音書』第 5 章 3-10 節）。

　注 30（p. 23）　ここで言及されている「トゥニカ tunica」とは、修道士が着用する着丈の長い外衣のことである。グイドは、フェラーラ近郊ポンポーザのベネディクト会修道院に所属する修道士であり、ヌルシアのベネディクトゥス Benedictus de Nursia（480 頃 -547/60 頃）による『戒律 Regula』では、第 55 章「兄弟の衣服と靴について」において、修道士は、日常にはククラ（フード付きマント）とトゥニカ（長い外衣）を、作業時にはさらにスカプラレ（前垂れ）を着用するように規定している（ベネディクトゥス『戒律』、古田訳 1993: 306-307）。そし

Wien, Österreichische
Nationalbibliothek 51, f. 35v

て「修道院長は衣服の寸法には心を配り、これを着る者にとり短すぎず、適宜なものを選ぶ」ことを求めている（ベネディクトゥス『戒律』、古田訳 1993: 307）。12世紀に筆写された『ミクロログス』の資料には、ククラとトゥニカを着用したグイド（左側）が、司教テオバルドゥス（右側）にモノコルドを示す様子が描かれている（前頁）。なお、この挿し絵から色は明らかではないが、ベネディクト会では着衣に黒が用いられた。

注31（p. 23）　出典は『マタイによる福音書』第6章33節。いわゆるモデル・アンティフォナである。詳細は、那須輝彦「グイドの教会旋法論」（本書収録論文）参照。

注32（p. 23）　トナリウムという典礼書に記されているものである。詳細は、那須輝彦「グイドの教会旋法論」（本書収録論文）参照。

注33（p. 23）　具体的には、楽句の始まりや終わり、とりわけアンティフォナと呼ばれる聖歌の開始音として許容される音の上限を指している。詳細は、那須輝彦「グイドの教会旋法論」（本書収録論文）参照。

注34（p. 24）　これは低音域の変ろ音がグイドの体系になく、使用できないために移高する必要が出てくる場合のことを言っているのではないかと思われる。

11世紀になり、オクターヴに基づく記譜体系と、4度と5度の組合わせでアンビトゥスを考える聖歌理論が発達した。それらの体系（グイドの体系もその代表的なものだが）における音組織では、大文字のBは常にろ音を意味しており、低音域の変ろ音は含まれていない。しかし、当時の聖歌には低音域の変ろ音を含むものがあったため、新たに確立した記譜体系・聖歌理論体系との間に矛盾が生じた。これを解決するために、「低音域の変ろ音をそのまま使用し、それに対しBBないしSの記号をあてる」という方法をとる例もあったが、「全体を5度高く移高することにより新たな記譜体系に適合させる」という方法をとる場合の方が多かった。そのことを説明した当時の理論書としてはサン - トロンのロドルフ Rodolphe de Saint- Trond（1070頃 - 1138）の『音楽の諸問題 Quaestiones in musica』やカンタベリーの偽オスベルヌス Pseudo-Osbernus Cantuariensis（1100頃活躍）『コンソナンツィア論 De vocum consonantiis』がある。

実際の曲を見ると、変格プロトゥス、変格トリトゥスの聖歌については、全体を5度上げて終止音をD→a、F→cとした形で現代まで伝承されたものが多数見つかる。その場合、元の低音域の変ろ音は移高されてFになっている。しかし、変格デウテルスについては、E→♭の移高をせずに、曲の部分的な変更などで解決している場合が多いようである（Phillips 1984: 470-497）。

注35（p. 24）　各モドゥスの旋律類型を示すモデル・アンティフォナや "Noanoeane / Noeagis" 旋律などの後半にみられるメリスマ部分を指すと思われる。グイドはモデル・アンティフォナ全体、ないし先行する前半部分を「旋律（ネウマ）」と呼んでいるが、一般にはむしろ前述のような後半のメリスマ部分が「ネウマ」と呼ばれた。詳細は、那須輝彦「グイドの教会旋法論」（本書収録論文）参照。

注36（p. 25）　グイドはこの章で唐突に聴覚、視覚、嗅覚等の感覚について言及し始め、これらの感覚が受ける刺激と、心に及ぼす影響に関して論を展開する。とりわけ、「音

の変化によって聴覚が楽しむ」という音楽の効用は、古代ギリシア時代から始まり、ボエティウスやカッシオドルス Flavius Cassiodorus Magnus Aurelius Senator（485 頃 – 580 頃）らの著作を通して、6 世紀以降西方ラテン世界に広く伝えられたものである。

　ボエティウスは『音楽教程 De institutione musica』の冒頭（第 1 巻第 1 章）において、感覚とは何かという議論から出発し、次のように続ける。「例えば視覚（visus）は、対象から目に向かって来るものであるのか、あるいは目から出る光線が感覚器官に達するものであるのかという議論は、いまだ解決されてはいないが……ある人が三角形や四角形を見た時、目で観察したそれらを容易に認識することができる。……今や同じことが他の感覚、とりわけ耳の判断についても言える」（Boethius De instituione musica、原文 Friedlein ed. 1867: 179）。そして、聴覚の働きについて次のように言及する。「この力［聴覚］は音を理解する能力があり、判断したり認識したりするだけではなく……そのモドゥスが快く正しければ喜びを感じ、不正確でつじつまのあわないものであれば不快さを感じる」（Boethius De instituione musica、原文 Friedlein ed. 1867: 179）。またこの後、フリギア旋法に興奮させられた若者が、モドゥスを変えたことによって心が静められたという逸話などを紹介し、モドゥスがいかに人の心を動かす力をそなえているかという、倫理的な論を展開している（Boethius De instituione musica、原文 Friedlein ed. 1867: 180）。これらボエティウスの視覚や聴覚の働きについての記述は、本章の「感覚が楽しむ」という表現や、音楽の効用に関する記述と重なるものであり、後述する理由からグイドの著作に影響を与えたと推測できる。

　ボエティウスと同時代に活躍したカッシオドルスは、『綱要 Instituiones』第 2 巻で、まず「〈発音された音声〉とは、それ自体の量に応じて聴覚によって感覚される空気［の振動］である」（カッシオドルス『綱要』、田子訳 1993: 350）と述べ、聴覚の働きを明確にさせる表現を用いている。さらに第 5 章の楽器の分類においても、「弦楽器は、糸状の弦を巧みに張った楽器で、撥を用いて弾くと聴覚に心地よい音を作り出す」（カッシオドルス『綱要』、田子訳 1993: 390）と述べ、ボエティウスと共通する表現を用いて楽器の定義をしている。

　9 世紀後半頃の作者不詳『ムジカ・エンキリアディス Musica enchiriadis』でも、音楽のモドゥスを変えて、心地よさを残さないモドゥスにすると「聞き苦しい感覚を起こす」（Anonymous Musica enchiriadis、原文 Schmid ed. 1981: 59）とあり、聴覚への働きかけについての論が展開されている。『スコリカ・エンキリアディス Scolica enchiriadis』でも同じように、「均整のとれた音程関係によって、音どうしが結び付けられると、それらは聴覚を楽しませる」（Anonymous Scolica enchiriadis、原文 Schmid ed. 1981: 128）と記されており、やはり感覚の働きについて、ボエティウスのそれと重なる表現を用いている。

　以上概観したように、音楽が直接聴覚に働きかけをし、聴覚が主体となって音楽を楽しむという本章の表現は、ボエティウス以来の伝統であったことが理解できる。またグイド自身が『ミクロログス』の第 5 章と第 20 章でボエティウスの名を挙げていること、『未知の聖歌に関するミカエルへの書簡』でもボエティウスと『ムジカ・エンキリアデ

ィス』に触れていることから、これらの書をグイドが知っていたことは明らかであり、その点からもこれら著作の伝統をグイドが受け継いだ可能性は十分に考えられよう。

注37（p. 25）　アスクレピアデス Asklepiades（前1世紀頃活躍）は小アジア出身の医師で、彼が音楽の力を用いて狂人を健常な状態に治したという逸話は、広く語り継がれている。ミクロログスの英訳者バッブはこの逸話に関する注で、グイドが参照した可能性のある理論家としてケンソリヌス Censorinus（3世紀活躍）、マルティアヌス・カペラ Martianus Mineus Felix Capella（5世紀）そしてカッシオドルスを挙げている（Babb 1978: 70）。しかしそれぞれの当該箇所を検討すると、いずれも「協和音 symphonia」によって狂人が健常な状態に戻ったと述べており、グイドの「歌うことによって canente」とは記述が異なっている。したがって、この部分は間接的に引用されたか、あるいは何らかの意図をもって "symphonia" が "canente" に変更されたと推測されよう。なおバッブの挙げた理論家および理論書の当該箇所は以下のとおりである（Babb 1978: 70）。
Censorinus, *De die natali liber* "Asclepiades medicus phreneticorum mentes morbo turbatas saepe per symphonian suae naturae reddidit."
Martianus Capella, *De nuptiis Philologiae et Mercurii* "nam phreneticos symphonia resanaui, quod Asclepiades quoque medicus imitatus."
Cassiodorus, Aurelius, *Institutiones musicae* "Asclepiades quoque, medicus maiorum attestatione doctissimus, freneticum quemdam per symphoniam pristinae sanitati reddidisse memoratur."

注38（p. 25）　『サムエル記上』第16章23節からの引用であり、この部分からの引用はカッシオドルスの『綱要』にもみられる（カッシオドルス『綱要』、田子訳 1993: 390）。

注39（p. 25）　『コリントの信徒への手紙一』第13章12節に関連する表現がある。「わたしたちは、今は、鏡におぼろに映ったものを見ている。だがそのときには、顔と顔を合わせて見ることになる」（新共同訳）。

注40（p. 26）　「テノル tenor」はラテン語の動詞 "tenere"（保つ）の派生形であり、グイドは「最後の音の引き延ばし」と定義しているが、「引き延ばされた音そのもの」を指す用語としても使っている。

注41（p. 26）　「旋律のテノルは適切な長さをとるべきであり」とした部分の原文は「テノル」の語を使っておらず、主語が "cantilena"（旋律）、動詞が "plaudatur"（「拍をとる plaudere」の受動相）となっているが、ここでの "plaudere" は規則的に拍を刻むことではなく、テノルの長さを手の動きなどで合図することと考え、このように訳した。

注42（p. 26）　原文は「ある音（複数）aliae voces」が「他の音に対して2倍ないし半分のモルラをもつ」となっているが、この「音」は具体的にはテノルのことと考え、「あるテノルは他のテノルに対して2倍ないしは半分のモルラをもつ」と訳した。「モルラ morula」とは、女性名詞 "mora" に縮小辞 "-ulus" の女性形 "-ula" が付いたものである。"mora" は「引き伸ばし」という意味をもち、現代でも「音韻学上、一定の長さをもった音の分節単位」を指す「モーラ」という用語として使われている。
　なおこの部分は、「音楽上の区切りとなる音の長さは、1/2、1、2等の比をとる」こと

を示しているように読める。これが具体的には何を意味するのかに関しては音楽学者の間でも見解が分かれている。ローマ聖歌において計量的リズムが用いられていた証拠であるとする意見、それほど厳密に考えるべきではないとする意見、ローマ聖歌全体ではなくイムヌスやセクエンツィアなど一部の聖歌が計量的であったことを示すのではないかとする意見などがある（Rusconi 2008: 77; Waesberghe 1953: 188-189）。

注43（p. 26）　この箇所はわかりにくく、何を意味しているのか確定することは難しい。11～12世紀に書かれたミクロログス注釈書（アリボ Aribo Scholasticus（1068–1078頃活躍）の『音楽論 De musica』、作者不詳の『ミクロログス注解 Commentarius in Micrologum』）では、「ゆれ tremula」を「クィリスマなど装飾的な歌い方」と解釈している。では、「文字に付された横線 apposita litterae virgule plana」とは何であろうか。上記のうちアリボは、クィリスマの記号に横線を付けることによって長さを2倍にすると解釈している（Aribo De musica、原文 Gerbert ed. 1990, 2: 215）。しかしクィリスマは歌詞とは段を変えて記譜されたネウマの一部であり、通常「文字」とは呼ばないため、この解釈には問題が残る。

　一方『ミクロログス注解』では、「ゆれ」を「震えるように大きくなったり小さくなったりする音の衝撃によって作られる nunc maicri, nunc minori impulsu vocis efferuntur quasi tremendo」と定義するとともに、「クィリスマの場合の他に、歌詞の文字の上に横線を引いたもので表わす場合もある」「テノルには "reprecussus" の場合もある」などとしている（Anonymous Commentarius in Micrologum、原文 Waesberghe ed. 1957: 149）。これについて現代の研究者は、ラテン語では長母音を示すために文字の上に横線を付ける習慣があり、そこから音をのばすことを示すためにこのような符号を使ったという可能性もあるのではないか、また、単に音を長くのばすのではなく、同音の打ち直しのような歌い方があったことを意味しているのではないかという解釈を提示している（Rusconi ed. 2008: 77; Waesberghe 1953: 195-196）。

　「文字に付された横線」の別の解釈として、音高を示す記号としての文字という場合も考えられる。まれな例ではあるが、11世紀のディジョンのトナリウム（Montpellier, Bibliothèque interuniversitaire de médecine, H. 159）のように、音高を示す記号としての文字が併記され、クィリスマに相当する箇所の文字の上に「〜」のような記号を付けられている写本も存在する（Paléographie musicale vol. 8）。ただしこの例では、記号の付いているのは歌詞のシラブルの途中の音であり、フレーズの最後の音と思われる「テノル」とは言えない。

　いずれにせよ、テノル（音楽上の区切りとなる音）の長さを何らかの横線で示すような記譜法が存在したという積極的な証拠はない。

注44（p. 26）　グイドがここであげている旋律句の数の比は、2:1、3:1が「倍数比」、3:2、4:3が「部分超過比」となっている。倍数比とはn:1、部分超過比とはn＋1:n（n = 2, 3, 4,…）の形で表わされる比で、古代ギリシアではピュタゴラス派が重視し、特定の音程を協和音程と考える根拠としている。この考え方は中世音楽理論書にも受け

継がれており、オクターヴ、5度、4度が協和音程であること、全音が重要な音程であることの理由として、これらの音程に対応する弦長比が2：1、3：2、4：3、9：8であることがしばしば出てくる。一方、このような数比論が旋律構成法や音の長さに関して出てくることは珍しい。ここに挙げられている図は、実際には本文のこの箇所の内容と無関係であるにもかかわらず、多くの写本に筆写されている。それは、当時の人々にとって2：1、3：1、3：2、4：3といった数比が音程理論を連想させるものだったからではないだろうか（片山 1983: 3）。

　　注 45（p. 27）　この段落、および前段落で述べられている旋律線の動きは、たとえば以下に示したような逆行（いわゆるカンクリザンス）音型のことであろう。

　　注 46（p. 27）　現行の『賛歌集 Liber Hymnarius』においてアンブロシウス（340 頃 – 397）の作とされる賛歌《イエスよ、処女たちの冠よ Iesu, corona virginum》（pp. 310-311）は、下記の楽譜に見られるように各楽句や旋律句の開始音や終止音が、この聖歌の終止音 G で始まり、終わるものが大半である。グイドはこのような聖歌を考えていたのであろう。なお、アンブロシウスは、聖歌の確立者として伝承される中で権威づけられ、6世紀の聖ブノワによる『規則 Regule』以来、理想的な賛歌（イムヌス）の創作者として言及されており、グイドもその伝統に従ってここでその名を挙げたと考えられる。グイドが、アンブロシウスに言及するのは、その全著作においてこの『ミクロログス』第 15 章における 2 回のみである（Rusconi 2008: 79, n.119; Colette & Jolivet 1993: 68, n.35）。

1. Ie - su, ___ co - ro - na vir - gi - num, quem Ma - ter il - la con - ci - pit
　イエスよ、処女たちの冠よ、　　　　　　御身を身ごもり給いし御母は

quae so - la vir - go par - lu - rit, haec vo - ta cle - mens ac - ci - pe,
唯一人処女のままであり給う。　　　　　慈悲もて祈りを受け給え。

2. Qui pascis inter lilia,　　　　　　御身はユリの中にて育まれ、
　 saeptus choreis Virginum,　　　　処女らの輪舞に囲まれ給う、
　 sponsus decorans gloria,　　　　　栄光にきらめく花婿として、
　 sponsisque reddens praemia.　　　花嫁らに贈り物を与えつつ。

3. Quocumque pergis,　　　　　　　御身の行くところ、
　 virgins sequuntur, atque laudibus　処女らは付き従う、賛美し、
　 post te canentes cursitant　　　　歌いつつ御身の後を
　 hymnosque dulces personant.　　　甘美な賛美の歌を響かせながら。

4. Te deprecamur, largius	我ら、心よ御身に祈らん、
nostris adauge mentibus	我らが全霊を傾けて。
nescire prorsus omnia	堕落の傷をすべて
corruptionis vulnera.	消し去ることはできずとも。
5. Iesu, tibi sit gloria,	聖処女より生まれ給いしイエスよ、
qui natus es de Virgine,	御身に栄光あれ、
cum Patre et almo Spiritu,	御父と慈悲深き聖霊とともに、
Insempiterna saecula.	世々、とこしえに。 （本研究会訳）

注 47（p. 28）「それでも、私は聖歌（カントゥス）を韻律的であると言う」との文言は、示唆にみちている。当時の少なからぬ聖歌が自由リズムではなく、「詩行を詩脚に乗せて唱えるかのように」歌う韻律的なリズムによっていたと言うのである。この言葉をさらに敷衍すれば、当時の聖歌は音の長短の区別をもつ計量リズムによって歌われたとする、20 世紀の聖歌学者ヴァーグナー Peter Wagner らの主張にひとつの論拠を付与することになろう。

　また上記の文言から推して、グイドの次世代のころ端緒を開いたトルバドゥールや、それに続くトルヴェールたちの中世世俗歌曲を計量的とするリズム・モード理論（20 世紀に中世世俗歌曲集を編纂刊行したオブリ Pierre Aubry、ベック Johann Baptist Beck、ゲンリヒ Friedrich Gennrich らによる）にも、相当程度の信憑性を認めることができよう。

注 48（p. 28）　ラテン語の「抒情詩 carmina lyrica」とは、元来「リラ lyra」に合わせて歌われる詩のことであり、その第一人者が古代ローマの詩人ホラティウスである。ホラティウスが、先行する古代ギリシア語の詩からラテン語の詩に導入した抒情詩の形式は、4 行一組の詩節が繰り返される特徴をもつ。詩節を構成する各詩行は、長音節と短音節の組み合わせの最小単位である詩脚の配分によって規定される。全詩行を通じて基本的に同じ詩脚が繰り返される叙事詩などとは違って、音節の組み合わせが異なる様々な詩脚に富んでいることも抒情詩の形式面の特徴である。例えばホラティウスの抒情詩に多く用いられるサッフォー詩節の場合は、最初の 3 行が「長短長長長短短長短長長」、第 4 行が「長短短長長」となっている（いずれも最終音節は短も可）。また、サッフォー詩節のほかにもアルカイオス詩節など、詩脚配分が異なる様々な種類の詩節が、各詩ごとに使い分けられる。このため、抒情詩全体で用いられる詩脚の組み合わせは多様性に富んでおり、詩人にとって韻律上の技巧を凝らす余地がきわめて大きい。グイドのここでの文言は、そのような詩作上の創意工夫の可能性に言及するものでもある。

　なお、「3 音節や 4 音節の旋律句を混ぜることなく、2 音節の旋律句ばかりを続ける」中世宗教歌の一例としては、有名な《怒りの日 Dies irae》が挙げられよう。これに対してグイドが推奨する「韻律的聖歌 metricus cantus」は、上記の抒情詩の形式をとるものであり、例えば《僕らの声冴えざえと Ut queant laxis》は、サッフォー詩節で書かれたその典型的な例の一つである。

Ut queant laxis   resonare fibris   僕らの　声冴えざえと　ほめ讃え

Mira gestorum   famuli tuorum,   御身の奇しき　御業をば　歌わんためぞ

Solve pollute   labii reatum,   唇の　穢れし罪を　浄めたまえ

Sancte Iohannes.   聖ヨハネ   （本研究会訳）

（－長音節　◡短音節　◡̄長短いずれも可　‖休止）

注49（p. 28）　ダクティルス、スポンデウス、ヤンブスとは、それぞれ詩脚の名称、テトラメテル、ペンタメテルならびにヘクサメテルは 1 行においてその場合の詩脚を何回繰り返すかということである。つまり、テトラメテルならば 4 回、ペンタメテルならば 5 回、ヘクサメテルならば 6 回となる（それぞれ 4 脚律、5 脚律、6 脚律ともいう）。叙事詩の韻律であり、極めて格調の高いものとされるダクティルス・ヘクサメテルの場合の実例は、注 51 を参照のこと。

注50（p. 29）　聖歌の音が「融化 liquescere」する場合の表示法を論じた箇所である。融化とは、たとえば歌詞のなかで連続する 2 つの子音の最初が l, m, n, r である場合（salve, omnia, ostende, cordis）、あるいはここでの例のように d, t である場合（Ad te, et filius）などに、2 つの子音の歌唱を容易かつ滑らかにするために、最初の子音を含むシラブルを歌うネウマの末尾が半母音化されることをいう。

代表的な融化ネウマには「エピフォヌス epiphonus」と「チェファリクス cephalicus」がある。それぞれ通常の 2 音上行ネウマ「ペス pes」と 2 音下行ネウマ「クリヴィス clivis」の融化形である。

（融化ネウマ liquescent neume）

ペス pes
（低い音から高い音へ）

エピフォヌス epiphonus
（融化ペス liquescent pes）

クリヴィス clivis
（高い音から低い音へ）

チェファリクス cephalicus
（融化クリヴィス liquescent clivis）

実際には最古の譜線なしネウマ譜における融化ネウマの用法は明瞭ではなく、同じ歌詞と旋律の記譜に異なる符号が用いられていることがあり、またたとえば同じチェファリクスの符号であっても、後続のネウマに滑らかにつなげるため、単独符が「融けて」任意の音程の下行 2 音になっている場合と、そもそも 2 音ネウマであるクリヴィスの第 2 音が「融けて」縮小されている場合とが併存する（カルディーヌ 1979: 220-221）。ノートル・ダム楽派（12 世紀後半〜 13 世紀前半）の記譜法において、ある音が上または下の隣接音に「折れて」一種の刺繍音や経過音を作ることを示す符号「プリカ plica（折音）」は、この前者の場合の融化ネウマを引き継いだものにほかならない。

したがって本文で引用されている実例《わが魂は御身を仰ぎ Ad te levavi》（待降節第一

主日のミサの入祭唱）の場合も、「ひとつの音からもうひとつの音に滑らかに移ってゆくように始める」とは、本来は G → F である冒頭旋律の最初の単独符 G を融化させて G → D と歌うことなのか、あるいはそもそも G → D → F である旋律の最初の 2 音ネウマ G → D の D を融化させることなのか、言い換えれば「音をそのまま融化させずに歌う」場合とは G → F と歌うことなのか、あるいは G → D → F の D を充分に歌うことなのか、判断は容易ではない。

譜線なしネウマには見られたネウマの拡大・縮小の書き分けや微妙な表現を伝える指示文字などが欠落してしまっている後代の角形符（14 ～ 15 世紀頃）を見ると、単独符が融化していた箇所は単独符のみが残され、一方、2 音ネウマの第 2 音が融化していた箇所は 2 音とも通常の大きさで明記されているケースに出会うことがある。本文の実例《わが魂を御身に》は後代の角形符では縮小のないクリヴィスで明記されている例が見られるので、その旋律は本来 G → D → F であったと推察できるかもしれない。しかしマクギーは、本来は G → F であったと理解している（McGee 1998: 46）。

さらに、本文の当該箇所で「融化する音の下に」付けるとされている「しみのような点」を現存史料から特定することも容易ではない。『ミクロログス』のパリの写本では G のあとにチェファリクスに似た符号が認められ、ミュンヘンの写本には G と D とをつなぐ線のようなものが認められる。

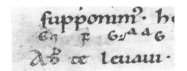
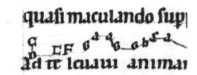

Paris, Biblioteèque nationale, lat. 7211, fol. 83v　　München, Bayerische Staatsbibliothek Clm. 13021, fol. 155r

ちなみにマクギーは「しみのような点」として、角形符における小さい四角音符（上掲のチェファリクスの譜例における四線譜に見られるもの）を挙げている（McGee 1998: 47）。しかし言うまでもなくこれは角形符における表記法、しかも 20 世紀の古ネウマ解釈学の成果の一部を反映させた聖歌集においておそらくはモクロー André Mocquereau（1849-1930）らによって導入された表記法であり、「しみのような点」の譜例として挙げるのは不適当である。

注 51（p. 30）　再びラテン語の韻律法に関する言及である。ラテン語の韻律法は音節の長短（母音の長短ではない）の組み合わせによって詩脚を決定し、その詩脚を基に行を構成するのである（本来的には脚韻は用いない）が、ここでグイドが触れているヘクサメテルとは、詩脚を 6 回繰り返すことで 1 行とすることであり、それ自体としては韻文における行の種類を指す用語である。ただし、古代より現代に至るまで単にヘクサメテルと述べた場合、叙事詩、教育詩あるいは格言の韻律であるダクティルス詩脚のヘクサメテルを指すことが普通であるので、ここでのグイドもまたダクティルス・ヘクサメテルを念頭に置いているとみて差し支えないであろう。

ダクティルス・ヘクサメテルの基本的な韻律型は以下の通りである。

‒ ◡ ◡ / ‒ ◡ ◡ / ‒ ◡ ◡ / ‒ ◡ ◡ / ‒ ◡ ◡ / ‒ ◡

（‒ 長音節 　◡ 短音節 　◡ 長短いずれも可 　‖ 休止）

ただし、実際にはこの基本型を頑なに繰り返すのではなく、長音節と短音節の置き換えが可能である。

‒ ◡◡ / ‒ ◡◡ / ‒ ◡◡ / ‒ ◡◡ / ‒ ◡◡ / ‒ ◡

（◡◡ = 短音節 2 つを長音節に置き換えられる箇所。

第 5 詩脚の短音節 2 つも長音節に置き換えられうるが極めてまれである）

以下に実例を挙げる。

ウェルギリウス『アエネイス Aeneis』第 1 巻 1 行

Arma virumque cano, Troiae qui primus ab oris

戦さと一人の英雄について私は歌おう。彼はトロイアの岸辺から

（原文 Austin ed. 1971: 1、本研究会訳）

‒ ◡ ◡ / ‒ ◡ ◡ / ‒ ◡ / ‒ ◡ ◡ / ‒ ◡ ◡ / ‒ ◡
Arma vi/rumque ca/no, Troi/ae qui / primus ab / oris

マルティアリス Marcus Valerius Martialis（40 頃 – 104 頃）『エピグラム Epigrammata』第 7 巻第 98 句 1 行

Omnia, Castor, emis: sic fiet ut omnia vendas

カストルよ、汝は全てを買う。しかして汝が全てを売るときが来るであろう

（原文 Bailey ed. 1990: 244、本研究会訳）

‒ ◡ ◡ / ‒ ◡ ◡ / ‒ ◡ / ‒ ◡◡ / ‒ ◡◡ / ‒ ◡
Omnia, / Castor, e/mis: sic / fiet ut / omnia / vendas

オウィディウス Publius Ovidius Naso（前 43 – 後 17）『変身 Metamorphoses』第 4 巻 62 行

Ex aequo captis ardebant mentibus ambo

彼らの心、ともにとらわれ燃え上がる

（原文 Anderson ed. 1996: 108、本研究会訳）

‒ ‒ / ‒ ‒ / ‒ ‒ / ‒ ‒ / ‒ ◡ ◡ / ‒ ◡
Ex ae/quo cap/tis ar/debant / mentibus / ambo

以上の例はすべて古代の詩人たちの例であるが、グイドが念頭に置き、かつまた彼の生徒たちがまず想起したのはこのような古代の作品ではなく、むしろ一般に流布していた格言などの類であったと考えるほうが自然であろう。特に 3 世紀末から 4 世紀初頭に著されたと考えられる、ダクティリス・ヘクサメテルの二行詩を集めた格言集『カトーの二行詩 Disticha Catonis』（または『風紀二行詩』）は、中世の間を通じて学校教材として広く用いられていたので、例えば次のような例を思い浮かべたとしてもなんら不自然ではないであろう。

『カトーの二行詩』第 2 巻 26 句

Rem tibi quam noscis aptam dimittere noli:

fronte capillata, post est Occasio calva.

汝の目的に適うと思うならば、機を逃してならない

機会の女神に前髪はあるが、うしろは禿げている

（原文 Stirling ed. 1734: 7、本研究会訳）

‒　◡　◡　／　‒　‒　／　‒　◡　／　‒　‒　／　‒　◡　◡　／　‒　‒

Rem tibi / quam nos/cis ap/tam di/mittere / noli:

‒　◡　◡　／　‒　‒　／　‒　／　‒　／　‒　◡　／　‒　‒

fronte ca/pilla/ta, post / est Oc/casio / calva.

　グイドが触れているのは、上のそれぞれ例に見られるような長音節と短音節の置き換え操作のことであるが、このような操作が可能かつ必要な理由は、同一のリズムを叙事詩のような長大な作品において守り続けるのが実質的に不可能であるということだけではない。すなわち、長音節と短音節の置き換えとは、音節の軽重（長音節＝重、短音節＝軽）を操ることであり、この操作をカエスラ（行中における文節の切れ目、休止）の効果と組み合わせることにより、文意と論理の展開をより強く印象づけることが可能になるのである。この点は書物を黙読するのではなく、朗読に耳を傾けたり自ら音読することが普通であった古代人や中世人には極めて重要なことであったと言えるであろう。

　注 52（p. 30）　ここでの「アルシス arsis」と「テシス thesis」は、単純に音の進行が高い音へと向かう上行か、あるいは低い音へと向かう下行かを示す。ローマ聖歌における近代のソレーム唱法ではアルシスが「飛躍 élan」、テシスが「休息 repos」と定義され、その組み合わせによって動的な律動が作り出されるが、ここではそうした意味合いは含まれていない。アルシスとテシスの語は文法用語を利用したものと考えられ、当時文法の教科書として広く行き渡っていたプリスキアヌス Priscianus（500 頃活躍）の『文法学教程 Institutiones grammaticae』においても、アクセントの項でこれらの語についての説明がある。それによれば、"natura"（自然）の語を発音する際に、"natu-" の部分は声が上がるアルシス、続く "-ra" は声が下がるテシスとなるとされている。

　注 53（p. 30）　ここでは言葉のみでアルシスとテシスの動きが説明されているが、現存する『ミクロログス』の写本にはこれらの音の動きの実例が挙げられているものがある。それらの写本の例はいずれも文字記譜法を用いている。その中からわかりやすい例を五線譜で示す。

arsis　　arsis　　thesis　　thesis　　arsis　　thesis　　thesis　　arsis

（アルシス）　　　（テシス）

［譜例原典：Roma, Biblioteca Apostolica Vaitcana, Reg. Lat. 1616］

　注 54（p. 31）　さまざまな音型の組み合わせによる旋律が存在することが言葉のみで説明されているが、現存する『ミクロログス』の写本には実例が挙げられているものがある。その中からひとつの例を五線譜で示し説明を加える。

ある進行に続く次の進行が

(1)「上に（より高い位置に）置かれる。」

Praepositae

初めの 2 音に続いて、後の 2 音が高い位置にある。

(2)「下に置かれる。」

Suppositae

初めの 2 音に続いて、後の 2 音が低い位置にある。

(3)「隣に（前の進行の終わりと後の進行の最初とが同じ音であるように）置かれる。」

Appositae

初めの 2 音の 2 番目と同じ音で、後の 2 音が始まる。

(4)「中間の位置に（ひとつの進行がもうひとつの［音域の］範囲内に含まれており、低くもなく高くもない位置に）置かれる。」

Interpositae

初めの 2 音間の音程内に、後の 2 音が含まれている。

(5)「混合した形で（一部は中間に、一部は低く、一部は高く、また一部は隣に）置かれる。」

Mixtae

初めの 2 音間の音程内の音で次の進行が始まり、さらに続く音は、初めの 2 音間の音程外になる。

［譜例原典：Firenze, Biblioteca Medicea-Laurenziana, Plut 29.48］

注 55（p. 34）　本文で「韻律詩 rhythmus」と表記されているこの歌詞は、聖務日課のひとつ、一時課で歌われる「賛歌 hymnus」《陽の光いでし今 Ian 1ucis orto sidere》の第 2 節である。

注 56（p. 35）　"hauriat" の最初の音節は二重母音となっており、その場合 1 つ目の "a" が比較的強く発音され主たる母音と考えられる。しかしここでは、上掲の表で "a" に対応している G ではなく、2 つ目の "u" に対応する F を当てている。その理由として、結果的に作られる F G G という旋律の動きが、G を終止音とするテトラルドゥスの終止形としてよりふさわしいと思われることが考えられる。

注 57（p. 35）　ここでの「ヤスリをかけたように quasi lima politum」との表現には、やや唐突のきらいがあるかもしれない。ヤスリは、七自由学芸のひとつであり、修道院での初等教育の土台でもある「文法 grammatica」のアトリビュートのひとつである。マルティアヌス・カペラの著作『フィロロギアとメルクリウスの結婚 De nuptiis Philologiae et Mercurii』（480 頃）においても、擬人化された「文法」は、子どもたちの

言葉の誤りを取り去るためのナイフや、磨きをかけるためのヤスリを収めた小箱を携えている。『ミクロログス』の対象である少年たちにとって、「ヤスリ」の比喩は耳慣れた表現のひとつであったとも考えられる。中世、ルネサンスを通じて引き継がれていく擬人化された七自由学芸は、様々な図像表現を生み、「文法」は「教杖」や「鞭」を手に、開いた本を示しながら幼い子どもたちに教える姿や、学びへと至る門の鍵を手にする姿と並び、「ヤスリ」を手にした図像でも知られていた。『ミクロ

マンテーニャ・タロットカードの図像（1465 頃）　　Virgil Solis 作「文法」の版画（1530-62）

ログス』と文法との関係については吉川文「『ミクロログス』と文法」（本書収録論文）参照。

注 58（p. 36）　ここでは「ディアフォニア diaphonia」と「オルガヌム organum」はほぼ同義であるが、「ディアフォニア」は 2 声部を同時に歌うという手法を、「オルガヌム」は付加された声部のことを指して使われる傾向がある。この章のタイトル "De Diaphonia, id est organi praecepto" は「ディアフォニア」と「オルガヌムの規範」を同格に扱っており、「ディアフォニア」を「オルガヌムの規範すなわちオルガヌム声部の付け方」と言い換えているという解釈も可能である。しかし、前章の最後の文が「ディアフォニアの規範 diaphoniae praecepta について簡単に述べることにしよう」となっていることを踏まえ、表記のように訳した。

注 59（p. 36）　ここで「音」と訳した "chorda" は、本来「弦」という意味である。古代ギリシアの音楽理論では、音高を表現する際、抽象的な語ではなく楽器の弦名由来の名称を用いていた。中世においてもその影響が残り、次のオセールのレミギウス Remigius Altisiodorensis（862 - 900 頃活躍）『音楽論 Musica』のように一定の高さの音を示すために "chorda" という語を使っている例が見られる。「それらのうち第一のものはディアテサロン（完全 4 度）であるが、（中略）ラテン語で 4 つからと言われる。それはすなわち、4 つの弦（コルダ）から成っているように、4 つの音（ソヌス）、すなわち（4 つの）弦（コルダ）あるいは音（ヴォクス）を含んでいるからである。...quarum prima est diatessaron, ... quae latine appellatur ex quatuor, sicut est scilicet quod fit in quatuor chordis, et recipit sonos quatuor, id est chordas vel voces,...」（Remigius Altisiodorensis *Musica*、原文 Gerbert ed. 1990:1:65）

注 60（p. 36）　この方法とは 4 度の平行オルガヌムを指す。9 世紀の音楽理論書『ムジカ・エンキリアディス Musica enchiriadis』や『スコリカ・エンキリアディス Scolica enchiriadis』との関係については、平井真希子「『ミクロログス』のオルガヌム理論」（本書収録論文）参照。この「ある人たちは quidam」という言い回しは、中世音楽理論書において他の人のやり方を批判する時にしばしば用いられる。グイドも次のパラグラフで「先ほど述べたディアフォニアのやり方は明らかに生硬だが」としていることから、この手法に対し批判的であることがうかがえる。グイドに近い時代に同様な言い回しをしている例としては、ヨハンネス・アッフリゲメンシス（コト）Johannes Affligemensis (Cotto)（1100 頃活躍）『音楽論 De musica』の「一方、ある人たちが誤ってディフィニツィオと呼んでいる、諸旋法のディフェレンツィア tonorum autem differentiae, quas quidam abusive diffinitiones vocant」（Johannes Affligemensis (Cotto) *De musica*、原文 Waesberghe ed. 1950: 90）などが挙げられる。

注 61（p. 36）　第 6 章参照。

注 62（p. 36）　「シンフォニア symphonia」はギリシア語由来の言葉で、基本的な意味は「協和音程」とくに完全 4 度、完全 5 度、オクターヴである。ここから派生して、これらの音程を用いた多声楽曲（すなわちオルガヌム）を指す場合、また抽象的に「調和」の意味で使われる場合などもある。ただしここでは、やや特殊な使い方として、単旋律聖歌の旋律をシンフォニアと呼んでいる。第 17、19 章にも同じような意味で用いている箇所がある。

注 63（p. 37）　グイドがディアフォニアに使ってよいとしている音程とその意味付けについては、平井真希子「『ミクロログス』のオルガヌム理論」（本書収録論文）参照。

注 64（p. 37）　ここで言う「トロプス」とは、第 10 章で「これら［4 種の音の］モドゥスあるいはトロプスを、ギリシア語でプロトゥス、デウテルス、トリトゥス、テトラルドゥスと呼ぶことにする」としていることからもわかるように、「モドゥス」と同義語と考えられる。ただし、第 10 章では上下の音程関係や聖歌の終止音と関連した「旋法」の概念に近い用語として使われているのに対し、ここではそれぞれの音の性格に焦点を当てた使い方をしている。もっとも、グイドはこの 2 種類の使い方を厳密に区別することなく、連続したものと考えているように思われる。詳細は那須輝彦「グイドの教会旋法論」（本書収録論文）参照。

注 65（p. 37）　「適しているのは」と言っているが、「より適している」プロトゥスや「最も適している」テトラルドゥスやトリトゥスに比べると適している度合いは低い。すなわち、実際にはデウテルスは 4 つのトロプスの中で最もオルガヌム声部に適していない音であると言っていることになる。このように適性が低いデウテルスの B や E の音も、聖歌が 4 度上の E や a の音をとる場合にはオルガヌム声部の音として使うことができる。聖歌が 2 度上の C や F の音をとる場合は、セミトニウムができてしまうので、これらのデウテルスは使えない。聖歌が 3 度上の D や G の音をとる場合は使用可能であるが、位置づけの低いセミディトヌスが形成されることになる。

注 66（p. 38）　ここでグイドが想定しているのは、完全 4 度の範囲内で聖歌の下にある音のうち「最も適している音」である C、F、G などを保続する手法である。フレーズ

の終わりではこの後で説明されているオクルススという終止形を形成することが多いため、実際には同音が数個程度連続することが多い。この章の説明は第19章の譜例を併せて見ることで理解しやすくなるので、参照のこと。詳細は平井真希子「『ミクロログス』のオルガヌム理論」（本書収録論文）参照。

注67（p. 38）　あまり好ましくはないとしても、長3度から直接ユニゾンに至る形のオクルススも許容されていたようである。第19章の譜例5aはこの形を含んでいる。

注68（p. 38）　当時のオルガヌムは原則として聖歌の1音符に対しオルガヌム声部の1音符が対応していた。したがって、この「長くのばす」というのは同音を反復する意味とも考えられる。しかし、フラーらによれば、グイドに近い時代の楽譜史料であるウィンチェスター・トロープス集のオルガヌムの分析では、完全な1音符対1音符ではなく、オルガヌム声部の方に1つ音が多くなっているような部分がフレーズの終わりにしばしば見られるという。それを勘案すると、聖歌の1音符に対してオルガヌム声部の2音符が対応するために音を長くのばすことを意味している可能性も十分考えられる（Fuller 1990: 507-508）。

注69（p. 39）　第19章の譜例8の前半に見られるように、♭が含まれるフレーズでは、トリトゥスであるFが三全音を形成してしまうため、テトラルドゥスであるGの方がむしろオルガヌム声部に適した音ということになる。「聖歌がFに下行するか、あるいはGで終わる楽句を作る」とは、譜例8の後半のように、上下の音であるaやFを経過しながら終止音Gに向かっていくようなフレーズを想定していると思われる。その場合、このフレーズの中のGやaの音に対しては、Fがオルガヌム声部に適した音ということになる。もちろん最終音であるGに対してはオクルススを形成する必要があるので、FではなくGを使う。ただし、このFがオルガヌム声部として有効なのは、聖歌声部がF、G、aのいずれかの音をとっている間だけである。♭の場合は三全音のため使えず、それより上の音の場合は5度以上離れるため使えない。一方、聖歌がFより低い音をとる場合のオルガヌム声部は、譜例7bのようにFを使い続けることもできるが、譜例7aのようにCを使う方が標準的である。

「聖歌がGで終わらない」を文字通り終止音がG以外の場合と解釈すると、「Fはオルガヌム声部としての有効性を失う」という記述にはグイドのオルガヌム理論全体との整合性がないように思われる。ここでは、文脈から「Gで終わる楽句と類似しているが、まだ終わりに至らない部分」と解釈したい。その場合、後の部分に♭やそれより上の音が出てくる可能性がある。したがってオルガヌムの歌い手は、そのままFを使い続けるのではなく、どの音がオルガヌム声部として適しているか新たに考え直す必要がある。

注70（p. 39）　グイドはここで、オルガヌム声部におけるトリトゥスの優位性を説明し始めながら、急にローマ聖歌の旋律におけるトリトゥスの問題へと飛躍する。ここで2つの疑問がわく。第一は、グイドが「たしかにグレゴリウスは、多くの旋律の冒頭や反復音の大多数にそれ（トリトゥス）を当てているので、もしその聖歌からトリトゥスの

FとCを取り除くなら、ほぼ半分の音が取り去られてしまうことが分かるだろう」と言っているのにはどの程度の妥当性があるのか、という点であり、第二は、トリトゥスがローマ聖歌で多く使われているとしたら、そのこととオルガヌム声部にふさわしいこととの間にどのような関係があるのか、という点である。これらの問題については、平井真希子「『ミクロログス』のオルガヌム理論」（本書収録論文）参照。

　注71 (p. 43)　「変則的なトリトゥス」とは丸い b のことを指す。詳細は第 8 章参照。

参考資料 1

グイド・ダレッツォ
Guido d'Arezzo

韻文規則
Regulae rhythmicae

以下は、『韻文規則』より有線記譜法に関する部分の抜粋訳である。
ここでは訳文の日本語としての自然さよりも、韻文により記述されて
いるという原文の性格を尊重し、1 行ごとに訳出した。そこで、原文
との対応関係を明確にするため、この抜粋訳のみを対訳とした。訳出
に際しては、ペシェのエディション（Pesce 1999: 372-384）を底本とし
て用いた。なお、原文中のイタリック体で示した部分は、一部の写本
のみに見出される文言であり、ペシェのエディションにおける表記法
を踏襲したものである。

Incipit de notis

Solis litteris notare optimum probavimus,

quibus ad discendum cantum nichil est facilius,

si assidue utantur saltem tribus mensibus.

d ♭ c   d e   d c c♭ a ♭ c a ♭   a   G G G
Sit no- men Do- mi- ni be- ne- dic- tum in se- cu- la

F G a G F   G   F   F FG EFE   D C D D
Ad- iu- to- ri- um nos- trum in no- mi- ne Do- mi- ni

Causa vero breviandi neume solent fieri,

que si curiose fiant, gabentur pro litteris,

hoc si modo disponantur littere cum lineis.

Spe - ra in Do - mi - no et fac bo - ni - ta - tem

Dehinc studio crescente inter duas lineas

vox interponatur una. Nempe querit ratio

variis ut sit in rebus varia positio.

Sanc - ti spi - ri - tus ad - sit no - bis gra - ti - a

記譜について、ここに始まる

文字のみで音を記すことが、最良であると考えてきた、
聖歌を学ぶために、これよりも容易な方法はない、
少なくとも 3 ヶ月間使い続ければ。

d ♭ c　d e d　c c♭ a ♭c a♭　a　G G G
Sit　no- men　Do- mi- ni　be- ne- dic- tum　in　se- cu- la
世々に主の御名がたたえられんことを［詩編第 113 編 2 節］

F G a G F　G　　F　　F FG　EFE　D C D D
Ad- iu- to- ri- um　nos- trum　in　no- mi- ne　Do- mi- ni
われらが助けは主の御名に［詩編第 124 編 8 節］

しかしネウマ符[注1]は、場所を取らずにすむため、しばしば使われ、
注意深く扱われる限り、文字の代わりに用いられ得る、
以下のように、線とともに文字が置かれるのであれば[注2]。

主に依り頼み、善を行え［詩編第 37 編 3 節］

そして学習が進めば、2 本の線の間に、
1 つの音を入れてもよい。もちろん理性は求める、
様々な場合に様々な置き方が存在することを。

われらに聖霊の恵みがあらんことを

Quidam ponunt duas voces duas inter lineas,

quidam ternas, quidam vero nullas habent lineas;

quibus labor cum sit gravis, error est gravissimus.

Ut proprietas sonorum discernatur clarius,

quasdam lineas signamus variis coloribus,

ut quo loco quis sit sonus mox discernat oculus.

Litterarum et neumarum usus sit assiduus.

Quisque sonus quo sit loco facile colligitur,

etiamsi una tantum littera prefigitur.

Ordine tercie vocis splendens crocus radiat,

sexta eius sed affinis flavo rubet minio.

Est affinitas colorum reliquis indicio.

At si littera vel color neumis non intererit,

tale erit quasi funem dum non habet puteus,

cuius aque, quamvis multe, nil prosunt videntibus.

Illud quoque quod predixi valde erit utile:

similis figure neumas si cures inspicere

locis variis et modis quam diverse resonent,

aptitudine neumarum facile intelligis,

quo in loco quis sit sonus in diversis lineis,

usus tibi sit si frequens in modorum formulis.

Cuiusmodi symphoniis symphonia concinit,

eiusmodi symphoniam ipsam esse noveris.

Quare octo mela cunctis subdimus antiphonis.

Argumentum vero simplex cito capitur,

sonus tercius et sextus quia describuntur sepius,

ある人たちは 2 本の線の間に 2 つの音を置き、

ある人たちは 3 つ［の音］を置き、またある人たちは全く線を用いない^(注3)、

それは骨が折れるばかりで、過ちもきわめて大きくなる。

音^(注4)の特性がよりはっきりと区別されるように、

われわれは異なった色を用いて、ある線を目立たせる、

すると、目はどの音がどこにあるのかを、すぐに見分けるであろう。

文字とネウマ符を常に用いよう、

それぞれの音がどこに置かれているのかが、容易に推案できる、

たとえ［線の］冒頭に置かれている文字が 1 つだけであるとしても。

3 番目の音（C）の位置においては、黄色が光り輝き、

それと親近関係にある 6 番目（F）は、赤色で彩られている^(注5)。

［黄と赤の］色［が示す音］の親近関係が残りの音にとっての目印となる。

しかし、もし［線の冒頭の］文字あるいは色とネウマ符とが結び付けられていなければ、

あたかも井戸につるべがなく、

どれほど多くの水が見えていても、まったく役立たないのと同じようなものである。

すでに述べたことであるが、以下のことも大いに役立つだろう。

同じ形状のネウマ符を吟味すると、

様々な位置とモドゥスによって、いかに異なって響くことか、

旋律との適合具合によって君は簡単に理解する、

異なった線のどの場所にどの音があるかということを、

モドゥスの旋律定型^(注6)を、君が頻繁に用いるならば。

ある旋律が旋律群のどのような種類に当てはまるか、

それを調べることで、君はその旋律自体が何であるかを知るだろう。

そこでわれわれは、8 つの旋律型を全てのアンティフォナに適用する。

わかりやすいように簡潔に言えば、

3 番目（C）と 6 番目（F）の音はたびたび使われ、

quos frequenter repercussos mox cognoscit animus.

Plures voces brevi fiant; meta fit in spatio

in capite linearum penotatis litteris.

Signum est sequentis neume, quo loco ponenda sit,

suo loco ne ponatur cum necesse fuerit.

Quamvis autem quisque cantum personet memoriter,

si non cunctos eius motus vel sonos memoriter,

qui et quales sint, persentit, nil se dicat sapere.

Ita sane procuratum sit antiphonarium

per Apulienses cunctos et vicinos Calabros,

quibus tales misit neumas per Paulum Gregorius.

At nos miseri canentes frustra toto tempore,

sacros libros meditari penitus omisimus,

quibus Deus summus bonus loquitur hominibus.

Hactenus latentes Musas in lucem produximus,

et benivolis prestantes invidos offendimus.

Ad honorem summi Dei, per quem sumus, vivimus.

しばしば繰り返されるので、人はすぐにこれらを認識できるのである。

多くの音を［限られたスペースに］無駄なく書こう、［そのために］紙面に区切りを作る、

文字を線の冒頭の部分に書くことで。

　［その文字は］続くネウマ符がどこに置かれるべきかを示す記号になる、

本来あるべき場所にネウマ符を置くことができないときに^(注7)。

また、たとえ聖歌を暗記して歌うことができたとしても、

もし、そのすべての動きあるいは音を、記憶に留めて、

それらが何か、また何の種類かを感じ取らないとしたら、理解していないと言うべきであろう。

そこで、アンティフォナリウムを手に入れよう、

アプリア（プーリア）中や隣のカラブリアの人々から、

彼らにグレゴリウスがパウルスを介してネウマ譜を送っている^(注8)。

みじめなわれわれは、無駄に長い時間をかけて歌い、

聖歌集を顧みることを完全にやめてしまった、

その聖歌集を通じて、至高なる善き神が、人々に語りかけているにもかかわらず。

われわれは、これまで隠されていたムーサを光の中に現わし、

善き人々に示したことで、嫉妬深い人々を怒らせてしまった。

しかしわれわれを造り給うた至高の神の栄光のために、われわれは生きる。

訳　注

注1（p. 71）　『ミクロログス』訳注 14 の "neuma" の訳語について参照。

注2（p. 71）　ここでグイドは、譜線の数と音符の配置に関して順序立てて解説している。まず、「線とともに文字が置かれるのであれば」と、譜線の使用を提唱し始めるが、この際の「文字」とは、直前の「文字譜」に付けられた文字のことではなく、譜線の冒頭に線の音高を示すために記された「文字」（現代でいう音部記号に相当するもの）のことを指す。このことは、ペシェが主たる底本とした 12 世紀の写本 Paris, Bibliothèque nationale, lat. 7211, fol. 93r で、D から A まで音高を示す 5 つの文字が付記されていることからも明らかである（Pesce 1999: 318）。しかしこの段階で、グイドはまだ線と文字との音程関係を規定してはいない。

次の段階で、同じ写本の譜例からも認められるように、線と線の間が 3 度間隔になる、より高度な線と文字の使い方を提唱する。

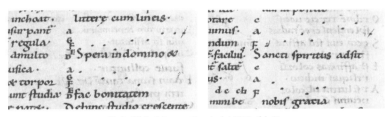

Paris, Bibliothèque nationale, lat. 7211, fol. 93r

ただし、『韻文規則』が筆写された多くの写本では、必ずしもこの通りの記譜法が用いられているとは限らず、例えば《主に依り頼み Spera in Domino》で、すでに 3 度間隔に文字が置かれているもの（München, Bayerische Staatsbibliothek, Clm 19421, fol.36r）、あるいは文字譜のまま記譜されているもの（Geneva, Biblioteca Bodmeriana, Cod. lat.77, fol.54r）などもみられる。

注3（p. 73）　ここでグイドは、線と線の間に 2 〜 3 個の音符を入れること、あるいは逆に線すら用いない人たちがいることを嘆き、続く行でどちらも音の把握が不明確になることを憂いている。この部分は、おそらく以下の譜例のように、2 本の線のうち下の線に C を、また上の線には F を記した場合を指していると推測できよう。この 2 本の線の間は 4 度であるために、D と E という 2 つの音が入っているのである。同様に下の線に F を、また上の線に c を記した場合は、この 2 本の線間に G、a、♭ という 3 つの音が入ることになるであろう。グイドが「3 つ〔の音〕」と述べたのは、このような

楽譜を念頭に置いていた可能性も考えられよう。

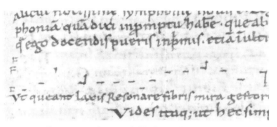

München, Bayerische Staatsbibliothek, Clm.14523, fol.130r
《Ut queant laxis》

　譜線を引くという習慣について、ヘインズは当時の写本の作成過程で、楽譜に限らず全てのページに、文字がまっすぐに並ぶよう刻み目のような線を引く習慣があったこと、譜線なしネウマであっても、その線を利用して記譜されていたことを指摘し、その例として 12 世紀ごろのサン・マルシャル修道院で作成された写本（Paris, Bibliothèque nationale, lat. 1139: fol. 58r）を挙げている。下記の画像は 2 つとも同一の写本であるが、左側はオリジナルの図版、右側はヘインズが刻み目の線を書き足した図版である（Haines 2008: 343-346）。

Paris, Bibliothèque nationale, lat.1139, fol.58r　　左図の刻み線にヘインズが黒色を付けた
　　　　　　　　　　　　　　　　　　　　　　　　画像（Haines 2008: 343）

　これらの刻み目は、もともとテキストを書くための目印線として引かれていたため、その幅は楽譜として用いられるには広く、そのために線と線の間にはいくつもの音符が書き込まれている場合もあった。上記の画像はその例のひとつであり、グイドが「過ちもきわめて大きくなる」と嘆いた背景には、このような記譜習慣が存在していたと考えられよう。

　なお、この箇所における「3 つ ternas」という語が、「音 vox」ではなく、「線 linea」を示すと理解することも可能であろう。両語共に女性名詞のため、文法からどちらであるかを判別するのは難しいためである。しかしわれわれは文脈上から「3 つの音」と理解し、そのように訳した。グイドはまず 6 行目で線の使用を提唱し始め、続く 2 行で

「学習が進めば 2 本の線の間に 1 つの音を入れてもよい」と論を発展させる。さらに「ある人たちは 2 本の線の間に 2 つの音を置き」、「ある人たちは 3 つを置き」と数を増やしていることから考え、線間に置かれた音の数を述べていると考えるのが妥当と判断したためである。さらに、われわれが底本としたペシェが当該箇所について、「2 本の線間に 1 つ以上の音が置かれる場合について」と注記している点も、訳語選択に際し考慮にいれた（Pesce 1999: 377）。

注 4（p. 73）　『ミクロログス』訳注 9 の "sonus" と "vox" について参照。

注 5（p. 73）　文字の順番は A を 1 番目とするアルファベット順である。グイドの『アンティフォナリウム序文』においてもこの表現が使われている。

注 6（p. 73）　「モドゥスの旋律定型 tonorum formula」とは、グイドが『ミクロログス』第 13 章で挙げている《第一に神の国を求めよ Primum quaerite regnum Dei》のようないわゆるモデル・アンティフォナなど、各旋法固有の節回しを代表する旋律類型を指す。「そのどれに合うかによって聖歌のモドゥスを知ることができる」のである。詳細は、那須輝彦「グイドの教会旋法論」（本書収録論文）参照。

注 7（p. 75）　ここでグイドは、ひとつの旋律を複数の段にまたがって書く場合のことを述べていると考えられる。ある程度以上の長さの旋律を記すとき、一段には収まらず、段を変える必要が出てくる。できれば同じ段で書き続けたくともスペースがそれを許さず、本来ならば書き続けたい場所、すなわち「本来あるべき場所」にネウマ符をおくことができないので、段を変えることになる。「続くネウマ符がどこに置かれるべきかを示す」ために、新しい段の冒頭に置かれる文字は、音の高さを示す記号として非常に有効である。

注 8（p. 75）　この 3 行で述べられていることは、実際には確認できない。イタリア半島南端のアプリア（プーリア）およびカラブリアは、11 世紀初頭、イタリア半島の中でも最後まで東ローマ帝国（ビザンツ）の支配下にあったところで、ローマ式の聖歌集が普及していたとは考えにくい。

アンティフォナリウムは、一般に教皇グレゴリウス 1 世 Gregorius I（在位 590 - 604）によって編纂されたと考えられているが、そうだとすれば、ここに登場するグレゴリウスがこの教皇である可能性も考えられる。しかし現存する資料から判断すると、ネウマ譜が付けられたアンティフォナリウムが登場するのは 9 世紀後半以後のことなので、このグレゴリウスそしてパウルスは、この時期以後に活動した人物と見るのが自然であろう。ただし両者が具体的に誰に相当するのかは不明である。

グイド・ダレッツォ

Guido d'Arezzo

アンティフォナリウム序文

Prologus in antiphonarium

以下は、『アンティフォナリウム序文』より有線記譜法に関する部分の抜粋訳である。訳出に際しては、ペシェのエディション（Pesce 1999: 414-434）を底本として用いた。

こうした次第で、私は神の助けをもってこのアンティフォナリウム^(注1)を記譜することにした。これによって理解力と熱意のある人ならたやすく聖歌^{カントゥス}を学び、そして聖歌の一部を教師に就いてよく理解した後に、残りの部分は教師なしでも独力で確実に理解できるようにするためである。このことについて、もし私が嘘をついていると思うのなら、われわれの下で少年たちがこうしたことを行なっているのを、来て見てみるとよい。彼らは詩編や一般の書物について知らないために今なお厳しく鞭打たれ、しばしばアンティフォナそのものの単語や音節をどう発音するのかはわかっていないけれども、それを教師なしでも独力で正しく歌うことはできるのである。もし、いかに周到にネウマ符が配置されているか見極めようと努めるなら、理解力と熱意のある人は、神の助けによってこうしたことをたやすく行なうことができるだろう。

　こうして、それぞれの音^{ソヌス}が聖歌^{カントゥス}の中で何度繰り返されようとも、常に1つの固有の位置^{オルド}の中に見出されるように、音^{ヴォクス}は配置されている。その位置がよりよく見分けられるように、間隔を詰めて線を引き^(注2)、ある音^{ヴォクス}の位置はちょうどのその線上に、別の音の位置は線と線との間、つまりその中間にくるようにする。

　したがって1つの線上、あるいは1つの線間にどれほど音^{ソヌス}があろうとも、それらはすべて同じように響く。そして、どの線もどの線間も1つの音をもつことがわかるようにするために、ある線や線間の前にモノコルドの［音を表す］文字を書き添え、さらに彩色する。これによってアンティフォナリウム全体、そして聖歌^{カントゥス}全体において、1つの同じ文字、あるいは同じ色が付けられている線や線間であれば、どれほど多く［の段が］あっても、あたかもすべての音が1つの線上にあるかのごとく同じように響くということが理解できる。なぜなら、同じ線の上にあれば同じ音であるように、同じ文字や色が付いていれば全体を通して同じ線であるので、これによって音が同じであることがわかるからである^(注3)。もし、どこでも文字付きの、あるいは彩色された線から2番目の音の位置^{オルド}を調べてみれば、その2番目の位置ではすべて、音^{ヴォクス}やネウマ符は同じであることがはっ

きりとわかるだろう。高い方の位置であれ低い方であれ、3番目、4番目、その他の位置についても同様に識別できよう。

そのようなわけで、同じ文字が付され、あるいは同じ色の線の上に同じように置かれたすべてのネウマ符や音（ソヌス）が、同じように響くことは、いたって明白である。また当然、同じ文字や色の線から等しい距離に置かれたすべてのネウマ符や音も、すべての場合において同じように響く。一方、同じように作られたネウマ符であっても別の線あるいは線間にあるものは、決して同じようには響かない。それゆえに、どれほどネウマ符の配置が完全であっても、文字や色が付加されていなければ全く手がかりがなく、意味をなさない。そこで2つの色、すなわち黄色と赤色を用い、それらの色によって非常に有益な規則を君に示そう。もし、モノコルドと旋法の旋律定型（フォルムラ）[注4]に日頃からよく慣れ親しんでいれば、いたって有用であるので、あらゆるネウマ符とそれぞれの音について、どの旋法に属し、モノコルドのどの文字に相当するのか、この規則を通じて明確に把握できるだろう。

モノコルドの文字は実際、後で明らかに示すように7つある。そして線上、線間のいずれが彩色されていようとも、どこであれ黄色を目にするところがまさに3番目の文字（C）にあたり、赤色を目にするところが6番目の文字（F）にあたる[注5]。こうして黄色から下方に3つ目の位置（オルド）に1番目の文字（A）があり、そこは第1旋法か第2旋法となる。この上にあって、黄色のすぐ下にあるのが2番目の文字（B）で、第3旋法か第4旋法にあたる。次いでまさにこの黄色のところにあるのが3番目の音（ヴォクス）すなわち文字であり、第5旋法か第6旋法となる。黄色のすぐ上で赤色から下方に3つ目の位置にあるのが4番目の文字（D）で、第1旋法か第2旋法にあたる。赤色のすぐ下にあるのが5番目の文字（E）で、第3旋法か第4旋法となる。そしてまさに赤色のところにあるのが6番目の文字で、第5旋法か第6旋法となる。赤色のすぐ上には7番目の文字（G）があり、第7旋法か第8旋法となる。そして、赤色から上方に3つ目の位置にあって、黄色から下方に3つ目のところに1番目［の文字］が再び現れる。これは先述のとお

り第 1 旋法か第 2 旋法である。その後、他のすべて［の音］が前のものと全く変わることなく繰り返される。これらのことはすべて、以下の図がより明白に示してくれるだろう。

Ⅶ	Ⅰ	Ⅲ	Ⅴ	Ⅰ	Ⅲ	Ⅴ	Ⅶ	Ⅰ	Ⅲ	Ⅴ	Ⅰ	Ⅲ	Ⅴ	Ⅶ	Ⅰ
Γ	A	B	C	D	E	F	G	a	♭	c	d	e	f	g	aa
Ⅷ	Ⅱ	Ⅳ	Ⅵ	Ⅱ	Ⅳ	Ⅵ	Ⅷ	Ⅱ	Ⅳ	Ⅵ	Ⅱ	Ⅳ	Ⅵ	Ⅷ	Ⅱ

　ところで、1 つの文字すなわち音^{ヴォクス}には常に 2 つの旋法が存在するにせよ、それぞれのネウマ符や音には、第 2、第 4、第 6、第 8 旋法の旋律定型^{フォルムラ}がはるかにふさわしく適合することが多い。他方、第 1、第 3、第 5、第 7 旋法の旋律定型は、聖歌^{カントゥス}が高音域から下がってきて低音域に終結しない限り適合しない^(注6)。
　最後に、もしこうした音名^タをさらにうまく役立てたいと望むなら、それぞれのネウマ符においてすべての音^{ソヌス}やモドゥスがどのようなものであるのか正確にわかるように、相当数の聖歌をしっかりと学び覚えておく必要があるということを心得ておきなさい。記憶に留めて理解することとただ暗記して歌うこととは全く別で、賢明な者だけが前者を行なう一方、無知な者はしばしば後者を行なっている。実際のところ、簡単にネウマ符を学ぼうとする単純な者には、これで十分である。しかし、どのようにして音^{ヴォクス}が融化するのか、一緒になってあるいは別々に響くのか、あるいは物憂げに、あるいは震え、あるいは唐突に響くのか、またどのように旋律^{カンティレナ}が楽句^{ディスティンクツィオ}によって分割されるのか、そして後に続く音が前の音より低いのか、高いのか、同じ音なのか、そうしたことはもしもネウマ符の形状^{フィグラ}がしかるべき形で構成されているのならば、口頭での簡単な説明によって、その形状そのものの中に示されることになる。^(注7)

訳　注

注 1 (p. 80)　アンティフォナリウムとは、基本的に聖務日課で歌われるアンティフォナをまとめた聖歌集。『アンティフォナリウム序文』は、こうした聖歌集の序として書かれたものである。石川陽一「グイド・ダレッツォ、その業績」（本書収録論文）参照。

注 2 (p. 80)　宮崎晴代「教育者グイド」（本書収録論文）参照。

注 3 (p. 80)　聖歌が実際に筆写される際には、多くの場合に当然のことながら複数段にわたって書き記される。段が異なっても、線に同じ文字が付されたり同じ色が付けられたりしていれば、同一の高さの線として見なすことができるため、どれほど多くの段に及ぶものでも、その線上の音はすべて同じ音になるということが説明されている。

注 4 (p. 81)　「旋法の旋律定型 tonorum formula」とは、グイドが『ミクロログス』第13章で挙げている《第一に神の国を求めよ Primum quaerite regnum Dei》のようないわゆるモデル・アンティフォナなど、各旋法固有の節回しを代表する旋律類型を指す。「そのどれに合うかによって聖歌のモドゥスを知ることができる」のである。グイドは、旋法の判別には、「宵課のレスポンソリウムの唱句や聖務日課の詩編唱、および『モドゥスの旋律定型 modorum formula』に定められたすべて」がもっとも有効であるとも述べている。詳細は、那須輝彦「グイドの教会旋法論」（本書収録論文）参照。

　グイドはまた『韻文規則』においても、同様の趣旨を以下のように述べている。「同じ形状のネウマ符を吟味すると、様々な位置とモドゥスによって、いかに異なって響くことか、旋律（ネウマ）との適合具合によって君は簡単に理解する……モドゥスの旋律定型を、君が頻繁に用いるならば」。

注 5 (p. 81)　文字の順番は A を 1 番目とするアルファベット順である。グイドの『韻文規則』においてもこの表現が使われている。

注 6 (p. 82)　このパラグラフの直前でグイドは、Γ から a̍ にいたるそれぞれの音が、いずれかの旋法のフィナリス（終止音）となることを指摘した。たとえば A や D は「第 1 旋法か第 2 旋法［のフィナリス］となり」、B や E は第 3 旋法か第 4 旋法［のフィナリス］にあたる」のである。このように「1 つの文字すなわち音には常に 2 つの旋法が存在する」。しかし「それぞれのネウマ符や音」をモデル・アンティフォナのような各旋法の「旋律定型」（注 4 参照）に照らし合わせてみると、フィナリスとしての個々の音は正格旋法より変格旋法といっそう関係が密で相性がよい。アンビトゥス（使用音域）の上限がフィナリスの 5 度上までである変格旋法では、旋律音がフィナリス周辺に集中しやすいからである。その一方で、アンビトゥスの上限がフィナリスのオクターヴ上にまで広がる正格旋法の旋律定型では、旋律がその旋法のフィナリスの 5 度上を超える音域で展開することも少なくないので、「聖歌が高音域から下がってきて低音域に終

結しない限り」、フィナリスとは疎遠になるのである。教会旋法の基本については、那須輝彦「グイドの教会旋法論」（本書収録論文）参照。

注7（p. 82）　このアンティフォナリウム序文において、グイドは音高表示の精度を高めることに主眼を置いて譜線の使用を提唱し、各音の属性（どの旋法のフィナリスとなるのか）までを説いた。しかし実際の聖歌の歌唱にあたっては、「どのようにして音が融化するのか、一緒になってあるいは別々に響くのか、あるいは物憂げに、あるいは震え、あるいは唐突に響くのか」など、音程の再現以上の表現の問題も重要になってくる。

　　角形符になる以前の初期の譜線なしネウマ符では、（非計量的な意味での）音価の拡大や縮小、さらには旋律におけるある種のフレージング（分離）などがネウマ符の形状によって書き分けられていた。また音高表示の補助手段として、i（＝ inferius 低く）、e（＝ equaliter 前の音と同度で）のような指示文字が付記されることもあった。しかしそれらをこの序文で詳述するのはあまりに煩瑣である。実際の聖歌集においてしかるべき形状のネウマ符が記譜されていれば、あとは口頭の説明を聞くだけで、その形状からそれらの表現法は察知できるであろうという趣旨の記述と思われる。

グイド・ダレッツォ

Guido d'Arezzo

未知の聖歌に関するミカエルへの書簡
Epistola de ignoto cantu directa ad Michahelem

以下は、『未知の聖歌に関するミカエルへの書簡』より、階名の使用に関する部分の抜粋訳である。訳出に際しては、ペシェのエディション（Pesce 1999: 458-475）を底本として用いた。

未知の聖歌を歌えるようにするために

　さて、親愛なる兄弟よ、未知の歌を歌えるようにするための最初の一般的な方法は次のとおりである。いずれかの旋律句の［音を表す］文字をモノコルドで響かせれば、あたかも直接教師から学ぶように、その音を聞いて判別することができるだろう[注1]。しかし、こうした方法は幼稚で、初心者にとってはありがたくとも、より深く学ぼうとする者にとっては最悪である。実際、多くの才知あふれる識者たちが、この技芸を学ぶためにイタリア人だけでなくガリア人、ゲルマン人、そしてギリシア人の教師にも教えを請いながら、この方法のみを頼りにしていたために、ムジクスは言うに及ばずカントルにもなれず[注2]、われわれの少年聖歌隊員を真似ることすらできるようにならないのを私は見てきた。それゆえ未知の聖歌を歌うために、人の声や何らかの楽器の音に頼るべきではない。それではわれわれも、盲人のように導き手なしには決してどこにも進めないことは明らかであろう。そうではなく、個々の音のあらゆる下行上行、相違と特性をしっかりと記憶に留めるべきである。もし誰か、書物によらず、むしろわれわれのやり方に従ってわかりやすく口頭で教え込むことに長けた者がいれば、君は聴いたことのない聖歌を歌えるようになるための最も容易で優れた方法を得ることになろう。実際、私が少年たちにこの方法を教えるようになってからというもの、3日も経たぬうちにある者は未知の聖歌を軽々と歌えるようになった。だが他の方法では何週間経とうとも、そうしたことは起こり得なかったのである。

　もし、いつでも望む時に、既知のものであれ未知のものであれ聖歌を迷うことなく歌えるように、音や旋律句を即座に思い浮かべられるほどしっかり覚えたければ、何か良く知っている旋律の冒頭にある音や旋律句に注目すべきである。そしてどの音も記憶に留めておくために、その同じ音から始まるそうした旋律を

すぐに思い出せるようにするとよい。たとえば、以下のような旋律である[注3]。私は少年たちに教えるにあたり、最初と最後にこれを利用している。

①Ut que-ant la - xis ②re-sc-na-re fi-bris,

③mi - ra ges-to-rum ④fa-mi-li tu - o-rum,

⑤sol - ve pol-lu-ti ⑥la-bi-i re-a - tum,

（①～⑥の数字は本研究会による付記）

sanc - te Io-han-nes.

僕らの　声冴えざえと　ほめ讃え
御身の奇しき　御業をば　歌わんためぞ
唇の　穢れし罪を　浄めたまえ
聖ヨハネ　　　　　　　　　　　　　（本研究会訳）

　この旋律は、その6つの小句がそれぞれ6つの異なった音から始まっているのに気づかれただろうか。もし、誰か前述の方法で訓練された者が、[6つのうちの]どの小句であろうとも直ちに思い起こして迷わず始められるように、それぞれの小句の冒頭を覚えれば、同じ6つの音にどこで出会っても、その音の特性に従ってやすやすと声に出すことができるだろう。また、ある旋律句を楽譜なしで聴いたならば、これら[6つの]小句のうちのどれがその旋律句の締めくくりに、より似通っており、したがってその旋律句の最終音と小句の冒頭音とが一致するかを考える。そして、旋律句の終わるその音で、その似通った小句が始まっているかを確認すること。もし、楽譜に書かれた何か未知の旋律を歌おうとするならば、どの旋律句でも、その旋律句の最終音で始まる[6つのうちのいずれかの]小句の始まりと旋律句の締めくくりとが同じような形でうまくつながるよう

に終わらせることに十分注意するべきである。この方法は、聴いたことのない聖歌でも、楽譜を見た途端に正しく歌い、楽譜なしで聴いたものをすぐに巧く書き留めることができるようになるために、君にとって大いなる支えとなることだろう。

　以下に、個々の音を使ったごく短い旋　律を配した。その中の小　句を注意深く調べれば、それぞれの音のあらゆる下行上行を各小句の冒頭部分に順に見出すことができ、喜んでいただけるだろう。もし、いずれかの旋律から任意の小句を選び出し、それらを結び付けて歌ってみることができたら、非常に複雑で多種多様なあらゆる旋律句を、極めて簡潔で容易な方法によって習得したことになるだろう。こうしたことはすべて、どんな方法でも、文字で書き表すのは難しいが、われわれは簡単に口頭で説明している。

　　　ＡとＤは上行において一致する[注4]

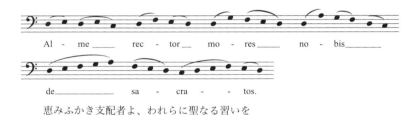

恵みふかき支配者よ、われらに聖なる習いを

　ａとＥは下行において一致する

大いなる父よ、御身の僕を憐れみたまえ

ＣとＧは上行において一致する

神こそわれらが救い、われらが誉れ

ｃとＦは下行において部分的に、また上行において一致する

神は正しい審判者、力強く忍耐強い　［詩編第 7 編 12 節］

ＢとＥは下行において部分的に、また上行において一致する

唯一の神よ、世はあまねく御身に仕え

ＤとＧは下行において一致する

死せる正しき者らは、つねに神の御前に立たん

Fにおける上行

Do-mi-no lau-des   om   -   nis   cre-a - tu-ra   di - cat.

すべての造られたまいしものは主を讃美し

訳　注

　注 1（p. 86）　偽オド Pseudo-Odo の『対話 Dialogus』の冒頭部分で、モノコルドの音を聴いて学ぶ方法が提示されている。

　注 2（p. 86）　音楽の理を理解している「ムジクス musicus」に対し、理解のないままに実践に携わる「カントル cantor」をグイドは低く見ている。『韻文規則 Regulae rhythmicae』では、ムジクスとカントルとの違いがいかに大きいかを述べ、理解のないままに実践する者は獣と変わらないと批判し、『アンティフォナリウム序文 Prologus in antiphonarium』の冒頭でも「今の世の中でカントルほど愚かな輩はいない」と断ずる。これはボエティウス Anicius Manlius Severinus Bcethius（480 頃 – 524 頃）が『音楽教程 Instituione musicae』において論じた理性的なムジクスと単なる実践者であるカントルという見方を受け継ぐものである。

　注 3（p. 87）　この聖歌に関する詳細は、宮崎晴代「教育者グイド」（本書収録論文）参照。

　注 4（p. 88）　以下の譜例は、《僕らの声冴えざえと Ut queant laxis》の中で提示された C、D、E、F、G、a の音にさらに♭と c を加えた 1 オクターヴの音域にある音の上下に、どのような音程関係の音が配されているのか、様々な音程を含む小句を組み合わせた旋律によって示している。最初の《恵みふかき支配者よ Alme rector》は D からの旋律で、"Alme" の語が D – E の長 2 度上行、"rector" は D – F の短 3 度上行、"mores" は D – G の完全 4 度上行、"nobis" は D – A の完全 5 度上行で始まり、続く "de" の語はそれらをさらに確認するように D – E – F – G –A と順次進行するといった具合で、D から上に向かう音程をとる練習ができる。以下、《大いなる父よ Summe pater》は a から下行するもの、《神こそわれらが救い Salus nostra》は C から上行するもの、《神は正しい審判者 Deus iudex iustus》は c から下行するもの、《唯一の神よ、世はあまねく御身に仕え Tibi totus servit》は E から上行するもの、《死せる正しき者らは Stabunt iusti》は G から下行するもの、《すべての造られたまいしものは Domino laudes omnis》は F から上行するものとなっており、低い方の音である C、D、E、F からは上行する音型、高い方の音である G、a、c からは下行する音型が示される。実際の様々な聖歌の歌い出しを想定し、低い方の音からは上行する旋律、高い方の音からは下行する旋律を例示したと考えることができる。なお、音の順序から考えるとここに♭から下行する音型を示す譜例も想定できるとペシェは指摘する。その上で、実際には♭に始まる聖歌はほとんど存在しないことに鑑み、実践的理由からそのような譜例が必要とされなかったとみなしている（Pesce, 1999: 556）。

　さらに、それぞれの譜例には注釈文が添えられ、譜例に示された音と親近関係にある

音は、その上下に一定範囲の同じ音程関係が見られることに注意を促している。最初の《Alme rector》で提示された D から上行する旋律は、A から開始された場合もそのまま同じ音程関係が保たれ、D – E に対する A – B は同じ長 2 度、D – F に対する A – C は同じ短 3 度、D – G に対する A – D は同じ完全 4 度、D – A に対する A – E は同じ完全 5 度となり、注釈にあるとおり上行において一致する。以下の譜例においても同様だが、c から下行する《Deus iudex iustus》の場合、c – F と完全 5 度下行する小句については、F – B と下行すると減 5 度になるため、そのまま移高できない例となっている。このため、「c と F は下行において部分的に、また上行において一致する」との注釈がつけられていると解釈できる。また、この旋律は下行する小句から構成され、上行する動きは説明していない。続く《Tibi totus servit》の場合も同様に「B と E は下行において部分的に、また上行において一致する」との注釈があるのに対し、E から上行する小句を提示するのみで下行の説明にはなっていない。このように譜例とその注釈との間に幾ばくかの不整合が見られることから、ペシェは、これらの注釈文は『未知の聖歌に関するミカエルへの書簡』の写本が作られた際に、グイドが譜例で具体的に示していない音の上行下行についても音の親近関係から類推できることを示すために、筆写者が書き添えた可能性を示唆している（Pesce, 1999: 556）。イタリアで早い時期に書かれた写本には注釈文を含むものがいくつかあるとはいえ、北イタリア、中部イタリアに由来する重要な写本には注釈文が含まれていないことも、注釈が後から加えられたとする見方を裏付けるとペシェは論じている。なお、多くの写本がここに挙げた 7 つの旋律を収めているものの、中には一部もしくはすべての旋律を欠くもの、異なる旋律を含むもの、旋律の順序が異なるものもあり、《Salus nostra》《Alme rector》《Tibi totus servit》《Domino laudes omnis》《Stabunt iusti》《Summe pater》の順に 6 つの旋律を提示する写本もある（Pesce, 1999: 555）。この順番に譜例を挙げると、それぞれの旋律は順に C、D、E、F、G、a の音で始まることになり、先に挙げた《Ut queant laxis》との対応がより明瞭に意識されている様子が窺われる。

解説論文

『ミクロログス』解題

佐野　隆

はじめに

　グイド・ダレッツォ Guido d'Arezzo（991,2 頃 – 1033 以降）が残した音楽に関する 4 つの著作、『ミクロログス Micrologus』、『韻文規則 Regulae rhythmicae』、『アンティフォナリウム序文 Prologus in antiphonarium』、『未知の聖歌に関するミカエルへの書簡 Epistola de ignoto cantu directa ad Michaelem』のうち、最もよく知られ、かつ後世に多大な影響を及ぼしたのが『ミクロログス』である[1]。これを裏付けるように、『ミクロログス』には数多くの写本が残されている。その数は、音楽理論書としては中世を通して最も広く知られていたボエティウス Anicius Manlius Severinus Boethius（480 頃 – 524 頃）の『音楽教程 De institutione musica』（500 頃）に次ぐものである[2]。

　古代以来、音楽は「自由学芸 artes liberales」の一科目であった。人が学ぶべき学問の基礎としての自由学芸は、「三学科 trivium」（「文法 grammatica」、「修辞学 thetorica」、「弁証術 dialectica」）、および「四学科 quadrivium」（「算術 arithmetica」、「幾何 geometrica」、「天文学 astronomica」、「音楽 musica」）から構成され、その中で音楽は四学科のひとつとして学ばれてきた。通常我々にとって音楽といえば、演奏されて耳に聞こえるものであるが、自由学芸の四学科における音楽は、このような鳴り響く音だけを対象としていたわけではない。古来、神が創造したこの世は美しい調和（ハルモニア）に満ちていると考えられ、この調和の原理のことを音楽（ムジカ）と呼んだ。そして、世界に満ちている調和は数の関係を表す数比から成り立っていると考え、自由学芸での音楽とは、音に現れるこれらの数の法則を、

算術や数比を用いて解き明かすことであった。古代ギリシアのピュタゴラス Pythagoras（前 6 世紀後半活躍）やプラトン Platon（前 427 – 前 347）などの思想に起源を持つ自由学芸の伝統は、プロティノス Plotinos（205 – 270）、アウグスティヌス Aurelius Augustinus（354 – 430）、マルティアヌス・カペラ Martianus Minneus Felix Capella（5 世紀）などを経て、ボエティウスに引き継がれていった[3]。

　中世以降、音楽に関する書として最もよく知られていたのはボエティウスの『音楽教程』である。ボエティウスは、ピュタゴラス派やニコマコス Nikomachos（1 世紀末 -2 世紀初頭活躍）、プトレマイオス Klaudios Ptolemaios（83 以降 – 161）など、古代から伝わる音楽に関する著作を、彼なりに要約して『音楽教程』を著した。四学科のひとつの学問を論じたこの著作において、ボエティウスは音楽を 3 つに分類している（第 1 巻第 2 章）。すなわち、天体の調和を表す「ムジカ・ムンダナ musica mundana」、人間の精神や肉体の調和を表す「ムジカ・ウマナ musica humana」、実際に鳴り響く音楽である「ムジカ・インストゥルメンタリス musica instrumentalis」である。これら 3 種にはそれぞれ調和が存在し、その原理を探求することが音楽の目的であった。ボエティウスの『音楽教程』では、この 3 つの分野の音楽について論じると宣言されてはいるが、実際にはムジカ・ムンダナとムジカ・ウマナに関しては短い記述があるのみで、論述の中心となるのはムジカ・インストゥルメンタリスに関してである。ムジカ・インストゥルメンタリスについて論じるとなれば、その対象は実際に鳴り響く音である。しかし『音楽教程』では、調和の原理を解明するために、音楽を構成する各音の間にどのような数比が存在するのかを探ることを目的としているため、当時の音楽について論じているわけではない。そこに述べられている内容は、さまざまな音程を構成する音と数比について、協和音、不協和音と数比の関係、古代ギリシアの音階構造とテトラコルド分割について、モノコルドを用いた音程と音階の説明、ピュタゴラスのハルモニア論に基づく論考などである（Friedlein 1867; Bower trans. 1989; 金澤 1998: 44-66）。

　このように、ボエティウスは『音楽教程』において、実際に演奏される音楽についてではなく、音楽を構成する音の原理に関する事柄を論じている。また、ピュタゴラスのハルモニア論に基づく箇所では、感覚と理性によって調和の原理を解明することを目指した、思弁的な内容ともなっている。『音楽教程』はこのような特徴を持つ書ではあるが、そこには古代より伝わる音楽に関する思想が要領よくまとめられていることもあり、後の時代に対する影響はたいへん大きかった。

実際、『音楽教程』は古代ギリシアの音楽理論を伝えるほぼ唯一の書であったた
め（Bower 1967: 456）、その後の理論家の多くがここに拠り所を見いだした。その
結果、ボエティウスの『音楽教程』は、中世において音楽理論の権威として存在
することになり、この伝統は、古代ギリシアの原典を直接読むようになる 15 世
紀まで続いた（Palisca 2001c）。

　ボエティウス以後、彼の『音楽教程』の影響下で音楽や音楽理論に関するさま
ざまな著作が生み出され、やがて学問としての音楽だけではなく、実際に演奏さ
れる音楽や作曲に関する内容を含む書も現れる。たとえば、フクバルドゥス
Hucbaldus（850 頃 - 930）の『ハルモニア教程 De harmonica institutione』（Babb tras.
1978: 13-44）は聖歌歌唱の教育用として書かれており、聖歌旋律に現れる音程の
説明の他、古代ギリシアの音階やテトラコルド論を、彼の時代における旋法の終
止音やテノル音と結びつけて論じるなど、当時の音楽に関する事柄も含まれてい
る（Chartier 2001a）。また、9 世紀に成立したと考えられる『ムジカ・エンキリア
ディス Musica enchiriadis』には、史上初めて多声音楽実践への言及が見られる。
グイドの『ミクロログス』は、このような時代背景の中で書かれたのである。

　『ミクロログス』は、その序文によれば、少年たちに聖歌を教えることを目的
としている[4]。四学科のひとつとしての音楽を論じるのではなく実用的な目的を
持った書であるため、グイドがここで採用した論法は、音楽実践と関係のない事
柄は一切排除するということであった（Hirschmann 2002: 224）。序文に先立つ献辞
には、「哲学者たちと同じように詳細に述べたり同じやり方を踏襲したりはせず、
できる限り明白で簡潔に説明し、ひたすら教会の目的に適い、われわれの少年た
ちの助けになることだけを心がけました」とある。ここで言う「哲学者たち」と
は、おそらくボエティウスに代表される、自由学芸の学問としての音楽を論じて
きた人々のことであろう。グイドはそのような方法によるのではなく、「歌い手
たちに役立つと信じるいくつかの事柄を可能な限り簡潔に述べること」を旨とし、
「歌唱にあまり役立たず、議論されていても理解できないような音楽［の問題］
については言及しない」と述べ、音楽をはじめて学ぶ少年たちにも理解できるよ
う、わかりやすく説明すると明言している。このような趣旨で書かれた『ミクロ
ログス』は、包括的な音楽実践の手引き書としては最初期の著作であり、その実
用性、有用性のため後の時代に大きな影響を与えることになる。

I.『ミクロログス』の成立

　グイドは 1023 - 32 年頃、アレッツォの司教テオダルドゥス Theodardus（司教在位 1023 - 36）の下にいた[5]。エッシュによれば、グイドはそれ以前、ポンポーザ Pomposa にいた頃から、すでに少年たちに歌唱の指導をしていた可能性がある（Oesch 1954: 16）。歌唱指導を通してグイドは、「たとえ 100 年にわたって歌の勉強を続けてきたとしても、最も短いアンティフォナでさえ独力で歌いきることができないような歌い手たちに、私は大いに悩まされてきた」（序文）と、聖歌を正確に歌えない者が多いことを嘆いている。当時の歌唱の一般的な習得法は、口伝による暗記が中心であったと思われるが、多くの聖歌を覚えなくてはならない実際の場面では、全ての曲を正確に歌うことができないという状況を引き起こしていたのであろう。そこでグイドは、自身で考案した方法により指導を始めたところ、その教えを受けた者たちの熟達ぶりはめざましく、「ひと月もしないうちに、見たことも聞いたこともない聖歌を初見でとまどうことなく歌った」（序文）と述べるほどの能力が身についたとのことである。グイドの教えを受けた少年たちが見事に歌う様は評判を呼び、その噂はローマ教皇にまで達した。おそらくそのような評判が契機となり、グイドはローマ教皇ヨハンネス 19 世 Johannes XIX（在位 1024 - 32）を訪問することになった（Oesch 1954: 2f）。このような時期に司教テオダルドゥスはグイドに対して、少年たちに行なった歌唱指導法をまとめるように指示し、その結果『ミクロログス』が成立した。

　『ミクロログス』の成立年を推測する手がかりのひとつは、司教テオダルドゥスへの献辞における、聖ドナトゥス Donatus 大聖堂についての言及である。そこには、「猊下が統括しておられる司教殉教者聖ドナトゥスの教会［建立］を、いとも驚くべき計画に従って完成させようとしておられるように」とある。聖ドナトゥス大聖堂は 1026 年に建築命令が出され、1032 年に完成した（Waesberghe 1953: 13）。献辞の記述からは、大聖堂の建築がすでに始まっていた時期に『ミクロログス』が書き上げられたことが推測できる。また、グイドの現存文書のひとつ『未知の聖歌に関するミカエルへの書簡』において、彼はそれまでに著した自身の 3 つの著作（『ミクロログス』、『韻文規則』、『アンティフォナリウム序文』）に言及している。この書簡は、グイドがローマ教皇ヨハンネス 19 世を訪問した直後の 1032 年までには書かれていたと考えられているため[6]、それ以前に『ミクロ

ログス』は完成していたことになる。さらに、今では失われてしまった『ミクロ
ログス』の後書きには、その完成は教皇ヨハンネス 19 世の時代、グイド 34 歳で
あった、との記述があった（Waesberghe 1953: 30. Oesch 1954: 14f）。

　以上の手がかりから、これまでいくつかの『ミクロログス』成立年代が提示さ
れている。ヴァースベルヘは、聖ドナトゥス大聖堂の建築開始以後の 1026 年か
ら、グイドのローマ訪問 1030 - 32 年までの 1028 - 32 年頃と推測し（Waesberghe 1953:
37）、エッシュは、1025 年にグイドが 33 歳以下であったという記述のある 12 世
紀の別の資料と[7]、失われた『ミクロログス』後書きの、教皇ヨハンネス 19 世
の時代に 34 歳で完成したという記述から 1025/26 年頃と判断した（Oesch 1954: 79,
119）。またパリスカは、聖ドナトゥス大聖堂の建築開始から、グイドのローマ訪
問までの間に、『ミクロログス』、『韻文規則』、『アンティフォナリウム序文』、
『未知の聖歌に関するミカエルへの書簡』が書き上げられており、さらにその間
に文字記譜法から有線記譜法への変遷が見られることから、『ミクロログス』の
成立は 1026 - 28 年頃（Palisca 1978: 50f）としている。ルスコーニもパリスカと同
様の理由であるが、1026 - 30 年頃（Rusconi 2008: XXXIXf）と判断した。

　これら『ミクロログス』成立年代の推測では、エッシュ以外の研究者たちはほ
ぼ同じ時期を想定している。またエッシュは、『アンティフォナリウム序文』は
『ミクロログス』よりも前の時期、グイドがポンポーザにいた頃に書かれたと考
えている[8]。

　上記のようなこれまでの研究と現存資料から考えられるのは以下のようなこと
である。まず、献辞における聖ドナトゥス大聖堂への言及により、1026 年以降
に『ミクロログス』が成立したことはほぼ間違いないであろう。また、教皇ヨハ
ンネス 19 世の時代に完成したことを伝える記述により、遅くとも 1032 年までに
は成立していたと考えられる。1032 年までには、上述したグイドのその他 3 つ
の著作も書かれていたようであるが、これらの著作の正確な成立年は確定しがた
い。したがって、『ミクロログス』の成立時期として考えられるのは、聖ドナ
トゥス大聖堂の建築開始から教皇ヨハンネス 19 世の在位の終わりまで、すなわち
1026 年から 1032 年の間というのが妥当なところであろう。

II．史料

　『ミクロログス』を伝える史料は、抜粋や断片を含めて現在 90 を超えるものが知られている。その中の 51 が『ミクロログス』の本文全体を収めている[9]。写本の作成は 11 世紀半ばにはすでに始まり、11 世紀中にはフランス、南ドイツ地域にも現れる。12 世紀になるとフランドル地方やイングランドへも広がり、12 世紀の 1 世紀間だけで 30 以上の史料が残されている。特にこの時期は、ドイツ地域で写されたものが多く 15 ほどの数が伝わっている。次の 13 世紀から写本の数は次第に減ってくる。13 世紀から 15 世紀にかけては約 30 ほど、16 および 18 世紀にそれぞれ 2 つずつ、最も新しくは 19 世紀に写された史料[10]がひとつある（Meyer 1997: 23-30）。『ミクロログス』の現存史料全体では、ドイツ地域で作成されたと考えられるものが最も多く 35 以上もあり、続いてイタリア、フランスとなっている。

　このように数多くの史料が残されているが、各史料に伝わる『ミクロログス』の内容構成にはあまり相違が見られない。すなわち、「折句（アクロスティック）で書かれた詩―献辞―序文―各章のタイトル―本文」という全体の並びは、多くの写本に引き継がれている。しかしながら、本文の個々のテキストにはかなりの異同が存在する。本訳書で底本として用いたヴァースベルヘによる校訂版（Waesberghe 1955）には、諸史料間における数多くの異同が克明に挙げられているが、これだけでは各史料間の関連や、テキストの伝承・変容の過程はわからない。このことに関しメイヤーは、テキストの異同に関わる 2 つの観点から『ミクロログス』の史料の伝承過程を探ろうとしている（Meyer 1997）。

　メイヤーのはじめの観点は、ヴァースベルヘの校訂版には記述のない、モノコルド分割の第 2 の方法（『ミクロログス』第 3 章）における、上高音域の ♭♭ と ♮♮ の作成方法に関してである。『ミクロログス』の論述の中でこれら 2 つの音は、そこまでの分割法と同様な方法で作り出すことができるので、これらの記述はグイド自身があえて省略した可能性もある。また、実際にはこれらの記述を省略している史料の数が最も多い。しかし、この 2 つの音の作成方法を含む史料も 10 ほど存在し[11]、それらの内容はある程度信頼のおけるものである。さらにこれらの箇所では、同じような言葉づかいの文章がくり返し用いられているため、写本作成の際の筆写者の写し忘れということも考えられる。以上のような理由からメイ

ヤーは、ヴァースベルへの版に再現された形よりも前の段階として、$\begin{smallmatrix}b\\b\end{smallmatrix}$ と $\begin{smallmatrix}d\\d\end{smallmatrix}$ の 2 つの音の作成方法を含む、より原典に近い写本があったのではないかと判断している（Meyer 1997: 13f）。

　メイヤーの次の観点は、旋律を構成する 6 つの音程に関してである（『ミクロログス』第 4 章）。ヴァースベルへの校訂版では、旋律を構成する音程として 6 つ（全音、半音、長 3 度、短 3 度、完全 4 度、完全 5 度）が挙げられているが、いくつかの写本にはこれらに加えて、7 度を含めているものと長短 6 度を含めているものとがある。ここでメイヤーは、7 度を含む写本がその後に写された時点で修正され、長短 6 度を含む記述になったと判断した。そして、この修正過程と写本の作成地を考え合わせ、11 世紀前半にイタリア周辺でまず修正して写され、その後 11 世紀半ば以降にドイツ地域に伝わったと推測している（Meyer 1997: 17）。また、11 世紀から 12 世紀にかけては各地で『ミクロログス』の写本が作成されており、このような写本の広がりは、グレゴリウス改革（1075 – 85 頃）の時期と一致すると指摘している。この点に関してメイヤーは、グレゴリウス改革では、音楽教育におけるモノコルドの利用や、旋法の見分け方などに関する、すぐれた規範が求められていたのがその理由であろうと判断している（Meyer 1997: 21）。

　以上からメイヤーは、『ミクロログス』の史料全体の系統図を作成し（Meyer 1997: 19）、初期の伝承過程を推測している。それによれば、完成後の早い次期に、多少の修正・間違いを含んだ史料がいくつか写され、この段階のテキストが、ヴァースベルへの校訂版に再現されているものであり（Meyer 1997: 13）、さらにこれらが写されることで、『ミクロログス』は各地へ広まっていった（Meyer 1997: 18）。

　メイヤーがここで示したことは写本伝承のひとつの仮説ではあるかもしれないが、『ミクロログス』に対してこれまでこのような研究が行われてこなかったことは事実である。メイヤーが指摘するように（Meyer 1997: 21）、各写本のテキストを詳細に比較検討し、さらに、写本作成時の社会状況などとも照らし合わせて考察することで、『ミクロログス』伝承の様相がさらに明らかになると思われる。

III. 全体的特徴

　すでに述べたように『ミクロログス』全体は、「折句の詩―献辞―序文―各章

のタイトル—本文」という構成を成している。グイド（GUIDO）の綴りの各文字を各行の先頭に用いた折句の詩に続き、献辞では、司教テオダルドゥスを称えた後、これまでの理論書のように難解ではなく、音楽について分かりやすく簡潔に述べることを宣言している。続く序文では、これまでの歌手たちの歌唱習得の遅さを嘆き、自身の方法によって少年たちを教えたところ、その熟達ぶりはめざましいものであったことが紹介され、その教授内容をここに書き記すことを述べている。

　続いて、本文各章のタイトルが示された後、全20章の本文となる。本文は、導入（第1章）、音階の説明（第2章）、モノコルド分割（第3章）、6つの音程（第4－6章）、4つのモドゥスとそれらの親近性（第7－10章）、終止音（フィナリス）と8つのモドゥスおよび各モドゥスの特徴（第11－14章）、旋律構造とテキストから旋律を作成すること（第15－17章）、オルガヌムの規則と作成方法、実例（第18－19章）、ピュタゴラスの鍛冶屋の逸話（第20章）という構成である。

　『ミクロログス』に書かれた内容は、グイド自身が考案したものであることが明言されてはいるが、用語その他に先人たちからの影響も見られる。特に、偽オドの『対話 Dialogus』（11世紀初頭）[12]との類似点が以前から指摘されている。まず、モノコルドを用いて教えること、そして、A - $\frac{a}{a}$ の音域の下に最低音 Γ を追加したことが『対話』からの影響であろう[13]。グイドは『ミクロログス』において、この音域をさらに上方に $\frac{d}{d}$ まで拡張している。また、モノコルド分割の第1の方法、旋法名にギリシア語由来の「プロトゥス protus」、「デウテルス deuterus」、「トリトゥス tritus」、「テトラルドゥス tetrardus」という語を使用したこと、さらに、聖歌旋律の最後の音が、その旋法を決定するものであることも『対話』によっている[14]。

　ところで、グイドは『未知の聖歌に関するミカエルへの書簡』において、ボエティウスの名とオドの『エンキリディオン Enchiridion』に言及している（Pesce 1999: 476f）。ボエティウスの書名は挙げていないが、おそらく『音楽教程』に関してであろうと思われ、この書は哲学者のためのものであり歌手には向かないと述べている。これに対し、『エンキリディオン』はすぐれた書なので読むようにと勧めている。ここで言及されている『エンキリディオン』とは、以前は偽オドの『対話』のことであると見なされてきたが、現在では『ムジカ・エンキリアディス』であると考えられている。その根拠は、グイドが『ミクロログス』を執筆当時イタリアで見ることができて、かつ、誤って「オド」が著者とされていた著

作は『ムジカ・エンキリアディス』だけであったことによる（Huglo 1969）。また、グイドは『未知の聖歌に関するミカエルへの書簡』において、『エンキリディオン』の記譜法には従わないと述べていることも手がかりになる。すなわち、『対話』では『ミクロログス』と同様のアルファベットによる文字記譜法が用いられており、グイドがそれに従わないと述べているのは矛盾している。一方、『ムジカ・エンキリアディス』では、テトラコルドごとに決められた4つの記号を繰り返して用いるダジア記譜法が用いられているので、『ミクロログス』ではこの方法には従わない、というのは納得できる（Huglo 1969: 131）。

『ムジカ・エンキリアディス』を推奨したグイドではあるが、その影響は『ミクロログス』にそれほどはっきりとは認められない。少なくともその兆候が窺えるのが「ディアフォニア diaphonia」の定義である。グイドは『ミクロログス』において、「ディアフォニアでは音が分離して鳴り、われわれはそれをオルガヌムと呼んでいるが、そこでは互いに分離した音が調和しながら別々に響いたり、別々に響きながら調和している」（第18章）と述べている。これは『ムジカ・エンキリアディス』の「ディアフォニアは同じ音から成るのではなく、調和しながら別々に響く一致から成る」[15]という箇所からヒントを得たものである可能性がある（Palisca 1978: 54）。また、多声音楽であるオルガヌムにおいて、聖歌旋律の4度下にオルガヌム声部を置くことや、オクターヴ上に旋律を重ねることができるということも『ムジカ・エンキリアディス』と共通している。

その他、音楽が人の感情に影響を与えること（『ミクロログス』第14章）はカッシオドルス Flavius Cassiodorus Magnus Aurelius Senator（485頃 – 580頃）の『綱要 Institutiones』から、第20章のピュタゴラスの鍛冶屋の逸話はボエティウスなどの伝承に由来するものである。

IV. 内容

1. 音名・音階・モノコルド

グイドは、偽オドの『対話』に示された A - $\frac{a}{a}$ の音域の下に最低音 Γ を追加し、また上方は $\frac{d}{d}$ まで拡張し、全体で Γ A B C D E F G a b ♭ c d e f g $\frac{a}{a}\frac{b}{b}\frac{♭}{♭}\frac{c}{c}\frac{d}{d}$ という21の音で音階を構成している（第2章）。音階を構成する際に基本となるのは、『ムジカ・エンキリアディス』におけるようなテトラコルドではなくオク

ターヴである。グイドは、オクターヴ離れた音の類似性を認識しており、それらを同じ文字の大文字・小文字の違いで表した。

『未知の聖歌に関するミカエルへの書簡』で説明されている、「ut-re-mi-fa-sol-la」による階名唱に関する記述は『ミクロログス』には現れない。「ut-re-mi-fa-sol-la」による階名唱は、旋律上の半音の位置を意識しながら歌う際に必要となるが、グイドは、『ミクロログス』の段階では、まだ必要ないと考えたのかもしれない。

『ミクロログス』第1章においてグイドは、実際の音はモノコルド上で確認できるため、モノコルドを用いて歌唱の練習をすることを勧めている。しかし、後の著作『未知の聖歌に関するミカエルへの書簡』では、モノコルドを用いて音をとることは幼稚であると述べ、その代わり「ut-re-mi-fa-sol-la」による階名唱が紹介されている（Pesce 1999: 460f）。グイドの態度には多少の矛盾があるが、『ミクロログス』執筆時にはまだ幼稚な方法だと思わなかったのか、あるいは少年たちを教えるためには、モノコルドの方が有用だと判断したのであろう。

続いてグイドは、モノコルド上で音を作り出すための弦の分割方法を2つ提示している（第3章）。いくつもの分割法があると述べている中で、最初に紹介しているのは、偽オドの『対話』に記されたものと同じ方法である。もうひとつは、最初の方法よりも分割を素早く行うことができるとグイドは述べている。この第2の方法では、はじめの方法よりも弦を分割する回数が少なく、1回の分割からより多くの音が作り出せるようになっている[16]。

2. 記譜法

グイドの業績として知られているもののひとつに、線を用いて音の正確な音高を表す有線記譜法があるが、これは『ミクロログス』には現れない。『ミクロログス』では一貫して文字記譜法が用いられている。文字記譜法は歌詞の文字の上に音名のアルファベットが置かれたもので、各母音でどの音高を歌うのかを示している。グイドの後の著作、『韻文規則』（Waesberghe ed. 1985）と『アンティフォナリウム序文』（Pesce 1999）では有線記譜法が紹介されており、『ミクロログス』を学ぶ段階の少年たちには、まだ有線記譜法は必要ないと判断したのであろうか。あるいは、グイド自身の記譜法に関する考え方が定まっていない時期に『ミクロログス』が書かれた、すなわち『ミクロログス』の方が先に書かれたと想定すると、有線記譜法が現れないことも理解できる。

3. 音程と音の親近性

第4章では、音階上の音と音との隔たり、すなわち音程について述べている。トヌス（全音）、セミトニウム（半音）、ディトヌス（2全音、長3度）、セミディトヌス（短3度）、ディアテサロン（完全4度）、ディアペンテ（完全5度）の6つが、旋律に使われる音程の全てであり、これらを「旋律的音程 consonantia」[17]と呼んでいる。このことから、グイドの考えでは、聖歌旋律に用いることができる跳躍進行は最大で完全5度までということがわかる。

続いてグイドは、音の親近性の問題を取り上げる。音階上でオクターヴ離れた音はよく似ている性質を持ち、したがって音名には同じ文字を繰り返して使うことが説明される。この類似性ゆえに、ひとつの聖歌の上下にオクターヴで音を重ねることが可能であり、同時に響くそれらの音は、あたかもひとつの音のように感じると言っている。また、ディアテサロンとディアペンテも同様な特徴を持ち、これら3つの音程は、「音の甘美な結び付きを意味する『シンフォニア symphonia』[18]と呼ばれている」ことが述べられる（第6章）。

ここでグイドは、「今日の一部の人々ははなはだ不注意なことに4つの記号しか用いてこなかった。」（第5章）と述べ、暗に『ムジカ・エンキリアディス』のダジア記譜法を批判する。5度ごとに同じ記号を用いるダジア記譜法では、似た性質を持たない音同士が同じ記号で表されていると、その不備を指摘している[19]。

4. モドゥス

『ミクロログス』では、「モドゥス modus」という語がさまざまな意味合いで使用されている。たとえば、方法、音程、並び方、旋法などである。以下では、いわゆる「旋法」、あるいはそれに近いと思われる意味で使用されている箇所を取り上げる[20]。

第7章では、オクターヴ内の7つの各音が4つのモドゥスのどれかに属すると述べている。この場合のモドゥスとは、あるひとつの音を考えたときに、その音の上下の音程間隔の並び方の違いによる分類である。たとえばAとDは、下に全音、上に全音、半音、全音と並んでいるため同じ種類である。同様に、BとEが同じ種類、CとFが同じ種類、Gがまた別の種類となる。さらに、オクターヴ内の音の並びを調べてみると、下方にディアテサロン、上方にディアペンテがあることがわかり、オクターヴは4度と5度の音程で構成されていると述べている。ここでグイドが示しているのは、音階上には部分的に同じ音程配列を持つ箇所が

存在し、それら配列間の音同士は親近関係にあるということである。それぞれのモドゥスに属するD、E、F、Gの音は、いわゆる教会旋法における終止音と同じである。グイドは、旋法を説明する前段階として、音の並び方の特徴を示したかったのであろう。

　続いて、♮と♭が存在し、それらを含めて4つのモドゥスが考えられることなどを説明した後に、音程配列が完全に同じになるのは、実はディアパソン（オクターヴ）離れた音のみであるという結論に至る（第9章）。そして、ここまで説明してきた4つのモドゥスを、ギリシア語を用いてプロトゥス、デウテルス、トリトゥス、テトラルドゥスと名付けている（第10章）。

　次に、聖歌旋律の中でいちばん重要な音は最後の音であり、その音で旋律がどのモドゥスに属するかが判断できると説明する（第11章）。ここまでは、モドゥスとはそれぞれの音が属する分類であったのが、ここでは旋律が4つのどれかのモドゥスに属す、という論旨になる。この箇所以降、モドゥスという言葉が次第に旋法という意味合いを帯びてくる。そして、同じモドゥスの聖歌でも、終止音（D、E、F、G）からそのオクターヴ上の音までの音域を主に使う旋律と、終止音の4度下から終止音の5度上までの音域を主に使う旋律が存在するため、ひとつのモドゥスをそれぞれ2つに分けて考える。これらのうち高い方の音域を用いるモドゥスを「正格 authentus」、低い方の音域を用いるモドゥスを「変格 plaga」と名付け、正格のプロトゥス、変格のプロトゥスのように呼ぶ。あるいはグイドによれば、誤って、正格のプロトゥスが第1、変格のプロトゥスが第2、と呼ばれるようになった（第12章）。

　その後、モドゥスそれぞれの持つ特徴、音楽が持つ人に与える力などについての説明が続く（第14章）。デウテルスの正格は「変化に富んだ跳躍」、トリトゥスの変格は「喜ばしさ」など、モドゥスの特徴の違いが示され、人は音楽を聴くとそのモドゥスの持つ特徴に影響されると述べている。

　ここまで来るとモドゥスは、一般的な教会旋法と同じである。このように『ミクロログス』では、モドゥスというひとつの言葉が、その時々でさまざまな意味で用いられており、またその意味するところの変化が、何の前触れもなく現れることがある。モドゥスに限らず、同じ単語が多くの意味を表しているのは、『ミクロログス』の理解を難解なものにしている一因であり、読者は、このことを気にかけておく必要がある。

5. 旋律の構造とその作成方法

　旋律の構造とその作り方に関する記述は、『ミクロログス』の中でもとりわけ実用的な部分である。これらの箇所では旋律の構成原理を解説し、ある手順を踏めば、誰でも聖歌旋律が作成できるということが説明されている。

　まず第15章では、旋律構造を説明するために文法上の用語とのアナロジーで論を進めてゆく[21]。言語における「文字 littera」、「音節 syllaba」、「単語 pars」、「詩脚 pes」に対応して、音楽には「音 phtongus」、「音節 syllaba」、「旋律句 neuma」、「楽句 distinctio」が存在し、それらの組み合わせによって旋律ができあがっていると述べる。音節、旋律句を旋律上の音のグループとしてとらえ、より大きなグループである楽句の句切りは息継ぎにふさわしい箇所であると説明する。また、旋律句同士、楽句同士で音の数や旋律の動き方のバランスをとることで、旋律全体が均整のとれた好ましい音楽になると述べている。さらに、楽句の終わりは旋律内のひとつの区切りであるため、そこでは音を多少長めにすること、楽句の終わりに向かっては速度を落としたり、詩脚のように拍子を取るように歌うことなど、音楽演奏上の「揺れ」についての言及がある。当時、どのようなリズムやテンポで聖歌を演奏していたかについて確定的なことは言えないが、『ミクロログス』のこの記述を基に、単旋律聖歌のリズムやテンポに関する議論も行われている（Palisca 1978: 55）。

　続いて、言葉においては少ない音節や単語から多くの詩形が生まれるように、音楽においては6つの音程の組み合わせから多様な音の進行（motus）が生み出せることが示される。音程を組み合わせて作る音の進行には、上行（アルシス）と下行（テシス）があり、上行・下行のさまざまな組み合わせにより、多くの種類の旋律が作り出せると述べている（第16章）。

　次に、テキストはどんなものであれ、それに合わせて旋律を作り、歌うことができると述べる。グイドはこれを実現するために、テキストの母音ごとに音を配置して旋律を作り出す方法を提示している。その方法は、"ａｅｉｏｕ"の5つの母音を21個の音階の音に下から順に繰り返し対応させてゆくというものである。この方法によれば、テキストの母音ごとに音高が確定し、歌詞に対応する旋律を自動的に作り出せるようになる。さらに、母音と音名の対応を少しずらした別のパターンを一緒に用いることで、ひとつの母音に対応する音のバリエーションが増えることも示している（第17章）。

　ここで説明しているのは、グイドの方法に従えば、与えられたテキストに対し

て誰でもその場で旋律を作り出すことができるということである。この箇所の記述が、実際に即興演奏の手引きのようなものを意図していたのか、あるいは、旋律を作る際のひとつの可能性を提示したものなのか、グイドの真意は不明である（Waesberghe 1951）。

6. 多声音楽について

　音楽史上初めて多声音楽に言及した書は『ムジカ・エンキリアディス』であった（Fuller 2011: 46）。『ミクロログス』第18, 19章では、多声音楽オルガヌムの作り方とその例が紹介されている。ここでグイドは多声音楽をディアフォニアと呼んでおり、その定義には、すでに述べたように『ムジカ・エンキリアディス』の影響が見られる。

　『ミクロログス』においてグイドは、聖歌旋律の下に新たな声部を付加することで多声音楽を生み出す方法を提示している[22]。その際、『ムジカ・エンキリアディス』で示された完全5度によるオルガヌムは耳障りなものとして退け、完全4度下に対旋律を付加することを基本とし、これに加えて長2度、長3度、短3度音程も認めた。これらの音程を使用すればより柔軟にディアフォニアを作ることができるとグイドは述べている。聖歌旋律と付加旋律の音程が三全音を生じる場合は、長2度や長3度音程、あるいは、一方の声部を動かさず片方のみを動かす斜行などを用いて、それを避けるよう示している。また、楽句の終わりでは、できるかぎり聖歌旋律と付加旋律が3度、あるいは2度を介して同音に終止するような動き（オクルスス occursus）を形成するように求めている[23]。

　第19章では、第18章で述べたことの実例が示される。これらの例を見ると、元となる聖歌旋律によりさまざまな方法があることがわかる。場合によっては聖歌旋律が下方へ進行し、付加旋律と交差することもあれば、長2度による平行進行なども見られる。グイドが言うように柔軟性を持ち、さまざまな可能性を試みているかのようである。このような実践方法がグイドの時代に一般的であったのかはさらなる検討が必要であろうが、中世の多声音楽のひとつの実例として興味深いものである。

V. 受容・研究

　『ミクロログス』の写本は、11 世紀半ばにはすでに作成され始めていたが、注釈書も同じく 11 世紀半ばには登場している。

　アリボ Aribo Scholasticus（1068 – 78 頃活躍）の『音楽論 De musica』には、『ミクロログス』第 15 章への注釈がある（Hughes 2001）。旋律や旋律句の構造とその構成方法などを述べた『ミクロログス』第 15 章は、グイドの死後もかなりの関心が持たれていたことが分かる。また、1050 – 1100 年頃にイタリアで成立したと考えられる 2 つの作者不詳の理論書『表現の書 Liber argumentorum』（Waesberghe 1957: 19-30）と『種の書 Liber specierum』（Waesberghe 1957: 13ff）、それに、1070 – 1100 頃成立した『ミクロログス注解 Commentarius anonymus in Micrologum』もグイドの『ミクロログス』への注釈である（Palisca 1978: 55）。

　ドイツ地域で活躍したヨハンネス・アッフリゲメンシス（コト）Johannes Afflighemensis（Cotto）（1100 頃活躍）の『音楽論 De musica』（Waesberghe ed. 1950; Palisca 1978）は、その構成を『ミクロログス』の章立て、内容にほとんど従っている。さらに加えてこの書は、より詳しい旋法論や 1100 年頃のオルガヌム実践の解説などを含んでいる（Palisca 2001b）。

　13 世紀にイングランドで書かれたと思われる『メトロログス Metrologus』には、『ミクロログス』と似た表現の文章が見られるが、音名を示す際は文字ではなく「ut-re-mi-fa-sol-la」の呼び名が用いられている（Mengozzi 2010: 59ff）。このことから、13 世紀にはイングランドの地にも『ミクロログス』と「ut-re-mi-fa-sol-la」による階名唱がグイドの名とともに伝わっていたことがわかる。

　『ミクロログス』の全体構成は、その後の理論書の規範になったとの指摘がある（Hirschmann 2002: 226）。上に述べたヨハンネス・アッフリゲメンシスの『音楽論』がまさにこれを示している。それ以外にも『ミクロログス』の構成を踏襲しているものとして、ロフレディ Guglielmo Roffredi（? – 1190）の作と伝わる『音楽技芸要綱 Summa musicae artis』（Seay 1970: 71-77）、作者不詳の『音楽技芸の書 Liber artis musice』（13/14 世紀）がある。

　11 世紀以降『ミクロログス』は、修道院における聖歌歌唱の教本として広く用いられ（Taruskin 2010: 154）、中世の大学においては、カリキュラムに取り入れられたわけではないが、ボエティウスや、ヨハンネス・デ・ムリス Johannes de

Muris（1290/95 頃 – 1344 以降）の『ボエティウスによる思弁的音楽 Musica speculativa secundum Boetium』（1323 年）などを補完するものとして読み継がれた（Hirschmann 2002: 226）。その後 13 世紀、フィレンツェのサンタ・マリア・ノヴェッラ Santa Maria Novella 教会では、修練者は『ミクロログス』を用いて教えを受けていたという記録がある（D'Accone 2001）。また、イングランドの音楽家・理論家ホスビー John Hothby（1430 頃 – 1487）の元で学んでいた人物が作成した写本には、偽オドの『対話』やムリスの著作とともに『ミクロログス』が含まれている。このことから、当時ホスビーが教える際には、教本として『ミクロログス』を使用していた可能性があるとの推測もできる（Blackburn 2001: 750）。

　ルネサンス時代以降においてもグイドとの関連は見られる。しかしこの場合『ミクロログス』自体ではなく、『ミクロログス』では扱われていないヘクサコルドによるソルミゼーション、および実際はグイドに由来するものではない「グイドの手」に関する事柄が多くなる[24]。チコニア Johannes Ciconia（1370 頃 – 1412）、ラモス・デ・パレーハ Bartolomeo Ramos de Pareia（1440 頃 – 1490 以降）、アダム・フォン・フルダ Adam von Fulda（1445 頃 – 1505）、ガッフリウス Franchinus Gaffurius（1451 – 1522）、ブルツィウス Nicolaus Burtius（1453 頃 – 1528）、ザルリーノ Gioseffo Zarlino（1517 – 1590）などは、多少なりともグイドの影響が見られる著作を残している。彼らは、グイドのテキストを引用することもあれば、グイドを音楽理論の先駆者として称賛する、あるいは古い時代の理論家として否定的な評価をするなど、それぞれの論を展開している（Mengozzi 2010）。さらに、19 世紀も終盤の 1881 年になっても『ミクロログス』の写本が作成されている。

　『ミクロログス』に関する研究では、本論考でも参照したヴァースベルヘ（Waesberghe 1953）とエッシュ（Oesch 1954）のものがその代表である。この 2 書は、『ミクロログス』のみではなく、グイドの生涯と業績を包括的に扱ったもので、『ミクロログス』およびグイドの研究にとってはいまだ必須の文献である。このような包括的な研究はこの 2 書以後現れてはいない。『ミクロログス』本文の翻訳は、ドイツ語（Schlecht 1873; Hermesdorff trans. 1876）、英語（Babb trans. 1978: 47-83）、フランス語（Colette and Jolivet trans. 1993）、イタリア語（Rusconi 2008: 3-85）によりすでに出版されている。その他、特定の論点からの研究として、『ミクロログス』中の記述と即興演奏について（Waesberghe 1951）、史料の伝承について（Meyer 1997）、『ミクロログス』の特定の章に関して（Desmond 1998; Green 2007）などがある。このように、現代に至るまで『ミクロログス』とグイドの名は音楽史におい

て大きな意味を持ち続けている。

注

[1] グイドの業績については、石川陽一「グイド・ダレッツォ、その業績」（本書収録論文）を参照。

[2] ボエティウスの『音楽教程』は約 130（Bernhard 1990: 72f）、『ミクロログス』は約 95（Meyer 1997: 23ff）の写本が現存している。『ミクロログス』の写本については後述。

[3] グイドの時代までの音楽理論書の概要については Palisca（2001c）、金澤（1998: 18-42）、樋口（2001: 153-158）を参照。

[4] ヴァースベルヘは、『ミクロログス』の対象年齢として 15 歳前後を想定している（Waesberghe ed. 1985: 20）。少年の年令に関して、さらに中世の音楽教育については、宮崎晴代「教育者グイド」（本書収録論文）を参照。

[5] グイドの生涯については、飯森豊水「グイド・ダレッツォの生涯」（本書収録論文）を参照。

[6] ヴァースベルヘは 1030 - 32 頃（Waesberghe 1953: 24）、エッシュは 1028/29 頃（Oesch 1954: 80）としている。

[7] Firenze, Biblioteca nazionale conv. sopp. F.III 565, fol. 1v. ヴァースベルヘはこの資料を重視していない（Waesberghe 1953: 30）。

[8] 1020 年頃ポンポーザで新たな歌い方が出現したことを伝える資料があり、この新しい方法こそ、グイドの有線記譜法による歌い方ではないかとエッシュは推測している（Oesch 1954: 16）。

[9] Waesberghe（1955）には 78 の史料が挙げられているが、Meyer（1997: 5f）で新たに 17 の史料が加えられた。

[10] Bruxelles, Bibliothèque royale, II426. ヴァースベルヘは、18 世紀以降に作成された写本については、テキストの異同に関する考察からは除外している（Waesberghe 1955: 7）。

[11] 『ミクロログス』最古の史料である München, Bayerische Staatsbibliothek, Clm 14523（11 世紀中頃，ヴァースベルヘの版における記号 M5）では、欄外にこの 2 音の作成方法が書かれている（Meyer 1997: 9）。

[12] 以前はオド作といわれてきたが、ユグロによれば、おそらくミラノ近郊の修道院の音楽教師によるものである（Huglo 1969: 169）。

[13] 詳しくは、石川陽一「グイド・ダレッツォ、その業績」（本書収録論文）を参照。

[14] 『ミクロログス』と『対話』の関係については Waesberghe（1953: 147f）、Oesch（1954: 71ff）も参照。

[15] "Dicta autem Diaphonia, quod non uniformi canore constet, sed concentu concorditer

dissono." (Gerbert ed. 1784, 1: 165b), Erickson (1995: 21).

［16］モノコルドに関しては、石川陽一「モノコルドについて」（本書収録論文）を参照。

［17］本書『ミクロログス』注 7 参照。

［18］本書『ミクロログス』注 62 参照。

［19］本書『ミクロログス』注 10 参照。

［20］モドゥスに関しては、那須輝彦「グイドの教会旋法論」（本書収録論文）を参照。

［21］『ミクロログス』と文法の関係については、吉川文「『ミクロログス』と文法」（本書収録論文）を参照。

［22］『ミクロログス』における多声音楽に関しては、平井真希子「『ミクロログス』のオルガヌム理論」（本書収録論文）を参照。

［23］最古のオルガヌム集である『ウィンチェスター・トロープス集』Cambridge, Corpus Christi College, 473（11 世紀に成立）には、『ミクロログス』で示されたオクルスや、斜行のような声部進行の先駆けが見られるとの指摘がある（Taruskin 2010: 155）。

［24］ソルミゼーション、および「グイドの手」に関しては、宮崎晴代「教育者グイド」（本書収録論文）を参照。

グイド・ダレッツォの生涯

飯森豊水

　グイド・ダレッツォ（アレッツォのグイド）Guido d'Arezzo ［Guido Aretinus, Gwido, Wido, etc.］（991/2 頃 – 1033 以降）[1]は、主著『ミクロログス（音楽小論）Micrologus』の序文で、音楽教育者としてのみずからの成果を次のように語っている。「神の御恵みにより、モノコルドをなぞりながらわれわれの音の表示法によって訓練された少年たちのある者は、ひと月もしないうちに、見たことも聞いたこともない聖歌を初見でとまどうことなく歌ったのである。それは多くの人々にとってまさに驚くべき光景だった。にもかかわらず、そのように歌うことができない者が、どのような顔をして自らを音楽家あるいは歌い手などと称せるのか、理解に苦しむ」（本書 13 頁）。ここに見るグイドの過度なまでの自負心は同僚のそねみを招く一因となったが、教育成果そのものは目覚ましいものであった。彼はのちに時の教皇ヨハンネス 19 世 Johannes XIX（在位 1024 – 1032）の招きに応じてローマに赴き、指導内容の一部を披露するという栄誉に浴することとなった。死後も『ミクロログス』は「中世を通じて修道院で使われ、13 世紀以降は大学でも使用された」（パリスカ 1993, 5: 446）。さらに今日の視点で振り返っても、「中世を通じて、最も実用的な功績を残した理論家と言えばグイド・ダレッツォをおいて他には居ない」（金澤 1998: 73）と評されるほどの評価を受けている。

　グイドは生前から画期的な指導内容が評価され、死後も強い影響力を保った。しかしながら、その生涯については意外なほど知られていない。グイドの著作では『ミクロログス』、『韻文規則 Regulae rhythmicae』、『アンティフォナリウム序文 Prologus in antiphonarium』、『未知の聖歌に関するミカエルへの書簡 Epistola de ignoto cantu directa ad Michaelem（以下、『書簡』)』の 4 つが伝承されているが[2]、

このうち伝記に関する記述があるのは『ミクロログス』冒頭と、『書簡』の一部のみであり（Oesch 1954: 2、パリスカ 1993, 5: 446、Hirschmann 2002: 221, など）、しかも情報は断片的で、具体的な年代を欠いている。他方、グイド以外による資料でも情報は限定的なものにすぎない[3]。グイドの最後の活動の地はカマルドリ Camaldoli 会[4]のアヴェッラーナ Avellana 修道院であったと考えられるが（Palisca 2001a, 10: 552）、そのカマルドリ会はグイドが没する前後にあたる 1034 年に編纂した年報においても、その生涯については「すべてに深い暗闇が降りかかる densis omnino tenebris sunt respersa」と説明していた（Oesch 1954: VII）。すなわち当時の人々にとっても、グイドはその高い名声に比べ、あまり自己を語らない謎の多い人物であったようだ[5]。

　以下では、まず『ミクロログス』と『書簡』の該当部分から、グイド自身による資料によって解明できることを確認する。そののち、グイドの生涯におけるいくつかの重要な問題を年代順に検討し、今日の段階でのグイドの生涯についての研究状況をごく簡単に概観することとしたい。

Ⅰ．『ミクロログス』から解明できること

　『ミクロログス』では、冒頭の献辞「司教テオダルドゥス Theodaldus 宛てのグイドの書簡」（本書 11-12 頁）において、同書の成立について述べている。この中で彼の生涯に関して得られる有益な情報をまとめると次のようになるだろう。

　（1）司教は、「音楽という技芸の訓練を公のものとするように」グイドに命じた。また、司教の命に従って、グイドは「音楽という技芸の諸規則をここにお示し申し上げ」た。すなわち、グイドはこの『ミクロログス』と呼ばれる書を執筆し、司教に献呈した。

　（2）折しも、司教は聖ドナトゥス Donatus 大聖堂（アレッツォ大聖堂）[6]の建造のための作業を統括していた。すなわち、『ミクロログス』の執筆は、大聖堂の建造の時期（1026 年から 1032 年にかけて）と重なることになる。ただし具体的な年代推定にあたっては研究者によって見解が異なっている[7]。

　（3）グイドの奉職する教会では、彼の言葉によれば「少年たちでさえも［聖歌の］歌唱の実習において、他のいかなる場所の老練な年長者をも凌駕して」いた。「この技芸についての教程が今まで世に知られなかったのは、実に難解であるた

めに誰もわかりやすく説明できなかったから」と、グイドはそれを実現したこと
を誇らしく述べている。

II.『書簡』から解明できること

　グイドの『書簡』は、聖ヨハネの賛歌《僕らの声冴えざえと Ut queant laxis》
ほかを収めているが[8]、本論に先立つ導入部分でグイドはみずからの生涯に関し
て短い記述を残した。以下に、その該当部分を訳出する[9]。

　　　ローマの教会を司る教皇ヨハンネスが、私たちの学舎の名声を耳にして、私
　　たちのアンティフォナリウム[10]によって少年たちが聞いたことのない聖歌を学
　　ぶことに非常に感嘆し、3 人の使者を遣わして私を召されました。そのため私は、
　　グリマルドゥス Grimaldus 大修道院長、およびアレッツォの聖堂参事会の長で
　　あり私たちの時代でももっとも学識の高いペトルス Petrus 師と共にローマへ旅
　　行しました。教皇は私の到着をたいそうお喜びになり、多くのことについて会
　　話を交わし、私にさまざまな質問をされました。私たちのアンティフォナリウ
　　ムをあたかも何かの驚異［的な作品］のように何度も目を通され、前もって定め
　　たルールについて深くお考えになりながら、望みが満たされて、これまで聞い
　　たことのない詩行（聖歌）を修得するまで、途中でやめたり席を立ったりされる
　　ことはありませんでした。そして教皇は他の人々ではほとんど不可能と考えて
　　いたことを、自身においてすぐに正しく認識なさいました。
　　　さらに多くの言葉を必要とするでしょうか。私は病気のために、短期間であ
　　ってもローマに滞在することはできませんでした。海に近い沼地のような場所
　　の夏の猛暑は、私のような山の人間を破壊させてしまうのではないかという脅
　　威となりました。最終的に、私が冬にこの地に戻り、作品を教皇と聖職者に示
　　すのを義務とすることで私たちは合意しました。数日後、徳と智恵ゆえに神に
　　重んじられ、人々に崇敬され、また私の霊の父でもあるポンポーザの大修道院
　　長にしてあなたと私の父であるグイド師に会いたいと考え、訪問しました。鋭
　　い知性を持つ師が、私たちのアンティフォナリウムを見ると、すぐに認め、信
　　頼し、師がかつて私たちの敵対者たちに賛同したことを悔やんでいました。師
　　は私に、修道士にとって修道院は司教の住居より好ましく、特にポンポーザは
　　神の恵みとグイド師の勤勉さのために、いまやイタリアで最良［の施設］である
　　ため、ポンポーザに来るようにと懇請しました。

ここからグイドの生涯に関して次のような情報を得ることができる。

（1）「アンティフォナリウム」[11]によって、少年たちが未知の聖歌を学ぶことに成果を上げたため、教皇ヨハンネス19世よってローマに招かれた。この時、グリマルドゥス大修道院長とアレッツォの聖堂参事会長のペトルス師と共にローマへ旅行した。

（2）教皇はグイドとの会話を喜び、多くの質問をした。とりわけ「アンティフォナリウム」を熱心に修得し、グイドの教育内容を多く理解した[12]。

（3）グイドはローマの猛暑と湿気のために体調を崩し、間もなくローマを離れた。そのため、冬には再度ローマを訪れ、教皇や他の聖職者にみずからの教育内容を伝えるという約束をした。ただし、グイドが冬にローマに戻ったことを示す記録は残されていない。

（4）彼は自分が育った環境から自分を「山の人間」と呼んでいる。

（5）数日後、ポンポーザ大修道院長のグイド師に面会した。この時、グイド師は「アンティフォナリウム」の意義を認め、かつてグイドがポンポーザにいた頃に他の修道士たちと敵対した際に、グイドに反対する態度をとったことを悔やんだという。

『書簡』の中で、グイドはミカエルに対してグイド師を「あなたと私の父」と呼んでいることから、かつてふたりはグイド大修道院長の下で生活していたことがわかる。その後、ミカエルはポンポーザに残り、グイドはこの地を去った。グイドが大修道院長や他の敵対者たちと対立したことが、この地を去る直接的な原因となった可能性が高い。

（6）グイド師はグイドにイタリアで最良の修道院であるポンポーザに来るように懇請した。

Ⅲ．いくつかの問題

(1) 出生

　グイドの出生については、場所も年代も明らかではない。上記のようにグイド自身はみずからを「山の人間」であるとしたが、これでは山岳地方に生まれ育ったことを示すのか、当時住んでいたアレッツォ（あるいは、その近郊）のことを指すのかは不明であるし、具体的に地名を類推させる資料は存在しない。一方、生年については、既知の情報をもとに研究者たちはさまざまに推測してきた。

　バロニウス Caesar Baronius（1538 - 1607）に、『1022 年版 教会年報』で現在では消失したグイドの『ミクロログス』のあとがきを転載した。そこには次のように書かれていたという。「『ミクロログス』は教皇ヨハンネス 20 世の時、グイドが 34 歳で刊行した」。ここで「教皇ヨハンネス 20 世」としているが、そうした教皇は存在しなかったので、教皇ヨハンネス 19 世の誤記と考えられる（Oesch 1954: 14）。ヨハンネス 19 世の在位期間中（1024 年 5 月あるいは 6 月から 1033 年 1 月）にグイドが 34 歳であったということであれば、生年は 990 年から 999 年の間に限定されることになる。エッシュはさらにグイドが助祭になった年代等の検討を経て、『ミクロログス』の完成が 1025 年または 26 年であり、したがって、グイドの生年としてもっとも可能性の高いのは 992 年であると推測した（Oesch 1954: 79, 112）[13]。他方、ヴァースベルヘはこの著作の執筆時期を 1028 年から 32 年頃としているので、グイドの生年は 994 年から 998 年となる（Waesberghe 1953: 13）。

(2) ポンポーザ時代

　ポンポーザには、1020 年頃にグイドは滞在していた可能性がある。同時期の修道院年代記において、このころグイドの関与のもとに新しい歌唱法が抬頭してきたことが報告されているのである（Oesch 1954: 16, 113）。当時、彼は、ある公式文書で教会参事会員のすぐ下に「グイゾ（Wido）副助祭にしてカントール」と署名していることから、この時すでに音楽家として活動していた可能性が高い（Oesch 1954: 15, 113）。

(3) アレッツォへの移住

　ポンポーザからアレッツォへの移住は、司教テオダルドゥスがアレッツォの司

教に着任した 1023 年のことであったのかも知れない。住居はアレッツォから南方 15 キロにあるバディクローチェ Badicroce であった可能性がある（Oesch 1954: 23）。この地で司教テオダルドゥスの命を受けて『ミクロログス』を執筆し、テオダルドゥスに献呈した。

（4）ローマ旅行の時期

　　グイドたちが教皇ヨハンネス 19 世に謁見したのは、教皇の在位期間中、すなわちは 1024 年から 1032 年 10 月までの夏のことであったと考えられる。その年をエッシュは 1028 年と推測し、その理由を次のように述べている（Oesch 1954: 17f, 23）。アレッツォの大聖堂古文書保管所には 1047 年の年紀のある文書があり、これには大型の羊皮紙が綴じられている。羊皮紙にはグリマルドゥス大修道院長やペトルス大聖堂首席司祭をはじめとする 5 名の聖職者が 1027 年 3 月 31 日にローマに滞在していたことが記録されているが、それはこの時期に挙行された神聖ローマ皇帝コンラート 2 世 Konrad II（在位 1024 – 1039）の戴冠式に参列するためであった。ここにグイドの名前はない。しかし、これまで多くの研究者たちが、まさにこの時期にグイドもローマ旅行に同行したと推測してきた。

　　一方、『書簡』によれば、グイドはグリマルドゥス大修道院長とペトルス大聖堂首席司祭の 2 名のローマ訪問に同行したとしているため、これに従うならコンラート 2 世の戴冠式参列のための旅にグイドが同行していなかったことになる。そのためエッシュは、歴史家のジャンブルーのシゲベルトゥス Sigebertus Gemblacensis（1300 頃 – 1112）が、1028 年にグイドがイタリアで有名になっていたと記録していることを援用して、先のローマ旅行とは別に、翌 1028 年にグイドがローマ訪問をしたと考えた。

（5）ローマ旅行の意味

　　このローマ旅行に関するグイドの記述に関して、ペイジは随所で疑念を示している。あまりにグイドの都合のよい書き方をしているというのである。グイドのローマ訪問の真の意味が理解できるように、ペイジは、当時の類似したケースを紹介する。これは、遙かアルプスの北、ハンブルク゠ブレーメン Hamburg Bremen 教区における、11 世紀の年代記作家ブレーメンのアダム Adam von Bremen（1040 – 1081?）が残した記録にもとづいている。記録によれば、ヘルマンヌス Hermannus 大司教（在位 1032 – 1035）が、（グイドとは別の）「音楽教師グイド

Guido」なる人物を招聘したものの、その目的は音楽そのものの外にあったという。すなわち、大司教は「ブレーメンに音楽教師グイドを招聘したところ、グイドは聖歌と修道院の生活を正した。…（大司教のあらゆる努力にもかかわらず）成功したのはこれだけであった」というのである。カロリング朝時代から 11 世紀の教会にあって、聖歌の改革は、修道士の共同生活あるいは規律の革新としばしば密接に関連しており、グイドの場合もそうした期待のもとにローマに招待されたのではないかとペイジは推測する（Page 2010: 460）。

(6) ポンポーザ大修道院長のグイド師との再会

　ローマで体調を崩してから数日後にグイドはポンポーザ大修道院長と面会している。グイドがローマから 400 キロも北にあるポンポーザに立ち寄って大修道院長に面会したのは、大修道院長からの招待があったからだろう。『書簡』にあるようにグイドはかつて大修道院長と敵対したが、ここでの大修道院長の謝罪によってふたりの関係は元に戻ったか、あるいは少なくとも改善された、と考えるのが自然かも知れない。

　しかし、ペイジはそうした観点に対して批判的である。彼によれば、グイドは教皇に新しい教育方法と、おそらくは新しい記譜法に対する「お墨付き」を受けたあとで、敢えて関係の悪化していた大修道院長を訪れて成果を伝え、謝罪させようとしたと考えることもできるという（Page 2010: 449）[14]。

(7) グイドの著作の成立時期との関係

　佐野隆「『ミクロログス』解題」（本書収録論文）で指摘されているように、『ミクロログス』の成立時期は、1026 年から 1032 年までの間となる。また、4 著作の成立順序について多くの研究者は『ミクロログス』、『韻文規則』、『アンティフォナリウム序文』、『書簡』としているが、エシュは『アンティフォナリウム序文』は『ミクロログス』に先立つとする。他方、『書簡』は他の 3 著作への言及があることから 4 番目の著作となることは明らかであり、またローマ旅行の報告をしていることから、旅行直後に書かれたものとみられる。

　このように、成立時期を比較的厳密に推定できるのは、『書簡』がローマ旅行後であることくらいしかないことになる。そのため、ルスコーニ Angelo Rusconi など多くの研究者たちは、それぞれに仮説を立てて議論を展開することとなった。しかし、伝記資料によって証明できることのみを扱う小論においては、そうした

仮説への言及は控えることとしたい[15]。

(8) 外国との関係

　19世紀の文献においてのことであるが、グイドがイタリアからフランス、ドイツ、イギリス、スペインにも旅行した可能性が指摘された。中にはグイドがフランス人であるという議論も存在した。しかし、結局いずれも説得力が欠けるとして今日では顧慮されていない（Oesch 1954: 25）。

注

[1] 生没年はパリスカによる（Palisca 2001a, 10: 552）。ただし、生没年のいずれにも明確な記録がないため、推測によらざるをえない。生年にまつわる諸説については後述する。
[2] これらの著作の成立時期や内容については、佐野隆「『ミクロロゴス』解題」および石川陽一「グイド・ダレッツォ、その業績」（本書収録論文）を参照のこと。
[3] ヒルシュマンはこの2種以外の資料からグイドの生涯についての情報を得ようとするなら、「厳しく吟味しなくてはならない」と、研究環境の厳しさを明快に指摘している（Hirschmann 2002: 222）。一方、現代におけるグイドの伝記研究はエッシュ H.Oesch とヴァースベルヘ Smits van Waesberghe という1950年代の2つの研究が代表的であるが、本論では主としてエッシュにもとづいて検討を進める。
[4] カマルドリ会は聖ロムアルド St.Romuald（950頃-1027）によって設立された。名称はマルドリ Maldoli 伯爵によって1012年から1015年に供与された「マルドリ平原 Campus Maldoli」に由来する。修道士は絶えず祈り続け、沈黙を守る厳しい生活を送った（Olivieri 2002, 2: 898f）。
[5] 情報不足およびそのための混乱は18世紀の音楽史書にも認められる。以下は音楽史家バーニーにおける記述である。「しかし音楽におけるこの立法者の生涯に関しては、初めて頭角を現したときにベネディクト会修道士であったことと後にアヴェッラーノの聖十字架修道院長であったこと以外はほとんど知られていない。But concerning the life of this musical legislator little is known, except that he was a Monk of the order of St. Benedict when he first distinguished himself, and afterwards Abbot of the Holy Cross at Avellano, near Arezzo.」（Burney 1782: 83）ただし、「アヴェッラーノ」（おそらくアヴェッラーナのことであろう）の聖十字架修道院長になったという記録はなく誤解と考えられる。
[6] アレッツォの聖ドナトゥスは、アレッツォの守護聖人で司教で、362年に殉教したと伝えられる。アレッツォ大聖堂は、アレッツォ郊外のピオンタ丘 Colle del Pionta にあった彼の墓地の上に建造された。1203年にインノケンティウス3世 Innocentius III（在

位 1198 - 1216）が今日の市街地に移転させた。

［7］佐野隆「『ミクロログス』解題」（本書収録論文）参照。

［8］石川陽一「グイド・ダレッツォ、その業績」（本書収録論文）参照。

［9］ペシェ所載（Pesce 1999: 448-455）。訳出にあたり同書に掲載された英訳、およびヘルメスドルフ Hermesdorff の独訳を参考にした。

［10］グイドが言及している「アンティフォナリウム」は消失した。これにつけた韻文と散文の序文のうち、散文による『アンティフォナリウム序文』のみが今日に伝承された（西真木 2006: 131）。

［11］今日では失われてしまったが、独自の新しい記譜法によっていた可能性は高い（Pesce 1999: 2; 449 note）。ここで「私たちのアンティフォナリウムによって per nostra antiphonaria」とあるように、「アンティフォナリウム」は複数冊あったことになる。また、この表記から、「アンティフォナリウム」はグイドとミカエルが共同で完成させたものであると想像される（パリスカ 1993, 5: 447）。

［12］教皇が「アンティフォナリウム」に強い関心を示した理由は、グイドのすぐれた歌唱指導法のみならず、新しい記譜法が使われていたためという可能性が高い（Hirschmann 2002: 221）。

［13］本論の冒頭に示したパリスカによる生年の推測は、このエッシュの議論を援用している。

［14］ペイジはこのエピソードから、グイドには「独善的 self-righteous」な側面さえあると指摘している。

［15］この問題についての諸説は、佐野隆「『ミクロログス』解題」および石川陽一「グイド・ダレッツォ、その業績」（本書収録論文）、さらに西間木論文（2006）を参照されたい。

グイド・ダレッツォ、その業績

石川陽一

　グイド・ダレッツォの名前が、「ドレミの創始者」とか「有線記譜法の考案者」として言及されることは決して珍しいことではない。しかし、彼が階名の利用の一般化と、有線記譜法の整備に大きな貢献をなしたことが間違いのない事実であるとしても、これらを考案した人物であるとするのは、以下にも述べるように明らかな過大評価である。その一方で、彼がイタリアにおける初期ポリフォニーに関する重要な記述を残した人物であることが言及されることは、極めてまれであるようにも思われる。つまり、グイドの名前は西洋音楽史全体を通しても非常に有名であるにもかかわらず、その業績についてはいまだに伝説と事実が混同されているのが実情と言わざるを得ないのである。そこで、この小論では彼の実際の業績が何であるのかを明確にすることを目的とし、彼の著作とその内容について検討することにしたい[1]。

Ⅰ．4つの著作

　現在グイドの著作として認められているのは、音楽に関する内容ではない『ミラノ大司教への書簡 Epistola ad archiepiscopum Mediolanensem』を除くと、以下に挙げる4点である[2]。
　(1)『ミクロログス Micrologus』
　(2)『韻文規則 Regulae rhythmicae』
　(3)『アンティフォナリウム序文 Prologus in antiphonarium』

（4）『未知の聖歌に関するミカエルへの書簡 Epistola ad Michaelem de ignoto cantu』

　これら 4 つの著作のそれぞれの執筆年代は、アンジェロ・ルスコーニによれば、『ミクロログス』が 1026 年から 1030 年の間、『韻文規則』と『アンティフォナリウム序文』が 1030 年もしくは 1031 年、そして最後の『未知の聖歌に関するミカエルへの書簡』が 1031 年もしくは 1032 年であるとされている（Rusconi 2008: XXXIX-XL）。これらの著作の内容について簡単にまとめると以下のようになる。

（1）『ミクロログス』

　『ミクロログス』は、4 つの著作のうち最も包括的な内容を有する著作であり、「多声音楽と単旋聖歌についての考察を含む最古の包括的論考」（パリスカ 1993, 5: 446）である。事実この著書は、中世を通じてボエティウス Anicius Manlius Severinus Boethius（480 頃 – 524 頃）の『音楽教程 De institutione musica』に次いで筆写された（すなわち、読まれ、影響を与えた）教育的内容の著作である（パリスカ 1993, 5: 446）。内容が広範囲に及ぶためか、後世においても個別の点での業績についてはあまり言及されていない。しかし、第 5 章においてオクターヴ圏の明瞭な意識のもとにオクターヴの関係にある音が同じ文字で記されることを宣言している点と、ディアフォニア、つまりオルガヌムについての記述と考察にかなりのページを割いており、おそらくは初期ポリフォニーの同時代人による唯一の報告となっている点の 2 点は、グイドの重要な歴史的業績のうちに含まれてしかるべきであろう[3]。

（2）『韻文規則』

　この書名は「韻文による（音楽についての）諸規則」の意であり、「韻文の規則」の意ではない。印刷術が発明される以前の中世において、書物は写本によって流布しており、個人が容易に所有できるというものではなかった。このため、基本的な規則集などは暗記を容易にするため、しばしば韻文で書かれており、この著作もそのような暗記用のいわば台本であると考えられる。その内容は、厳密にではないが、ディアフォニアに関する部分を除く『ミクロログス』の内容を踏襲している。また、終わりの部分では、『ミクロログス』では触れられていない線を用いた新しい音の表記法（しばしば、3 線記譜法と称される）が説明されている。このことにより、この著作は『ミクロログス』よりも後に執筆されたと考えられる。

　なお、韻文は暗記するには適していても、内容を理解するには向いているとは言い難いため、韻文の著作と対になる散文の著作が存在することが多い。『韻文規則』の場合は、下記の『未知の聖歌に関するミカエルへの書簡』の第3部がこれに相当している（有線記譜法に関する詳細は、「III. グイドの業績、その確実な事実」を参照）。

(3)『アンティフォナリウム序文』

　『アンティフォナリウム序文』の著作名は、現存する各種の写本においても統一的な呼び名が全く存在していない。また、後世の版本の場合もゲルベルトのように、『未知の聖歌に関する別の規則 Aliae regulae de ignoto cantu』という全く異なる名前で呼んでいる例も見られる（Gerbert ed. 1784, 2: 34）。ただ、『未知の聖歌に関するミカエルへの書簡』の末尾で、グイド本人がアンティフォナリウム[4]のために韻文と散文の序文を記したと述べていること（ここから『未知の聖歌に関するミカエルへの書簡』のほうが後から書かれたことがわかる）、またいくつかの写本において「序文」と題されているものがあることから、現代では『アンティフォナリウム序文』と呼ぶことが慣例化している（西間木 2006: 131）。なお、韻文の序文は失われたものと思われる。

　この著作における最大の功績は、すでに『韻文規則』において用いていた有線の表記法をさらに発展させた記譜法を導入、紹介したことである。この新しい記譜法は、現代の記譜法の原型そのものであり、すでに11世紀のあいだに極めて急速に普及している（西間木 2006: 132）。

(4)『未知の聖歌に関するミカエルへの書簡』

　ポンポーザ修道院でのかつての同僚であった修道士ミカエル[5]へ宛てた、3部から成る書簡である。上述のようにこの書簡の第3部は、『韻文規則』の内容を散文によって説明するものでもあるが、単に『韻文規則』の内容を繰り返すものに留まってはいない。すなわち、聖ヨハネの賛歌である《僕らの声冴えざえと Ut queant laxis》に基づく、6つの音節、つまり ut, re mi, fa, sol, la を紹介したことが、ここでの功績として挙げられるのである。ただし、グイドはこれらの音節を階名として使用せよとは述べていない。なお、この書簡中では、それ以前のすべての著作が言及されており、また1032年10月20日に没した教皇ヨハンネス19世 Johannes XIX（在位 1024 - 1032）の名が在位中の教皇として触れられているこ

とから、1031 年から遅くとも 1032 年秋に記されたと推測されている（Rusconi 2008:
XL）。

『韻文規則』と『未知の聖歌に関するミカエルへの書簡』両者の内容を並べて
みると以下のようになる（Rusconi 2008: XLII）。

『韻文規則』	『未知の歌についての書簡』第 3 部
音階	音階
モノコルドの分割 1	モノコルドの分割
ディアパソン、ディアペンテ、ディアテサロン	ディアパソン、ディアペンテ、ディアテサロン
モノコルドの分割 2	———————
使用可能な音程	使用可能な音程
音のモドゥスと旋法	音のモドゥスと旋法
記譜法	記譜法

II．6 つの音節、すなわち ut re mi fa sol la、 そして「グイドの手」の伝説と事実

後に階名として用いられることになる 6 つの音節、すなわち ut, re, mi, fa, sol そ
して la の利用を示唆したことは、グイドのすべての業績のうちでも今日もっと
も広く知られているものである。ところが、このことによりグイドを「ドレミの
創始者」であるとか、「階名唱法の発案者」であるとして、これに関する彼の実
際の業績が過大に評価されていることもまた事実である。では、階名に関するグ
イドの実際の業績とは具体的にどのようなものであったのか、この点について以
下に概観してみよう。

グイドが、6 つの音節を説明しているのは、すでに述べたように『未知の聖歌
に関するミカエルへの書簡』においてである。そこでは、新曲を学ぶ際の補助的
手段として、以下の方法を採るのが効果的であるとされている。

（1）まず、"Ut queant laxis" を完全に学習し、各フレーズの最初の音から歌いだ
せるようにする。

（2）新曲を学ぶ際には、"Ut queant laxis" の（旋律全体の流れの中で）各フレー
ズの開始音（の相対的な音高）を思い出せば、ただちにその音を取ることができ

る。

　(3) 曲中のどの音であっても上記 (2) の作業を行えば、たとえそれまでは知らない曲であっても歌うことができる。

　この範囲では、各フレーズの最初の音節である ut, re, mi, fa, sol, la が、音そのものを思い出すための、いわば鍵として用いられていることに間違いはないが、これがそのまましばしば主張されているように、階名唱法の発明であるかといえば、実はかなり疑わしいと言わざるを得ない。なぜならば、6 つの音節だけを用いて完全な階名唱法を行なうためには、C を ut とする "hexachordum naturale"（自然ヘクサコルド）だけでなく、F を ut とする "hexachordum molle"（柔らかいヘクサコルド）、そして G を ut とする "hexachordum durum"（硬いヘクサコルド）を用いて、これら 3 種のヘクサコルド（6 音音階）間でいわゆるムタツィオ（読み替え）を行なう必要性があるが、グイドはそのようなことは一切述べてはいない。したがって、階名唱法の歴史の出発点にグイドがいることは間違いないとしても、17 世紀に至るまで標準的なものとして用いられたヘクサコルドによる階名唱法の技法が、グイドによって発明されたとするのは早計であると言わざるを得ない[6]。

　この点に関連して、「グイドの手」もやはりグイドに直接結び付けてしまうのは問題である。つまり、通常「グイドの手」と称しているものをよく見れば、これが下記の表を左手の指の関節に当てはめたものであることは明らかである。

　さて、この表と「グイドの手」を比較参照すればただちにわかるように、実は「グイドの手」は音名と階名を覚えるための手段であることが明白である。そして、この点を学習することが何のために必要であるかといえば、あきらかにヘクサコルドに基づく階名唱法を実践するためである。しかし、上に述べたようにグイドはそのような階名唱法の体系を発明したわけではなく、当然のことであるが彼の著作中に「グイドの手」に関する記述も見出されない。とすれば、「グイドの手」をグイドに直接結び付けてしまうのは、その名称とグイドの名声に惑わされた結果であるといわざるを得ない。事実、「グイドの手」に関する最初の記述は 12 世紀の初頭になってから現れるのである。たとえば、1105 年〜 1110 年頃にジャンブルーのシゲベルトゥス Sigebertus Gemblaecensis（1030 頃 – 1112）が著した年代記では、1028 年のこととして以下の記述が見出される。

　　　claruit hoc tempore in Italia Guido Aretinus, multi inter musicos nominis, in hoc etiam
　　philosophis, praeferendus, quod ignotos cantus etiam pueri facilius discunt per eius

音名	hexachordum durum (固い ヘクサコルド)	hexachordum naturale (自然 ヘクサコルド)	hexachordum molle (柔らかい ヘクサコルド)	読み*
e e	la	-	-	Ela
d d	sol	-	la	Dlasol
c c	fa	-	sol	Csolfa
♮ ♮	mi	-	-	Bmi
♭ ♭	-	-	fa	Bfa
a a	re	la	mi	Alamire
g	ut	sol	re	Gsolreut
f	-	fa	ut	Ffaut
e	la	mi	-	Elami
d	sol	re	la	Dlasolre
c	fa	ut	sol	Csolfaut
♮	mi	-	-	Bmi
♭	-	-	fa	Bfa
a	re	la	mi	Alamire
G	ut	sol	re	Gsolreut
F	-	fa	ut	Ffaut
E	la	mi	-	Elami
D	sol	re	-	Dsolre
C	fa	ut	-	Cfaut
B	mi	-	-	Bmi
A	re	-	-	Are
Γ	ut	-	-	Γut

*最初の大文字は音名である。それに続けて可能な階名を続けて読む。
例えば Alamire は「アラミレ」のように発音する。

regulam, quam per vocem magistri, aut per usum alicuius instrumenti: dum sex litteris vel syllabis modulatim appositis, ad sex voces, quas solas regulariter Musica recipit, hisque vocibus, per flexuras digitorum laevae manus distinctis, per integrum diapason se oculis & auribus ingerunt & remissae elevationes, vel depositiones earumdem sex vocum (Sigebertus 1513: fol. 91r - fol. 91v).

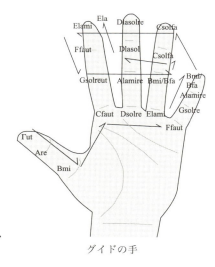

グイドの手

　この当時、イタリアにおいて、グイド・ダレッツォが、子供たちに未知の歌をよりやさしく教える方法によって、多くの音楽家たちと学者たちの間で名を成した。教師が、口頭で、あるいは何らかの楽器を用いて教えるのではなく、彼の規則に従い6つの文字もしくは音節を、音楽の6つの音に当てはめ、左手の指を折り曲げることにより、目と耳で完全なオクターヴにわたって、これら6音の上行と下行を示すという方法である。

　だが、上に述べたように1028年の時点では『未知の聖歌に関するミカエルへの書簡』はまだ書かれていないと考えるべきである。したがって、このおそらくは「グイドの手」に関する最古の言及であるシゲベルトゥスの記述は、グイドの没後それほど経たないうちに、ヘクサコルドに基づく階名唱法の技法が確立され、「グイドの手」とともにかなり急速に普及したことを示すと同時に、「グイドの手」という呼称が、その普及の過程において当時すでに有名人であったグイドの名前と結びついたことを示していると考えるべきであろう。

　また、手指の関節を用いて音を示す方法そのものについては、たとえば9世紀から10世紀初頭に書かれたと考えられる韻文 "Indicis a summo capiens exordia" に述べられていることが確認されている（Russel 1981: 109ff）。もちろん、グイドがこの方法を知っており、実際に教育の現場で用いることがあった可能性を否定することはできない。しかし、この韻文に示されているのは、音そのものを示すための手段であり、そこに音名と階名の対応の学習という新たな目的が加えられた

「グイドの手」とはその性格が異なっているのである。

　つまり、階名に関わるグイドの業績は、後のヘクサコルドによる階名唱法の基礎となる 6 つの音節を紹介した点に限定するべきであり、「グイドの手」やムタツィオの技法の発案を彼の功績とするのは、伝説の部類であると言うほかはないのである。

III.　グイドの業績、その確実な事実

　では、グイドの 4 つの著作に基づき、確実に彼の業績として挙げることができるのは何であろうか。そのうちのひとつが、後の階名唱法の基礎となる 6 つの音節を紹介したことであることは、上に述べたとおりである。ここでは、これ以外の彼の主要な業績について概観する。

1.『ミクロログス』における音階と音名、そしてオクターヴ圏の概念
　『ミクロログス』における最大の業績が、ディアフォニア、つまりオルガヌムについての記述であることに疑いの余地はない[7]。これ以外で注目に値する点としては、彼の時代にオクターヴによって循環する音名とオクターヴ圏の意識が根付いたことが、同書の記述に反映されているということが挙げられる。ここでは、グイドの時代に至るまでの音階と音名の歴史的推移ならびにオクターヴ圏の概念の定着について概観してみよう。

　現代の我々にとって西洋音楽の音名がアルファベットで記されること、それらの音がオクターヴで循環していること、そしてそれゆえにオクターヴの音程関係にある音が同じ文字で表されることは自明であり、この考え方がいつごろから存在するのかについて意識することはあまりない。ところが、中世以降も時代を越えて大きな影響力を持ったボエティウスの『音楽教程』においては、音名はまだギリシア語のそれが用いられており、アルファベットによる音名表記は行われていない。さらに、オクターヴの関係にある音の音名もそれぞれ全く異なっており、オクターヴの音程で音が循環しているという認識を欠いているように見受けられる。また、現代とは逆に音階が上行する形ではなく、まだ古代ギリシア以来の下行形で示されている。

　ボエティウスはその著作の第 1 巻第 20 章から第 25 章において、古代ギリシア

の音階について説明しているのだが、それによれば古代ギリシアの音階は、完全
4度によるキタラの調弦に基づいて得られる4音のグループ、つまりテトラコル
ドを重ねたものということに集約されるだろう。そして、これらのテトラコルド
はその内部の音程関係により、「ディアトノン diatonon 類」、「クロマティコン
chromatikon 類」、「エンハルモニオン enharmonion 類」の3種類に分類される。
これらのうち最も一般的なものが、上から全音-全音-半音の構造を持つディア
トノン類のテトラコルドであり、これを基に大完全音階[8]を作ると以下のように
なる。

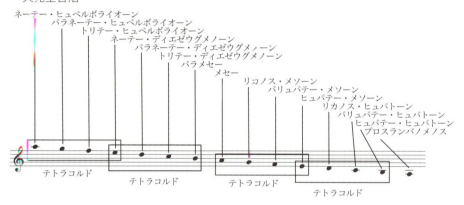

大完全音階

上の譜例を見れば、それぞれの音名がオクターヴの循環に基づいて決定されて
いるのではなく、テトラコルドに準じていることは明白である。このため、異な
る種類の音階において上記の大完全音階には見出されないテトラコルドが用いら
れると、そのテトラコルド内部の音に対しては（我々にとっては）同じ音であっ
ても異なる音名が用いられることになる。たとえば、メセーの上に半音を置く小
完全音階の場合、その最初のテトラコルドは、大完全音階には存在しない d-c・
b-a となる。このため、大完全音階におけるパラメセー（b）とは音自体が
異なる b の音名がトリテー・シュネーメノーンとなるだけではなく、その上に
ある c と d に与えられる音名も、それぞれパラネーテー・シュネーメノーン、な
らびにネーテー・シュネーメノーンとなる。

2. 『韻文規則』と『アンティフォナリウム序文』における有線記譜法

　グイド以前の時代においても音楽を記録する方法は試みられていた。たとえば、9世紀に記された『ムジカ・エンキリアディス Musica enchiriadis』におけるダジア記譜法はその一例であるし、グイドとほぼ同時代にリモージュの聖マルシャル修道院で活動したアデマール・ド・シャバンヌ Adémar de Chabannes（989頃－1034）は基準となる音高を1本の水平線を用いることで示し、かつ音符の垂直方向の位置関係を音高と対応させるという試みを行っている（Grier 2005: 125ff）。しかし、それらの試みは、グイドが『ミクロログス』で用いている音名による文字譜がそうであるように、読みやすいものであるとは言い難かった。そのような状況下においてグイドは、まず『韻文規則』の末尾部分において3本の線を対象に説明を行っている。ただこの段階では線間の音程が3度に固定されておらず、上からaＧＦの順番、つまり2度の間隔で並ぶ3本の線を使用する方法と、同じく上からｃａＦの順番、つまり3度の間隔で並ぶ3本の線を使用する方法の2通りが示されている。さらに、グイドは3本の線について述べてはいるが、これが3線譜表の使用を意図しているかどうかは実は定かではないという点も指摘されるべきであろう。すなわち、ここでのグイドの目的が歌唱のより効率的な指導であり、レパートリーを記録・伝達することではないとすれば、4本以上の線が引かれている中の3本について述べているだけであると理解することも可能なのである。特に彼が初学者向きとして述べている線間の音程を2度とする記法を用いた場合、3線譜表ではわずか3度の音域しか記譜できず、レパートリーの記録や伝達にはまったく向いていないことは明白である。

　いずれにせよ、『韻文規則』において示された有線の記法には、まだ2つの点で改良の余地が残されているのは間違いない。すなわち、2本の線の間の音程が2度の場合と3度の場合があり、首尾一貫していない点と、たとえ線間の音程を3度とした場合でも、聖歌一般において用いられる音域全体にわたって旋律を記すためには、3線では記譜可能な音域が狭すぎるという点である。これは、『韻文規則』の段階では、線は歌唱指導にあたって音程を明確に示すための単なる補助的手段として考えられており、いまだグイド自身が一般的な記譜法として、有線譜が有効であるという考えに至っていないためであるのかもしれない。

　これに対し、『アンティフォナリウム序文』において見出される記述は、この序文が本来付されていたアンティフォナリウムにおいて用いられていた記譜法の説明であり、『韻文規則』におけるようなその場限りの補助的手段ではなく、一

般的な利用を意図していると考えるのが自然であろう。すなわち、ここでは線同士の間の音程は、3度のみとなっており完全に一意的なものとされ、さらに、Fの線を赤、Cの線を黄色、その他の2本を黒で色分けし、さらに冒頭部分でFもしくはCをその線の上に書き込むという、方法が採られているのである。つまり、現代的な言い方をするならば、FまたはCの文字を音部記号として用いたわけである。FとCの線を色分けした理由としては、音階中での半音の位置を明示するためであると考えられる（西真木 2006: 132）。しかし、グイドの後あまり時を経ずしてF線とC線の色分けは行われなくなり、線のすべてが黒で記されるようになった。また、同じ頃に線の数も4本が定着した（西真木 2006: 132）が、このことにより9つの音、つまり9度の音域にわたる旋律を記入できるようになった。これは一般的な聖歌を記すには十分に広い音域である。ただし、グイドは音符に関しては従来の線無しのネウマの符形をそのまま踏襲しているので、この点ではその後の記譜法とは異なっている。とはいえ、ここでグイドによって示された記譜法こそが、音高表記に関しては、現代に至るまでの西洋音楽の記譜法の祖形であることに疑いの余地はない。そして、聖歌のレパートリーが拡大し、記憶に頼ることが不可能になりつつあった当時、この有線記譜法により音高の視覚的表示が可能になったことは、明らかに決定的な革新であった。事実、『アンティフォナリウム序文』において、グイドは「われらのアンティフォナリウム」を用いた結果、劇的な学習効果が上がったことに言及しているのである（本書80頁）。

IV．まとめ

　現在グイドの業績として一般的に認知されているのは、おそらく以下の3点である。

(1) ut, re, mi, fa, sol, la の音節を階名とする階名唱法の発明
(2) いわゆる「グイドの手」の発案
(3) 有線記譜法を導入し音高を正確に示せるようにしたこと

ところが、すでに論じてきたように、(1) の「6つの音節を階名とする階名唱法の発明」は、明らかに過大評価であり、(2) の「グイドの手」については事実ではないと考えるべきであろう。したがって、上記3点のうち正しいといえるの

は、（3）の有線記譜法の導入（発明ではない）のみである。通常に触れられない点を加えて考えると、彼の業績として挙げられるべきなのは、次の4点であるということになる。

(1) 有線記譜法をいわば改良し音高を正確に示せるようにしたこと
(2) ut, re, mi, fa, sol, la の音節を紹介し、後の階名唱法の基礎を築いたこと
(3) オクターヴ圏の概念を明瞭に宣言したこと
(4) オルガヌムについて詳細に記述したこと

　たとえば、グイドの直後の世代に属している 11 世紀のアリボ Aribo（1053 – 1078 頃活躍）の『音楽論 De Musica』（Gerbert ed. 1784, 2: 197-230; Waesberghe e.. 51）においてはグイドの名前が頻繁に言及されている。さらに、中世からルネサンス期を通じて彼の名前は、多くの著者によって言及されており、その中には上記のシゲベルトゥスの年代記における記述のように、音楽の専門家ではない人物によるものも珍しくはない。そして現代においても彼の名前が伝説的なものとして語られることが珍しくないのは、冒頭にも述べたとおりである。このような事実は、グイドが後進に与えた影響がいかに大きかったかを物語っている。いずれにせよ、彼の業績が偉大なものであり、彼が続く世代に与えた影響が決定的といえるほどに大きいことは間違いないのである。それゆえにこそ、現代の私たちはこの偉大な人物の真の業績をしっかりと認識するべきであるといえるだろう。

注
[1] 音楽教育とその歴史、および教育者としてのグイドについては、宮古青作「教育者グイド」（本書収録論文）を参照。
[2] エドモン・ド・クスマケールは、これら4点以外にさらに2つの著作（『旋法論 De modorum formulis et cantuum qualitatibus』と『6つの音の動きについて De sex motibus vocum ad se invicem et dimensione earum』）をグイドのものとした（Coussemaker ed. 1864, 2: 78– ; E 2: 115-116）が、これらは現在ではグイドによるものとは認められていない。
[3] ディアフォニアについては、平井真希子「『ミクロログス』のオルガヌム理論」（本書収録論文）を、『ミクロログス』の成立については、佐野隆「『ミクロログス』の諸問題」（本書収録論文）を参照。
[4] 「アンティフォナリウム Antiphonarium」とは、字義的には「アンティフォナ集」

の意であるが、アンティフォナのみを集めた内容ではなく、そのほかの種類の聖歌も含むのが普通である。現代では、聖務日課用の聖歌集をこのように称するのが一般的である。

［5］グイドの生涯については飯森豊水「グイドの生涯」（本書収録論文）を参照。

［6］"Ut queant laxis" の譜例および歌詞、およびヘクサコルドに基づくソルミゼーションについての詳細な論考は、宮崎晴代「教育者グイド」（本書収録論文）を参照。

［7］平井真希子「『ミクロログス』のオルガヌム理論」（本書収録論文）を参照。

［8］それぞれの音名のラテン語綴は以下の通り。ネーテー・ヒュペルボライオーン nete hyperbolaion、パラネーテー・ヒュペルボライオーン paranete hyperbolaion、トリテー・ヒュペルボライオーン trite hyperbolaion、ネーテー・ディエゼウグメノーン nete diezeugmenon、パラネーテー・ディエゼウグメノーン paranete diezeugmenon、トリテー・ディエゼウグメノーン trite diezeugmenon、パラメセー paramese、メセー mese、リカノス・メソーン lichanos meson、パリュパテー・メソーン parhypate meson、ヒュパテー・メソーン hypate meson、リカノス・ヒュパトーン lichanos hypaton、パリュパテー・ヒュパトーン parhypate hypaton、ヒュパテー・ヒュパトーン hypate hypaton、プロスランバノメノス proslambanomenos。

［9］大完全音階と共通しない最初の3つの音名のラテン語綴は以下の通り。ネーテー・シュネーメノーン nete synemmenon、パラネーテー・シュネーメノーン paranete synemmenon、トリテー・シュネーメノーン trite synemmenon。

［10］『対話』の該当部分の翻訳ならびに論考は、石川陽一「モノコルドについて」（本書収録論文）を参照。

教育者グイド

ソルミゼーション教育とその伝承

宮崎晴代

　「ド、レ、ミ......」という呼び名で音を読み歌うことを階名唱と呼び、この階名唱による歌唱法は現在の音楽界、特に学校音楽の分野で広く用いられている[1]。そして、その発案者として常に名前が挙がるのが、グイド・ダレッツォである。後述するように、グイドの著作の中で、具体的な言葉でこの階名唱法を提唱している部分はない。しかしながら、彼がソルミゼーション[2]理論の基礎固めに果たした役割は大きい。本論では、グイドのソルミゼーション理論の出発点と考えられる『未知の聖歌に関するミカエルへの書簡 Epistola de ignoto cantu directa ad Michaelem』から該当箇所を読み解き、彼になぜこの理論書を著そうとしたのか、ここで何を伝えようとしたのか、それはどのような方法なのか、そして後の時代の人々はそれをどのような形で受け継いでいったのか、それらの一端を明らかにしてゆきたい。

I. 中世の教育

1. 自由学芸と修道院教育

　中世の音楽論は、マルティアヌス・カペラ Martianus Mineus Felix Capella（5世紀）の『フィロロギアとメルクリウスの結婚 De nuptiis Philologiae et Mercurii』、ボエティウス Anicius Manlius Severinus Boethius（480頃 – 524頃）の『音楽教程 De institutione musica』、カッシオドルス Flavius Cassiodorus Magnus Aurelius Senator（485頃 – 580頃）の『綱要 Institutiones（聖書ならびに世俗的諸学研究 Institutiones divinarum et humanarum lectionum)』、セビーリャのイシドルス Isidor da Sevilla［Isidorus Hispalensis］（560 頃 – 636）の『語源 Etymologiae』等の著作の中で、「七自由学芸 septem artes liberales[3]」の一つとして論じられ、ヨーロッパ社会に受け継がれて いった。これらの著作で語られている七科は、特に 12 世紀以降に相次いで設立 された大学において、教養科目として広く学ばれるようになった学問である。

　このような高等教育における自由学芸の学問的体系化が進むのと並行して、修 道院の中でも同様に知の体系化が行なわれ、教育環境の拡充と整備が進められて いた。中世初期の西方教会において、最初に修道院教育の基礎作りに着手したの は、モンテカッシノに修道院を設立したヌルシアのベネディクトゥス Benedictus de Nursia（480 頃 – 547 頃）である（大谷 1984: 18-22）。『聖ベネディクトゥスの戒律 Regula sancti Benedicti』において、彼は修道士としての生活や典礼、種々の奉仕 の規則を定め、学ぶべき事柄を指示するだけではなく、修道士見習いの少年たち に対しても、年齢に応じた教育を与えるべく注意を払うよう指示している（坂口 1984: 381-385）。修道院の中で共に生活する幅広い年齢層の修道士あるいは修道士 見習いの少年たちに対して、適切な教育的配慮がなされているのである。

　その後、フランク王国の国王であり皇帝のカール大帝 Carolus Magnus（フラン ク国王在位 768 – 814、西ローマ皇帝在位 800 – 814）によって、キリスト教化を基本 とした文化的振興政策が推し進められた。中でも 789 年発布の『一般訓令 Admonitio Generalis』において、教会組織や聖職者のあり方から、信徒や少年に 対するキリスト教教育の指導方法まで、様々な規範が示されたことによって、そ の後の西方キリスト教会における基盤が構築されたのである。

　例えば、『一般訓令』の 72 条において、カール大帝は修道院における少年たち の教育の必要性を、次のように説いている。

> Et ut scolae legentium puerorum fiant. Psalmos, notas, cantus, compotum, grammaticam per singula monasteria vel episcopia et libros catholicos bene emendate（Migne 1862, I: 60）.
> また子供たちを教育するための学校の創設も願う。個別の大修道院或いは司教 区ごとに、詩篇、［文章作成に必要な］略記号（nota）、歌詞、計算、文法、そして 教会が正統なものと認定している書物を充分に校訂せよ（河井田 2005: 144）。

この教育に関する指針は、カール大帝が宮廷に招聘したアルクィヌス Alcuinus

（735 頃 – 804）やパウルス・ディアコヌス Paulus Diaconus（720 頃 – 797 頃）らによって、次第にフランク王国全体に普及していった（松川 1984: 132-133、Atkinson 2010: 37-40）。その後、多くの修道院はノルマン人やイスラム勢力などの侵攻によって壊滅的に破壊されはするものの、クリュニー修道院を中心とする修道院改革を通して典礼が整備され、西欧世界におけるキリスト教化がさらに強固なものとなっていったのである。

　それと同時に、典礼における聖歌の歌唱教育も同時に進められていった。特に聖歌に関する著作に求められる内容は、七自由学芸で扱われていたような数の学問としての思弁的な音楽論ではなく、実際に聖歌を歌えるようになるための実践的な手引きであった。10 世紀前後から、実用的音楽書が相次いで著されるようになったのには、このように聖歌を正しく歌うべきという要求が高まったからに他ならない。この時代の代表的な著作である、フクバルドゥス Hucbaldus（850 頃 – 930）の『ハルモニア教程 De Harmonica Institutione』（880 頃）、偽オド Pseudo-Odo による『対話 Dialogus』、そしてグイド・ダレッツォの『ミクロログス』、『未知の聖歌に関するミカエルへの書簡』、『アンティフォナリウム序文』、『韻文規則』などで語られている内容が、キリスト教典礼で用いられる聖歌の歌唱教育を目的とした、実用的な理論であることも当然のことと言えよう。

2. グイドの時代の修道院における音楽教育

　『一般訓令』の発布後、修道院が教育機関としての役割を担うようになっていった。修道院には、成人した修道士だけではなく、成長した後には聖職者として神に仕えることが約束されている少年たちも生活しており、修道院はその少年たちを指導、教育する目的をも担っていたのである（Boynton 2000: 9-11）。修道院に入った少年たちは、初等教育として読み方、書き方、歌唱、数え方を学び、これらの基礎的な初歩的な教育を終えると、有能な者は専門教育を受けることになる。彼らはその適性に応じて、「読師のための学校 schola lectorum」、「聖歌の歌唱のための学校 schola cantorum」、「写字生のための学校 schola scriptorum」、そして「書記のための学校 schola notariorum」などで学んだ（リシェ 2002: 244）。

　修道院内には、こうした少年たちの教育機関が設置され、聖歌を正しく歌うための指導が行なわれるようになっていった。少年たちの学習方法は、基本的に年長の修道士が行なうことを真似ることであり、真似をしながら、自分が何をすべきなのかを覚えていく。聖歌を学ぶ際にも、少年たちはまず教師が歌うのを聴き、

ついでそれを真似て歌う（Boynton 2010: 53-55）。しかし単に与えられた聖歌を歌うだけでは不十分である。修道院の生活において、もっとも長い時間歌わなくてはならないのが、聖務日課におけるアンティフォナとそれに続く詩編唱であり、したがって聖歌を覚える際には、旋法の定義や詩編の違いも、同時に理解しなくてはならないのである。グイドが『ミクロログス』において、旋法について特に重きを置いて説明していることからも、それらの理解の重要性が読み取れるであろう。

　このようにして教育された少年たちは、聖務日課やミサの際、ある程度の役割を果たすことが求められた。さらに、少年たちの役割が修道院内でより重要になるにしたがって、修道院で聖歌の歌唱を学ぶ少年たちの数も増えていった。しかし少年たちの教育を担当する修道士の数や質は、この時期まだ十分なものではなく、時としてその教育内容にはばらつきが見られたという（Boynton ed. 2008: 37）。おそらくその結果として、少年たちの歌唱実践にも出来不出来が見られたことだろう。

　グイドの記述からは、当時のこのような歌唱実践がどの程度のものであったか推測できる。例えば『ミクロログス』の序文で、口伝による教育方法がどれほど非効率であり、そうやって訓練された聖歌隊員がいかに使い物にならないかを嘆いている。

　　　　たとえ 100 年にわたって歌の勉強を続けてきたとしても、最も短いアンティフォナでさえ独力で歌いきることができないような歌い手たちに、私は大いに悩まされてきた（本書 7 頁）。

　このような中で、グイドはより実践的な教育方法を生み出すべく、上記の 4 つの著作を著した。それらの随所に、自分の実践的な教育法がどのようなものであり、それがいかに学習効果を上げているかという点が強調されている。例えば、『ミクロログス』を献呈するにあたって、司教テオダルドゥスに向けた献辞では、『ミクロログス』を書いた理由を次のように述べている。

　　　　私は、哲学者たちと同じように詳述したり、そのやり方を踏襲したりはせず、できる限り明白で簡潔に説明し、ひたすら教会の目的に適い、われわれの少年たちの助けになることだけを心がけました（本書 6 頁）。

つまり、自分のやり方は、先達の方法とは異なる新しいやり方であり、簡潔明瞭であるため、少年たちはすぐに歌唱ができるようになった、ということを控えめながら自慢している。

また『ミクロログス』第 2 章の最後では、次のように述べている。

> これら［音］の配置は、これまで教師たちによって言及されず、あるいは極めてあいまいなために混乱した状態のままであったが、しかし今回、少年たちにも［わかるように］簡潔に、しかも十分満足のゆく形で示された（本書 9-10 頁、［ ］は筆者による補い）。

ここでも、以前のやり方を「あいまい」であるとし、自分は簡潔に示すことができたと主張する。

また、『ミクロログス』より後に書かれたとされる『アンティフォナリウム序文』ではさらに、少年たちが、文字を正確に読むことができないにもかかわらず、教師から教えてもらわずとも正しく歌えると述べている。

> このことについて、もし私が嘘をついていると思うのなら、われわれの下で少年たちがこうしたことを行なっているのを、来て見てみるとよい。彼らは詩編や一般の書物について知らないために今なお厳しく鞭打たれ、しばしばアンティフォナそのものの単語や音節をどう発音するのかはわかっていないけれども、それを教師なしでも独力で正しく歌うことはできるのである（本書 80 頁）。

『未知の聖歌に関するミカエルへの書簡』における記述からは、さらに教育効果が高まっていることが読み取れる。

> 実際、私が少年たちにこの方法を教えるようになってからというもの、3 日も経たぬうちにある者は未知の聖歌を軽々と歌えるようになった（本書 86 頁）。

後述するように、この著作ではいわゆる現代の階名唱につながる方法を提案しており、その方法を用いれば、少年たちはわずか「3 日」で初見視唱ができるようになったという。これは当時としては、驚くべき効果であった。こういったガイドの言葉からは、自分のやり方こそが実践的かつ効果的な方法であることの自

信が読み取れる。教育者グイドが目指したものは、七自由学芸で求められている思弁的内容とは異なる、より具体的で効率の良い実践教育であったことが、これらの言葉からだけでも理解できよう。

このようにしてグイドは、口伝と記憶だけに依存しない教授方法を考案したのであるが、それらは時としてライバルたちの反感を買う事にもなる。『ミクロログス』序文で、

> 学習が進む者がいるのであれば、たとえ反感を抱く者が出たとしても、私の関知するところではない（本書7頁）

と述べており、ここからはグイドの教授法の成果が周囲から妬まれていたことが推測できる。さらに『未知の聖歌に関するミカエルへの書簡』でも、グイド自身が追放の身であり、なおかつミカエルもまた嫉妬で息のつまる毎日であると告白しているのである（Pesce 1999: 438-440）。これらの記述は、修道院における優れた歌唱教育者の需要が高まっていること、しかし優れた教育者は、実は少なかったことの証左でもあろう。

II．『未知の聖歌に関するミカエルへの書簡』より《Ut queant laxis》[4]

現在、階名唱法する際に広く用いられている「ド、レ、ミ……」というシラブルが、聖ヨハネの賛歌《Ut queant laxis》の各節の冒頭音に付けられたシラブルに由来するということは広く知られている（Hughes 2001: 897-898）。そして歌唱の学習の際、この賛歌の使用を提唱しているのが、グイドの著作『未知の聖歌に関するミカエルへの書簡 Epistola de ignoto cantu』（以下『書簡』とする）なのである。

1．『未知の聖歌に関するミカエルへの書簡』

この著作は、友人の修道士ミカエルに宛てた書簡の後半部分である。書簡の前半でグイドは、修道院内で起こった問題によって、自分が追放され、友人ミカエルは囚われの身になっていること、その理由はグイドの優れた歌唱教育が他の修道士から妬まれ、悪意によって排除されようとしたためだと訴える。さらに続けてグイドは、彼の教育の評判を聞きつけた教皇ヨハネス19世（在位1024−32）

によってローマに呼ばれ、教皇自らが歌唱を体験され、納得されたと述べている（Pesce 1999: 438-448）。グイドの歌唱教育が、高く評価されていたことを強調するのである。前述したように当時、優れた歌唱技術を教えることのできる教師は、多くの修道院から求められていた人材であるという背景を考えると、この記述からは、グイドの歌唱指導の評判が高いことだけではなく、同僚から嫉妬や嫌がらせがあったことをも推測させられる。

　このような前置きをした後、いよいよグイドは自分たちの考え出した学習方法を展開していく。その際に用いる教材が《Ut queant laxis》の旋律および歌詞である。はたしてグイドは、この教材をどのように使用し、これを用いて何を教えようとしたのだろうか。

2. 《Ut queant laxis》

　まず考察の前提となる、この聖ヨハネの賛歌《Ut queant laxis》の旋律は、グイドの創作であるのか、あるいはグイド以前から使用されていたものを、グイドが利用したものなのか、という点について触れておこう。

　この賛歌の歌詞は、ベネディクト会の修道士であったパウルス・ディアコヌスによるもので、すでに 800 年頃の写本[5]に残されているが、そこに付けられた旋律はグイドの『書簡』に見られる旋律とは異なっている（Palisca 2001a, 10: 523）。この旋律の由来について、クスマケールは、ホラティウス Quintus Horatius Flaccus（前 65 – 前 8）のオード『私に 9 年を Est mihi nonum』に付けられた旋律と『書簡』の旋律は同じものであり、このホラティウスの写本[6]の成立が 10 世紀頃であることから、グイドの著作より以前から歌われていたものであるとした（Coussemaker 1852: 103）。この説は、その後 P. ヴァーグナーや S. コルバンらによって受け継がれていったが（Chailley 1984: 53）、1984 年にシャイエの発表した論文によって覆ることになる。シャイエによると、ホラティウスのこの写本は、クスマケールの言う 10 世紀頃ではなく、11 世紀末の成立であること、そしてグイドの旋律は、グイドの『書簡』の写本が作成される以前の資料には見当たらないことから、この旋律はグイドの創作によるものと結論付けている（Chailley 1984: 48-69）。本論でもこの説に従い、『書簡』に記された《Ut queant laxis》の旋律はグイドによるものと考え、論を進める。

グイドは『書簡』の冒頭で、モノコルドを使って聖歌を学ぶ方法があることを認めつつ、この方法は「経験を積んだ者にとっては最悪である」と否定している。そして自分の提案する方法によれば、いかなる聖歌であっても歌えるようになると述べる。

　　　　それではわれわれも、盲人のように導き手なしには決してどこにも進めないことは明らかであろう。そうではなく、個々の音のあらゆる下行上行、相違と特性をしっかりと記憶に留めるべきである（本書86頁）。

すなわち、未知の聖歌を歌えるようになるためには、音の並び方の相違と「特性proprietas」を覚えることが肝要だと明言しているのである。そして次に方法論に移ってゆく。
　まず賛歌の学習に入る前に、次のような前置きがある。

　　　　もし、いつでも望むときに、既知のものであれ未知のものであれ聖歌を迷うことなく歌えるように、音や旋律句を即座に思い出せるほどしっかり覚えたければ、何かよく知っている旋律の冒頭の音や旋律句に注目すべきである。そしてどの音も記憶にとどめておくために、その同じ音から始まるこのような旋律をすぐに思い出せるようにするとよい（本書86-87頁）。

　言い換えればグイドは、未知の聖歌を歌えるようになりたいのならば、適切な音や旋律句を思い出せなくてはいけない。思い出すためには、そもそもまず覚えたい音から始まる身近な旋律を「覚えること」から始めなくてはいけないと述べているのである。この点については《Ut queant laxis》の検討をふまえ、後に考察する。

　次いで、聖ヨハネの賛歌《Ut queant laxis》の楽譜を挙げる。

［譜例1］

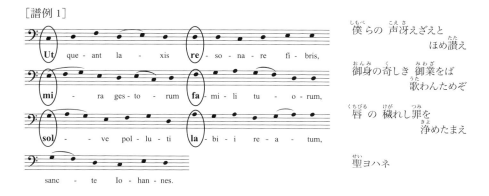

<ruby>僕<rt></rt></ruby>らの　<ruby>声<rt>しもべ</rt></ruby><ruby>冴<rt>こえさ</rt></ruby>えざえと
　　　　　　　　　　ほめ<ruby>讃<rt>たた</rt></ruby>え

<ruby>御身<rt>おんみ</rt></ruby>の<ruby>奇<rt>く</rt></ruby>しき　<ruby>御業<rt>みわざ</rt></ruby>をば
　　　　　　　　　<ruby>歌<rt>うた</rt></ruby>わんためぞ

<ruby>唇<rt>くちびる</rt></ruby>の　<ruby>穢<rt>けが</rt></ruby>れし<ruby>罪<rt>つみ</rt></ruby>を
　　　　　　　　　<ruby>浄<rt>きよ</rt></ruby>めたまえ

<ruby>聖<rt>せい</rt></ruby>ヨハネ

　この譜例から明らかなように、各楽句の冒頭の音は全音あるいは半音ずつ順次上行している。わかりやすいように、各楽句の冒頭の音とシラブルに丸印を付しておいた。ガイドはそれぞれの楽句のどこに注目することを提案しているのであろうか。そして肝心の6つの楽句の示す特性とは何であろうか。

3．6つの楽句について

　ガイドが、具体的にどのような方法を頭に思い浮かべていたのかについて、6つの楽句それぞれに分けて検証しよう。ガイドが「注目す」るようにと述べている各楽句の冒頭は、Cから順次進行でAまで上行するため、各楽句の冒頭音をつないでゆくと、CDEFGAというヘクサコルドが出来上がる。譜例2はその最初の楽句である。

［譜例2］　

　このCで始まる楽句（譜例2）では、Cの上に全音1つ、その上に短3度、さらに後半ではD－Eと全音上行していることが見て取れる。したがって、この楽句が全音‐全音‐半音という音程関係をもつ4つの音から成り立っていることは明らかである。
　しかし、半音を示すE－Fの音程が直接出てきていないことには注意すべきであろう。ガイドはE－Fという半音を示す代わりに、D－Fという短3度上行の

音程を用いており、Cから始まる音列の特性を、全音―短3度と捉えているとも解釈できるのである。なお、この《Ut queant laxis》全体でも、半音の音程を意味するE－Fの並びは、2回しか出てこない点は興味深い。

[譜例3]

re - so - na - re　fi - bris,

　次いでDから始まる楽句（譜例3）であるが、これはDの周りに配置された音程がわずか全音1つずつであるため、特性を理解するための実例としては音が少ない。始まりの音の上と下に全音ずつ動くものの、与えられた音域がそこまでしかないため、特性を理解する手掛かりが少なすぎ、現時点では、この第2楽句のもつ特性をどのように判別するのかあいまいである。ただし、ひとつ前の楽句（譜例2）にも同じ音（C、D、E）が使用され、その音程幅も共通していることから、おそらく第1楽句と合わせて、Dという音の特性を理解することが想定されているのであろう。ペシェもまた、本来3度上にまで上行しないかぎりDから始まる音列であるとは認識できないが、ここでは［判断のための］十分な動きがないとし、他の楽句の動きから類推するのであろうと解釈している（Pesce 2010: 29）。

[譜例4]

mi - ra ges-to - rum

　譜例4はEから始まる楽句で、上に半音、全音、下に全音、全音と下行する特性を示している。この楽句では、E－Fという半音の音程を冒頭に示されているが、この半音の音程が用いられるのは、《Ut queant laxis》の中でわずか2箇所のみである。その意味で、ここの半音の使用は例外的であり、それだからこそ、すぐ上に半音があることをEの音の特性として、強く意識するようにというグイドの意図があると推測されよう。

[譜例5]

fa - mi - li　tu - o - rum,

　譜例 5 に挙げた F から始まる楽句は、上に全音、全音と上行し、下には短 3 度下降するという特性をもつ（やはり E － F の半音が避けられている）。言うまでもなく、音の並びの特性は全音と半音の並び方に現れるのであるが、この譜例 5 に挙げた F から始まる楽句では、興味深いことに、特徴的な半音下行が避けられている代わりに、半音に全音を加えた短 3 度の音程が使用されている。したがって、グイドは下方の短 3 度音程が、F という音の特性の 1 つと考えていると理解することも可能であろう。

[譜例 6]

sol - - ve pol-lu-ti

　G から始まる譜例 6 の楽句では、上には全音、下には短 3 度、そしてそこから半音、全音と上行し、さらに G から完全 4 度下降していることが見て取れる。すなわち、G の上には全音のみ、下には短 3 度があり、その短 3 度の中は半音、全音に分けられるという特性が、楽譜上に示されていると解釈できる。

[譜例 7]

la -bi - i re-a - tum,

　最後の譜例 7 は A で始まる楽句である。この楽句は、D の楽句と同様に音程のサンプルがわずか下に全音が 2 つあるだけである。『ミクロログス』第 7 章には、A から始まるモドゥスについて、「下には全音下行し、上には全音、半音、全音、全音の順に上行してゆく場合で、A と D においてそれが起こる」（本書 21 頁）と述べ、そこに表されている特性は、ここの部分のそれとは異なる。

　なお《Ut queant laxis》の 6 種類の楽句のうち、D と A の 2 つの音の音域だけが極端に狭いことは、この 2 つの音から始まるそれぞれのモドゥスが親近関係にあるために、似た特性を持っていると考えられる。

　以上、《Ut queant laxis》の 6 つの楽句の音型について、それぞれどのような特性が認められるのかについて検討してきた。その結果、単純に隣り合った音同士の音程関係だけではなく、離れた音程関係も含めた音程を「特性」と考えていることが明らかとなった。その音程関係をさらに詳細に検討すると、半音という音

程を避け、短 3 度（つまり半音＋全音）という音程を作ることが多く（譜例 2、譜例 5、譜例 6、譜例 7）、この短 3 度音程が半音の存在を示す特性として、より際立って記憶に残りやすくしているという特徴も浮き彫りになった。これもまた、グイドの主張する「特性」の大事な要素であると言えよう。

4.　6 つの楽句の用い方

　　この 6 つの楽句をどのように用いると、未知の聖歌を歌えるようになるのであろうか。この点について、グイドの記述を追いながら、歌えるようになるまでの手順を見てゆこう。

　　グイドは、6 つの旋律を使って未知の聖歌を歌えるようになるまでに、いくつかの段階を踏むよう教示している。それらの要点をまとめると、次のようになろう。

　　（1）　今まで歌ったことのない聖歌が歌えるようになるには、その未知の聖歌を構成する各音がどのような音であるか、つまりその各音の周りの音程関係を思い出せないといけない。

　　（2）　未知の聖歌に取り組む前に、それらを思い出せるようにするためには、まずその思い出したい音や旋律句を覚えるべきである。

　　（3）　覚えるときには、良く知っている旋律（この場合は《Ut queant laxis》）の冒頭音や旋律句に注目してみる。

　　（4）　そして、その注目した音から始まる旋律句を思い出せるようにしておく。

　　グイドは、その思い出すための「良く知っている旋律」として《Ut queant laxis》を挙げたのである。譜例 4 を例に、このやり方に従ってみると、e の音を見たとき、「e のすぐ上には半音、すぐ下には全音がある」という特性を覚えていることによって、e の次の音を正しく歌うことができる。また、逆に e の前の音がすぐ上から半音の音程で降りてきて終止する時には、その時に鳴り響いている終止音は e であるということが分かる、という事を、グイドは意味していると考えられよう。この賛歌はヘクサコルド各音から楽句が始まっているため、楽句の冒頭音を覚えれば、その後も「ただちに思い起こして迷わず始められる」のであり、最終的には 6 つの音のどれに「どこで出会っても、その音の特性に従ってやすやすと声に出すことができる」、つまり初見でも歌えるようになるというの

である。そのヘクサコルド各音の特性、すなわちその音の上下に並ぶ音程関係を理解することが、なにより優先されていたということなのである。

　ただしこの後ガイドは、未知の聖歌の旋律句が終わる音と6つの楽句の始まりとが「うまくつながるように［未知の聖歌を］終わらせることに十分注意する」（本書87-88頁）ようにと続ける。この部分の意味するところが不明瞭であり、聖歌の末尾をうまく合うように調整しながら歌うかのようにも受け取れる。ガイドが、旋律句が終わる音と次に始まる音とがうまくつながるように旋律句を終えるという、一見わかりにくいような説明をした理由は、修道院における典礼聖歌の歌唱習慣が関係しているであろう。本書収録論文「ガイドの教会旋法論」で詳しく述べられているように、修道院で「もっとも長時間響いていた」詩編唱とその前後に置かれたアンティフォナは、常に上手く受け継がれなくてはいけない[7]。そのため、アンティフォナの最後の音（フィナリス）と、そこに至るまでに歌われる旋律から、それらの旋法を特定し、そのアンティフォナと上手くつながる詩編唱を選択していったのである。この『書簡』でガイドが主張した学習方法は、旋律の最後の部分こそが、その旋律の特性を示すものであり、常にどうフィナリスに向かって進むのかを感じ取って歌う習慣のある者ゆえの発想であると言えよう。

　また、この部分の解釈についてペシェは、未知の聖歌の旋律句を最後まで歌い、最終音にたどり着くまでに歌ってきた音程関係から感じられる特性が、6つの楽句の冒頭音のもつ特性と同じであるかどうかを確認すること、と解釈している。すなわち、ここで必要とされているのは、記憶した特性と新曲を歌った時の感覚を結びつける方法であり、知性と感性を結合させる教育方法であると主張しているのである（Pesce 2010: 29-31）。

　なお、ペシェは具体的な方法として、「新曲を歌う時、まず《Ut queant laxis》全曲を通して歌い、さらにもう一度最初に戻って歌い始め、第2楽句目の最初の音で止まり、それまでに歌った音程の特性について考えること、次に新曲を歌って、今までと同じ感覚で終わっていることを確認する」と述べている（Pesce 2010: 31）。もちろん、この方法はガイドのやり方に従ったときの感覚的な理解を再現しているのであって、当時の修道院で少年たちがこのような手順で新曲を学習していた、という事ではないであろう。というのも、ガイドの教えに従うと、少年たちは《Ut queant laxis》の旋律を「記憶に留めておく」よう覚えこみ、「即

座に思い出す」ことができるようになるまで、徹底して学習しているはずである。したがって新曲を前にしてなお、《Ut queant laxis》を何度も歌いなおし、その音程関係を考えながら新曲を歌い進めることは、グイドの想定にはないと思われる。

　以上検証してきたことから明らかなように、グイド自身は6つの楽句の冒頭音に注目し、記憶するようにと教えてはいるものの、その冒頭音に歌詞のシラブルを当てはめ階名唱法せよとは言っていない。

　しかし、グイドの没後ほどなくして、《Ut queant laxis》の歌詞を利用した歌唱法が実際に行われるようになり、またそれと同時にソルミゼーション・シラブルを手の関節と指先の各部分にあてはめ、その関節を指さしながら階名唱法する学習ツールも広まってゆく。グイドの説が伝承され始めたのである。そこで次に、その伝承について追っていこう。

　なお、《Ut queant laxis》の旋律と同じ旋律に、異なる歌詞が付けられている写本も存在する。ペシェの校訂報告によると、《Trinum et unum 三位にして一体の》という歌詞が4つの写本に、また《Ut queant laxis》と《Trinum et unum》が併記されている写本が4つあるという。特に、初期に作られたイタリアの写本では、グイドの著作とは別に、この《Trinum et unum》が記載されており、ペシェはその点から、ヨハンネス・アッフリゲメンシス（コト）Johannes Afflighemensis (Cotto)（1100頃活躍）の「イギリス人、フランク人、ゲルマン人は ut, re, mi, fa, sol, la を用いているが、イタリア人は他のシラブルを用いている」という証言は、この事を示すものであるとしている（Pesce 1999: 548）。

III．その後の伝承

　以上、グイドの提唱した《Ut queant laxis》にもとづく視唱法の理論を検証し、グイド自身は階名唱法を提唱しているのではなく、6つの楽句の冒頭音に注目し、その音やそれに続く音程関係を記憶するようにと教えていることを確認した。ところが、グイドの没後半世紀ほどで、《Ut queant laxis》の各節の冒頭シラブルを用いた階名唱法が、ヨーロッパ各地に広まり始めていることを示す記述が現れてくる。

　前章の最後でふれたように、グイドの著作の注釈書を著したアッフリゲメンシ

ス（コト）は『音楽論 De musica』の第 1 章において、

> Sex sunt syllabae, quas ad opus musicae assumimus, diversae quidem apud diversos. Verum Angli, Francigenae, Alemanni utuntur his: ut, re, mi, fa, sol, la. Itali autem alias habent (Waesberghe 1950: 49).
> 音楽で用いる 6 つのシラブルがあり、異なる者同士では相違がある。イングランド、フランス、ドイツの人々は ut, re, mi, fa, sol, la を用いているが、イタリア人は他のシラブルを用いている。

と述べている。この部分は、音名にシラブルを用いていることの証言として、しばしば引用される部分であるが、さらにその後を読み進めていくと、次のような興味深いことが記されている。

> Eas vero, quibus nos utimur syllabas, ex hymno illo sumptas aiunt, cuius principium est: ……Ut queant laxis, ecce habemus ut; resonare fibris, ecce re; mira gestorum, ibi mi; famuli tuorum, illic fa; solve polluti, ecce hic sol; labii reatum, ecce habemus la (Waesberghe 1950: 50).
> 私たちが使うこのシラブルは、次のように始まる**賛歌からとった**ものである……ut queant laxis では ut があり、resonare fibris には re、mira gestorum には mi, famuli tuorum には fa、solve polluti には sol、labii reatum には la がある。

というように、もう一度確認する。これはすなわち、グイドの『書簡』で提唱された賛歌の歌詞から、グイドの言う「6 つの楽句の冒頭に注目し」という言葉を解説していると考えられる。ここにおいて、グイドの《Ut queant laxis》を用いた学習ツールが、各フレーズの冒頭シラブルを用いて階名唱法するという、具体的な方法論として、明確に姿を現したと言えよう（Mengozzi 2010: 45-46）。

　さらに 13 世紀に書かれたミクロログスへの注釈書『メトロログス Metrologus』においては、第 4 章の注釈として、グイドの音程に関する記述の部分を、ut re mi fa sol la というシラブルに置き換え、次のように述べている。この点について、メンゴッチが興味深い比較をしているので、以下メンゴッチの説に従って、『ミクロログス』と『メトロログス』の該当箇所を比較してみよう。

『ミクロログス』第4章

> このようにして、6つの旋律的音程（コンソナンツィア）、**すなわちトヌス（全音）、セミトニウム（半音）、ディトヌス（2全音、長3度）、セミディトヌス（短3度）、ディアテサロン（完全4度）、そしてディアペンテ（完全5度）が得られる**（中略）すべての旋律（アルモニア）は、**これほどまでに少ない要素によって形作られているので**、それらをしっかりと記憶にとどめ、歌うときに十分に感じ取り認識できるようになるまで、練習を決してやめないことが大切である（本書12頁、太字は筆者による）。

作者不明の『メトロログス』

> Sex sunt notae vel syllabae in quibus totus cantus disponitur, scilicet Ut Re Mi Fa Sol La. Cumque tam paucis notis vel syllabis tota harmonia formetur, utillimum est altae eas memoriae commendare（Waesberghe 1957: 71）
> 全ての歌（カントゥス）を作る音あるいは**シラブルは6つ、すなわちウト、レ、ミ、ファ、ソル、ラである**。すべての旋律（アルモニア）は、**これほどまでに少ない音あるいはシラブルで作られているので**、それらをしっかりと記憶にとどめることが大切である。

この注釈書からも、このソルミゼーション・シラブルの読みが定着していると考えられよう（Mengozzi 2010: 59-61）。

　さらに、このソルミゼーション・シラブルの実践例として、次のような楽譜を

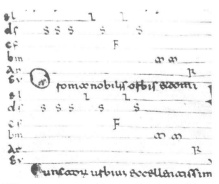

挙げることができる。これは11世紀末にイタリアのサンタ・マリア・ディ・アルバネータ修道院で作成されたと考えられる写本 Montecassino, Biblioteca Abbaziale, 318（図版1）[8]で、この楽譜が有意義な示唆を与えてくれるであろう。この写本では、譜線の一番左側に G-a-b-c-d-e という音名が記入され、その音名のすぐ右隣と楽譜の線間には u, r, m, f, s, l というアルファベットが、記されている。

図版1　Montecassino, Biblioteca Abbaziale, 318, fol. 291

　この譜線に書かれたアルファベットは《Ut queant laxis》の6楽句冒頭の頭文字であり、この楽譜から、この旋律を歌う時には、ut, re, mi というシラブルで歌っていたこと、すなわち階名唱法が実践されていたことが推測されよう。なお、譜線は『序文』で提唱した線間と線上、交互に音符を置いていく有線記譜法ではなく、線間にのみ音が置かれる記譜法で書かれている。

IV．ソルミゼーション・シラブルと3種のヘクサコルド

　さて、『書簡』だけではなく、他の3著作のどれにおいても、グイドはヘクサコルド音列の種類、すなわちCから始まるヘクサコルド、Fから始まるヘクサコルドそしてGから始まるヘクサコルドの3種類については具体的には触れていない。彼はあくまでも、音の親近性という表現で、AとD、BとE、CとFの音の並び方に共通性が見られることを指摘するに留まっている[9]。さらに、Gとの親近性を持つものはなく、常にGは単独で扱われるのみであった。もちろん実際の聖歌を歌う場で、例えばDをフィナリスとする聖歌が、aを超えて、さらに上行するような聖歌に出会えば、聖歌隊員たちは途中でヘクサコルドを読み替えし、次のヘクサコルド音列のシラブルで読み替えしていったと考えられる。ただしグイドの著作には、この読み替えの方法を明言する記述は見出すことができない。

　ところが、1100年前後に著された理論書に、3種のヘクサコルドそれぞれにシラブルを併記するソルミゼーション・シラブルが付けられ始める。例えば、カンタベリーの偽オスベルヌス Pseudo-Osbern/Osbernus Cantuariensis（1100頃活躍）は、『コンソナンツィア論 De vocum consonantiis』の中で、C、F、Gのそれぞれにut のシラブルを添え、そこから新たにヘクサコルドのシラブルを続けている。偽オスベルヌスはこのソルミゼーション・シラブルについて文中では触れておらず、表で示すのみであるが、ここにおいて、ようやくヘクサコルド音列の読み替え、いわゆるムタツィオが行なわれているという事実が、書き残されるようになった（Mengozzi 2010: 54-57）。図版2は、3つのヘクサコルドのシラブルを併記した表であるが、このソルミゼーション・シラブルが、この後左手に書かれ、いわゆるグイドの手という名の学習ツールとして広まってゆくのである。

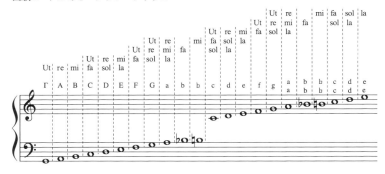

図版 2　ソルミゼーション・シラブル

V．いわゆる「グイドの手」

　グイドの没後まもなく「グイドの手」と呼ばれる学習ツールが現れる。この「グイドの手」とは、左手の指の関節に音名とソルミゼーション・シラブルを付したもので、教師は自分の関節を指で指し示しながら、少年たちに階名唱法を教える。この「グイドの手」は 11 世紀後半に現れて以来、17 世紀に至るまでいくつもの理論書に書き表されてきた（Mengozzi 2010: 64-70）。

　ソルミゼーション・シラブルを書き込んだ手の使用をグイドの功績と伝えた最古の文献は、シャンブルーのシゲベルトゥス Sigebertus Gemblacensis（1030 頃 – 1112）が 1105 年〜 1110 年ごろに著した『年代記 Chronicon』である。彼は、グイドが 6 つの文字ないしはシラブルを、音楽を構成する 6 つの音のために用いたこと、また、これら（6 つ）の音を左手の各関節にふりあてることによって、これら 6 つの音とそれらの音の上行と下行をオクターヴ全体に応用したと証言している[10]。

　また前述のアッフリゲメンシス（コト）も

　　In manus etiam articulis modulari sedulus assuescat, ut ea postmodum quotiens voluerit
　　pro monochordo potiatur et in ea cantum probet, corrigat et componat（Waesberghe 1950:
　　50）
　　そしてまた、手の関節で歌うことに慣れるように。そうすればモノコルドの代

わりに、いつでも使うことができ、それによって歌を試したり、訂正したり、作ったりできる。

と述べており、この記述からソルミゼーション・シラブルを用いながら、手の関節に各音を置いてゆく練習方法を提唱していることが明らかである。

　それでは、最初期の「手」には、ソルミゼーション・シラブルがどのようにして描かれていたのであろうか。実は、先ほど挙げた Montecassino 318 の楽譜（図版1）の右側には、いわゆる「グイドの手」が描かれており、おそらくイタリアで作成された写本の中では、グイドの手を記した最古の例と言われている（図版3）。ただし、手の中にはソルミゼーション・シラブルが書き込まれてはおらず、指先に全音（T）と半音（S）を意味するアルファベットが書かれている。そこから、おそらく当時の修道院学校で聖歌を学ぶ者たちが、全音と半音の歌い分けに苦労していたらしいことが推察できる。また、左端の一列には縦に G から a までのアルファベットが、そのすぐ右にはソルミゼーション・シラブルの頭文字が記されていることは前述のとおりである。

　図版4は、現在ヴァチカン図書館に所蔵されている 12 世紀の写本に記された図で、興味深いことに、ここに書かれた音名文字（アルファベット）は、シラブ

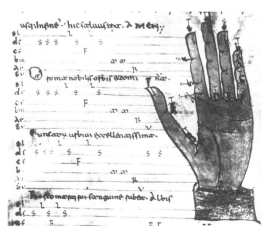

図版3　Montecassino, Biblioteca Abbaziale, 318, fol. 291

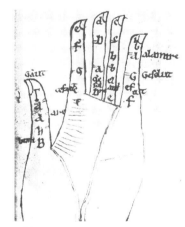

図版4　Roma, Biblioteca Vaticana, Reg.lat. 1578, fol.86r

ルを声に出して読むときの発音の通りにスペルが書かれており、それに続けてソルミゼーション・シラブルが書かれている。例えば、G は Ge、F は ef、B は be というように書かれているのである。さらに音名に続けてソルミゼーション・シラブルも、Ge-sol-r(e)-ut、a-la-mi-re というように併記されている。そのことから、当時のソルミゼーション唱法の実践の様子、すなわちどう発音されていたかということ、またソルミゼーション・シラブルを利用したムタツィオが行われていたことが、この図から読み取れるのである。

　最後に、なぜ視唱の技術を習得するためのツールとして『手』が用いられたのかという点について、ごく簡単に触れておきたい。手の使用は、この時代の学習の場ではごく一般的に用いられていたツールだった。特に算術の場と、様々な暗記の場に登場する。
　修道院において行なわれていた初等教育中でも「数え方 calculatio」は、暦の計算すなわち暦の月齢、補正日、復活祭のような移動祝日を算定するための知識と技術であった。ここで教える数え方はたいてい、指を用いる数え方である。指

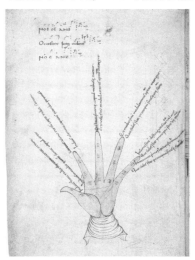

図版 5　Paris, Bibliothèque nationale, fonds lat. 7211, fol. 149v

を用いる計算方法を記した著作として、もっともよく知られているのが 8 世紀初頭の聖職者ベーダ・ヴェネラビリス Beda Venerabilis (673 頃 – 735)[11] の『指を用いる計算と話 De computo vel loquela digitorum』であり、この著作で語られている指を用いる計算方法は、アバクスと呼ばれる算盤の使用が一般化するまで、広く使われていたものだった。
　いっぽう、記憶の補助手段として手を使用することも、頻繁に行なわれていた。図版 5 は、1000 年頃に作られた南フランスの写本で、ここでは、8 つの旋法のフィナリスやアンビトゥス（音域）の音を覚えるために、6 歩格で書かれた詩が、手の指のそれぞれの位置に描かれている。

VI. まとめ

　グイドという教育者が、生涯をかけて教え広めようとしたものは何だったのか。『ミクロログス』、『未知の聖歌に関するミカエルへの書簡』、『アンティフォナリウム序文』そして『韻文規則』、そのどれにおいても、モノコルドの使用や聖歌の丸暗記に頼る方法では、どれだけ時間をかけても未知の聖歌を歌えるようにはならないこと、しかし自分の考案した方法によれば容易に歌唱できるようになることが、繰り返し述べられている。

　グイドが「われわれのやり方」と誇らしげに述べる学習方法の中でも、本論で扱ってきた《Ut queant laxis》を用いて視唱する方法は、現在のソルミゼーション理論の中で非常に重要な方法のはずである。しかしグイド自身の言葉を頼りにするだけでは、明確な手順が理解しにくいのも事実である。その不足を補うかのように、グイドの没後まもなく、彼の理論は注釈者によってさらに明確な方向に進んでいく。アッフリゲメンシス（コト）らによって、《Ut queant laxis》の各節の頭文字を用いて階名唱する方法が明確に示され、さらにはこの頭文字と、当時の教育現場でごく一般的に用いられていた学習ツールである「手」を組み合わせ、視唱をより容易にする「グイドの手」が使われるようになっていった。現在われわれが一般的に用いている階名唱法は、こうして出来上がったのである。これらの事実からグイドの教えが、単に彼の著作で述べられている内容だけに限らず、時代を経て変化しながらも、西洋音楽実践の基礎となっていったことが理解されよう。

注
[1] 階名唱とは、例えば長調の全音階列であれば、主音をドと読み、そこから全音階列に従って「ド、レ、ミ……」と順次上行しながら呼んでゆく方法を指す。この場合、主音の音高がどのピッチに移動しようとも、隣の音どうしによる相対的音程の並び方で名前がつけられるため、移動ド唱とも呼ばれる。それに対し、絶対音高によって音名を示し歌うことを、固定ド唱と呼ぶ。
[2] ソルミゼーションとは、旋律の音程を示すために、音高と音節を一対一で結び付け

る方法を指す。

［3］ 七自由学芸とは、「文法 grammatica」、「修辞 rhetorica」、「弁論 dialectica」、「算術 arithmetica」、「幾何 geometrica」、「音楽 musica」、「天文 astronomia」を指す。自由学芸に関する詳細は、吉川文「『ミクロログス』と文法」（本書収録論文）参照。

［4］ 本書では、《Ut queant laxis》に《僕らの声さえざえと》という邦題を当てているが、ここでは原語の冒頭のシラブルがポイントになるため、敢えて原語のままにする。

［5］ Roma, Biblioteca Vaticana, Ottob. 632.

［6］ Montpellier, Bibliothèque de l'École de Médicine, H425.

［7］ 那須輝彦「グイドの教会旋法論」（本書収録論文）を参照。

［8］ 図版 1、3、4 は、Waesberghe 1969: 127, 129 より引用。

［9］ 音の親近性については、那須輝彦「グイドの教会旋法論」（本書収録論文）を参照。

［10］ シゲベルトゥスの記述の詳細および原文に関しては、石川陽一「グイド・ダレッツォ、その業績」（本書収録論文）を参照。

［11］ イングランドの聖職者、歴史家。

モノコルドについて

石川陽一

Ⅰ．序

　グイド・ダレッツォは『ミクロログス』の冒頭部分で、論を進めるための前提となる基礎的な事柄に関する説明を行っている。すなわち、まず第2章で音名を定義し、第3章ではそれらの音名によって表される音が、モノコルド上で弦の分割によってどのように配置されるかを2種類の方法によって説明して、その後に音程の定義（第4章）とオクターヴ圏の説明（第5章）を行う、という手順を踏んでいるのである。また、その後の章においても、特に音程に関して言及する際の言葉遣いに、モノコルドを前提とした思考がしばしば明瞭に反映されている。それは、あたかも現代人が同様の思考を巡らせる際にピアノ、もしくは鍵盤を意識的、あるいは無意識的に念頭に置くことが普通であることに相当しているかのようである。

　モノコルドは紀元前5世紀の古代ギリシアの文献において初めて言及されており、しばしばピュタゴラスがその発明者であるとされてきた（Adkins 2001, 17: 2）。とはいえ、ピュタゴラスをモノコルドの発明者とする説は歴史的事実というより、むしろ伝説の域に属するものであり、確たる証拠があるわけではない。いずれにせよ古典古代以来、モノコルドは音楽の理論的側面に関わる思考を展開する際の補助的器具として、あるいはまた音楽実践や教育の現場においては音程を取るため、もしくは確認するための器具として、その形態を変化させつつも、最終的には19世紀に至るまで長く用いられ続けている。このため現代では、モノコルドは曲を演奏するための楽器ではなく、あくまでも思考や実践を補助するための器

具であるとみなされることもしばしばである。この見方は、モノコルドがその構造上、楽器として用いるために必要な機動性をまったく欠いているとしか評価できないことを考慮すれば、それ自体としては決して間違っていない。しかし、後述するように実際には中世のある時期以降は、モノコルドを基にした楽器が作り出され、時としてそのような楽器も「モノコルド」と呼ばれていた。

　「モノコルド monochordium, monochordum, monochordon, etc.」という単語は、ギリシア語の「モノス（monos 単一の）」と「コルデ（chorde 弦）」の2語を組み合わせた合成語であり、日本語においては「一弦琴」と訳されることもある。この単語の語源的な意味はきわめて明瞭であり、このため単弦の楽器であればすべてモノコルドと称せられうることにもなるであろう。しかし、この単語は、同時に研究・教育を目的とする機能をも指すことが普通である。このため、「モノコルド」という単語によって単弦の楽器一般を指すようにはならず、研究・教育用の器具を指す名称として用いられ続けてきたのである。

　初期のモノコルドは極めて単純な構造によるもので、板の上に固定された2つのブリッジに弦を1本張っただけのものであった。しかし、弦の分割を簡便化することを目的として、3番目の可動式ブリッジが追加されるまでにはそれほど時

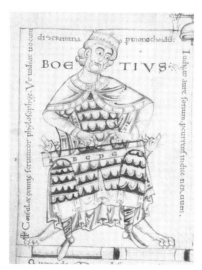

Cambridge, Cambridge University Library, MS Ii.3.12, fol. 61v

を要さなかったようである。また、この可動式ブリッジが追加されるとともに、音名が本体に記入されるようになったと考えられる（Adkins 2001: 2）。そして、モノコルドが共鳴箱を持つものとして描かれるようになったのは12世紀以降の写本においてである（Adkins 2001, 17: 2; 左図参照）。もちろんこのことは、共鳴箱が12世紀になって初めて用いられるようになったということを直ちに示すものではないが、11世紀前半の人であるグイドが使用したモノコルドに共鳴箱が備えられていなかった可能性は高いといえるであろう。

　この図版は、1130年頃に筆写されたボエティウス Anicius Manlius Severinus Boethius（480頃–524頃）『音楽教程 De institutione musica』の写本に描かれた挿絵からの部分である。ボエティウスがモノコルドを操作する様子が描かれている。ひざの上に乗せられたモノコルドは、特に立体的に描写されてはいないが、厚みをもって描かれているため、共鳴箱を持っていることがわかる。

　なお、中世のモノコルドの弦長は、90cmから120cm程度と考えられている（Adkins 2001, 17: 2, Bröcker 1997: 456）が、これは1732年にヨハン・ゴットフリート・ヴァルター Johann Gottfried Walther（1684‐1748）がライプツィヒで出版した『音楽事典 Musicalisches Lexicon』において挙げている「約1.5 エレ etwa anderthalb Ellen」（Walther 1732: 419）とも概ね一致している[1]。すなわち、中世以来18世紀に至るまで、モノコルドの弦長はほぼ一定していたものと考えて差し支えないであろう。なお、少なくとも研究、教育用器具としてモノコルドを使用する際に、開放弦の音高がどの程度であるべきかは特に決められておらず、使用者にとって都合のよい音高が用いられたものと考えられる。

II．基本的な音程比と弦の分割法

　グイドは『ミクロログス』の第3章「モノコルド上での音名の配置について」において、モノコルドの弦の分割法を2種類紹介している。これらは、いずれも全弦長を音程比によって幾何的に分割する方法であり、開放弦の音から上行してゆく形をとっている。

　まず基本的な音程比とその弦上での分割法を概観し、その後『ミクロログス』第3章の内容へ進むこととしよう。

　比率による分割とは、すなわちピュタゴラス的なアプローチということになる。つまり、『ミクロログス』第20章で触れられている鎚のエピソードに現れる6, 8, 9および12の4つの整数による調和的、算術的要素の関係に基づく分割法である。結果として、これによって得られる音律は、当然ピュタゴラス音律である。これらの整数により得られる基本的な比とその名称、ならびに音程は以下のとおりである。

| 12：6＝2：1 | ドゥプラ | dupla | 完全8度 |
| 9：6＝3：2 | セスクィアルテラ | sesquialtera | 完全5度 |

12：9＝4：3	セスクィテルツィア	sesquiterita	完全 4 度
9：8	セスクィオクタヴァ	sesquioctava	長 2 度

　上記の比はすべて 2 分割と 3 分割を基本として作図可能である。
線分の基本的な 2 分割と 3 分割の作図の例を以下に示す（いずれも線分 AB によっ
て、モノコルドの弦を表す）。

(1) 2 分割
弦の両端 A および B を中心として、
（目測で）AB の中点 M を超える半
径の弧を描く。2 つの弧の交点であ
る C と D を結ぶ直線が線分 AB と
交わる点が中点 M である。

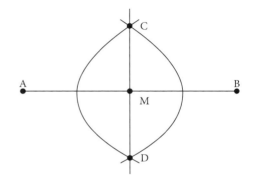

(2) 3 分割
線分を 3 分割する方法は複数考え
られるが、たとえば以下の方法が
挙げられる。
角 ABC は 90 度。角 CAB は 30 度（つ
まり 90 度を 3 分割[2]）
角 ACB を 2 等分[3]して AB へ直線を
下ろすと、D は AB の 3 等分点のひ
とつとなる。

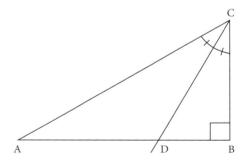

III. 『ミクロログス』第3章「モノコルド上での音名の配置について」における第1の分割法

　グイドが『ミクロログス』第3章で最初に説明しているモノコルドの弦の分割法は、中世のほかの理論書においても共通している部分が多く、その意味で標準的な分割法であるといえるだろう。以下は、第3章からの該当箇所である（丸囲み数字は筆者による）。

　　　①まずΓの位置を定めた後、そこから端までの弦の長さを9つに分ける。②そして9等分した最初の部分の端にAの文字を置く。この文字は古えの人々がみな始まりと定めたものである。③同様に、Aから［弦の］端までを9等分して、同じやり方でBの文字を置く。④この後、Γへ戻り、そこから端までを4つに分けると、その最初の部分の端にCが見つけられる。Γを起点にして4つに分けることによってCを見つけたように、⑤同じ方法で順々にAからD、⑥BからE、⑦CからF、⑧DからG、⑨Eからa、⑩Fから丸いbが見つかる。⑪これに続く［響き］は似ていて［文字が］同じすべて［の音］は、［これまでに得られた音と弦の端との］真中に次々と容易に見つけられる。たとえばBから［弦の］端までの真中にもうひとつのbを置く。同じようにすれば、Cはもうひとつのcを、Dはもうひとつのdを、Eはもうひとつのeを、Fはもうひとつのfを、Gはもうひとつのgを示すことになる。残りも同様である。（本書10頁）

　まず、最初に最低音、つまり開放弦の音名であるΓを記すのは当然として、②で全弦長を9分割、つまり、3分割を2回繰り返すことで、全音比9：8を得てΓのすぐ上にAを得ている。続く③の段階では、Aを基点として②と同じ手順でBを得る。④から⑩はすべて4度によって音程を決定している。⑪はオクターヴで高音域と上高音域の音を得るということになる。これらのうち、いくつかを作図すると以下のようになる。

②　全体を9等分しΓに対する全音比9：8を得ることでAを置く

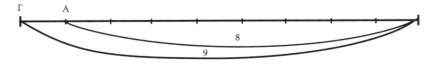

④　全体を4等分しガンマに対する4度の比4：3を得ることでCを置く

⑦　上の④の段階で得られたCから4度の比を得てFを置く

　なおグイドは、以上の分割法を説明した後に「古よりこの技芸の規範に囚われなければ、こうした方法で無限に上方あるいは下方に続けることができる」と述べているが、これは音楽実践上必要な通常の音域とモノコルドの物理的制約を無視すれば音域をいくらでも拡大できるの意と思われる。

IV.『ミクロログス』第3章前半と偽オド『対話』

　上に示したグイドが『ミクロログス』第3章で紹介している方法が、中世におけるモノコルドの弦の分割法のいわば標準ともいうべきものであることは、すでに述べたとおりであるが、実はこの方法はグイドの考案によるものではない。すなわち、グイドのミクロログスよりやや以前の11世紀初頭に著されたと考えられる偽オド Pseudo-Odo『対話 Dialogus』こそが、上行による分割法を完全な形で示した最初の著作であり、その内容と構成から考えてモノコルドの弦の分割だけでなくさまざまな点で、グイドの『ミクロログス』に強い影響を与えたものと考えられるのである。そこで、グイドが第3章の後半で述べている第2の分割法へ進む前に、以下に『対話』について概観し該当箇所を比較してみよう。

　まず、この『対話』という著作そのものであるが、長くその著者はクリュニーのオド Odo de Cluny（878/879 - 942）であるとされてきた。しかし現在では、11世紀初頭のミラノ大司教区に居住していた無名の修道士（しばしば便宜的に偽オド Pseudo-Odo と呼ばれる）が著したものと考えられている。この著作がグイドの《ミクロログス》に大きな影響を及ぼしたと考えられる理由としては、以下のような点が挙げられる。

(1)　『対話』は師弟の間の対話編として著されており、極めて実践的な性格が強い。『ミクロログス』は対話編ではないが、2人称単数を用いるなど生徒に向かって語っているかのような言葉遣いをしている箇所が散見される。すなわち、どちらの著作も純粋に思弁的な理論書というより、教育を目的とする実用的性格が顕著に認められる。

(2)　様々な説明に進む前に、『対話』では第2章においてモノコルドの説明とその分割から開始し、音名とそのモノコルド上の配置を定義した後に、第4章で音程の名称を紹介している。『ミクロログス』においても、この論法はほぼ踏襲されている。

(3)　オクターヴで反復されるAからGまでの7文字を音名として用い、開放弦の音名をΓとしている[4]。

(4)　8つの教会旋法が説明されている。

では、この『対話』においてはどのような分割法が紹介されているのであろうか。以下にその第2章の主要部分の訳を示す（原文は本論末尾の参考資料を参照。なお、グイド第3章との対応関係を示すため、丸囲み数字を訳中に加えてある）。

　①まず、上で話題にしたモノコルドの一端にΓの文字を置きなさい。これはギリシア語におけるGである（この文字は滅多に使われることがないので、多くの者が理解しない）。②Γから反対側の端までの間を注意深く9等分しなさい。そして、Γから見て最初の9等分の区分にAの文字を置きなさい。これを第1音という。③次にAから端までの間を9等分し、最初の区分に第2音としてBの文字を置きなさい。④次に最初に戻ってΓから4等分し、最初の区分にCと書きなさい。⑤Aの文字から始めて同様に4等分し最初の区分にDの文字を書きなさい。⑥同様にBを4等分することで第5音であるEを見出すであろう。⑦同様に第3音であるCは第6音であるFをもたらす。⑪次に、Γへ戻り、そこから、そしてその他の文字から線を2等分しなさい。つまり、Γを除いて中点の分割によって14もしくは15の区分を得ることになる。音を中点で分割するときには、これらを異なったように記さねばならない。例えば、Γから2等分したのならΓではなくGと書きなさい。2等分したAに対する2番目はa、Bに対するは2番目はb、Cに対する2番目はc、Dに対する2番目はd、Eに対する2番目はe、Fに対する2番目はf、Gに対する2番目はg、aに対する2番目は$\frac{a}{a}$とする。このようにすれば、モノコルドの中点から先の文字は最初の部分と同じになるであろう。⑩さらに、第6音のFから4等分し、♮の直前に丸いbを

置きなさい。この2つは1つの音として受け取られているが、一方は第2の第9音と呼ばれる。通常これら2つが同じ旋律中で見出されることはない。さらに、音と文字を順番に記すと次のようになる。

Γ	A	B	C	D	E	F	G	a	b	♮	c	d	e	f	g	aa
0	1	2	3	4	5	6	7	8	9-1	9-2	10	11	12	13	14	15

　以上が『対話』の第2章に記述されたモノコルドの分割法であるが、上記の部分とグイドの第3章を読み比べれば明らかなように、『対話』に示された分割法と、グイドの『ミクロログス』第3章で示している第1の分割法は、分割の原則（完全4度による分割を優先し、これに長2度とオクターヴの分割を組み合わせる）が同じというだけでなく、その順序もほぼ一致している。両者の違いは、グイドがGとaを（『対話』の著者がそうしたように）ΓならびにAを起点としてオクターヴで得るのではなく、それぞれDとEから4度で取っている点（グイドからの引用中に記した⑧と⑨の箇所）、および⑩と⑪の順番が逆になっている点のみである。したがって、この部分に限れば、『ミクロログス』は『対話』の引き写しに近いとすら言えるだろう。あえて両者の違いを挙げるならば、『対話』の著者が音名を分割の結果として提示しているのに対し、グイドは先行する第2章でまず音名のみを紹介し、第3章においてそれらの音名をどのように配置するかという論法を採っているという点のみである。

V. 『ミクロログス』第3章後半における第2の分割法

　グイドが『ミクロログス』第3章前半であげた分割法が、『対話』第2章の分割法をかなり忠実に踏襲したものであることは上に見たとおりである。これに対して、グイドが第3章の後半において紹介している第2の分割法は、おそらくはグイド独自の方法であり、第1の方法とはその手順がかなり異なっている。まず、以下に該当箇所の本文と分割の作図を挙げる（括弧内のローマ数字は筆者による）。

　　続いて、別の分割方法に移る。この方法は覚えにくいが、これによればモノコルド［の分割］を［前述の方法より］いっそう速やかに行なえる。まず、(i) まず、Γから［弦の］端までを9つに刻み、［等しい］小部分に分ける。すると、第1の

刻み目はＡとなり、第２は空き、第３はＤ、第４は空き、第５はａ、第６はｄ、第７は$\frac{a}{a}$となり、残りは空く。(ii) 同様にＡから［弦の］端までを９つに分ければ、第１の刻み目はＢとなり、第２は空き、第３はＥ、第４は空き、第５はｂ、第６はｅ、第７は$\frac{b}{b}$となり、残りは空く。(iii) 同様に、Γから［弦の］端までを４つに分割すれば、第１の刻み目はＣとなり、第２はＧ、第３はｇとなり、第４は［弦の］端である。(iv) また同様に、Ｃから［弦の］端までの４つの刻み目の第１はＦとなり、第２はｃ、第３はｃとなり、第４は［弦の］端である。(v) さらに、Ｆから４つの刻み目の第１は丸いｂとなり、第２はｆとなるのである。
(本書 10-11 頁)

以下に、(i) と (iii) を作図によって示す。

(i)　全体を９等分し、A, D, a, d, $\frac{a}{a}$ を置く

(iii)　全体を４等分し、C, G, g を置く

　第３章前半に挙げられた第１の方法は、４度の分割を中心として、これを補うものとして長２度とオクターヴの分割を用いるものである。これに対して、この第２の方法は長２度の分割に５度の分割、つまり３：２が含まれていることを利用し、これを（オクターヴの分割を内包する）４度の分割で補うものである。この方法は明らかに第１の方法より単純かつ首尾一貫しており、まさにそれゆえに「いっそう速やかに処理できる」というグイドの意見は納得できるものである。にもかかわらず、グイドはこの方法を「覚えにくい」とも述べている。これは、現実的な問題点として長２度の分割を用いる最初の２段階（i と ii）において、音が割り当てられない分割点、つまり第２、第４ならびに第８の分割点が発生するため、年少の生徒を戸惑わせる可能性があり、それゆえに覚えにくいという意味なのであろう。

VI. 『ミクロログス』におけるモノコルド的思考

　すでにこの小論の冒頭でもふれたように『ミクロログス』には、しばしばモノコルドを前提としていると思われる言葉遣いが見出される。例えば、グイドは音の動きに関して「intendo 送る、伸ばす、締める」あるいは「remitto 戻す、緩める、減ずる」という動詞を、「上行する」もしくは「下行する」の意味で用いているが、この二つの動詞には上下動するという意味合いは本来は含まれておらず、またグイドがこの 2 語をモノコルドの弦の張力に関連している用いている例は見出されない。したがって、グイドがモノコルドに関連してこの 2 つの動詞を用いている際には、その可動ブリッジの操作に基づいて、そのような言葉遣いをしていると考えられる。

> （例）
> 実際、どのような聖歌においても、上行するようにせよ下行するにせよ、他の音程で音と音が結び付けられることはない。（第 4 章）

> 確かに、どちらの音からも全音、半音、全音、全音と下行し、また同様に全音、半音、全音、全音と上行する。（第 5 章）

　さらにこのように単純な言葉遣いの次元を越えて、グイドの音楽的思考にはモノコルドの視覚的イメージを基盤に置いていると考えられ得る部分が見出される。たとえば、彼が第 7 章において取り上げている「音のモドゥス」と「音の親近関係」の発想の基盤には、モノコルドの分割の視覚的イメージがあると考えられる。全部で 4 つあるとされる「音のモドゥス」とは旋法のことではなく、それぞれの「楽音 vox」に固有の音楽的属性とでもいうべきものである。それゆえに、イタリア語との対訳でルスコーニは、この箇所ではラテン語の "modus" にイタリア語の "tipo"（種類、タイプ）を当てている（Rusconi 2008: 19）。それは極めて実践的な目的をもって導入された概念であるといえる。すなわち、この「音のモドゥス」をしっかりと認識していれば、聖歌を歌う際に、第 10 章で触れられているような「決められた音程以外で上がったり下がったりして、ある［音の］モドゥスの旋律ネウマをゆがめて他のモドゥスにしてしまったり、［本来］音のない場

所から歌い出したりする」失敗を避けることができ、さらにはオルガヌムを歌う
際にも役立つという考えを彼が持っていると思われるのである[5]。

　第7章において彼は、AとDが第1のモドゥスを、BとEが第2のモドゥス
を、CとFが第3のモドゥスを、そしてGが第4のモドゥスを持つとしており、
その具体的な内容を言葉のみで説明しているが、その説明をモノコルド上に移し
て視覚化すると以下のようになる。

第1のモドゥス

第2のモドゥス

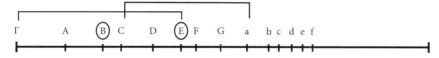

第3のモドゥス

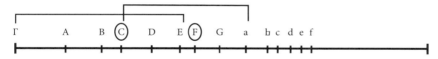

第4のモドゥス

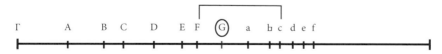

　上の図は1本の弦を想定した作図であるが、第1から第3のモドゥスを仮に4
度の間隔で調弦された同じ弦長を持つ2台のモノコルドを想定して作図すると以
下のようになり、それぞれの音の間にあるとされる親近関係も明瞭となる。

第1のモドゥス

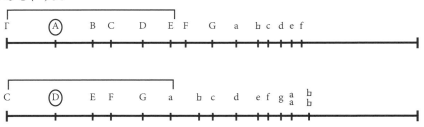

第2のモドゥス

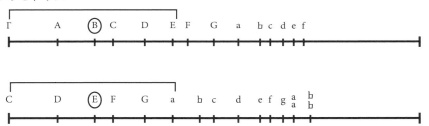

第3のモドゥス

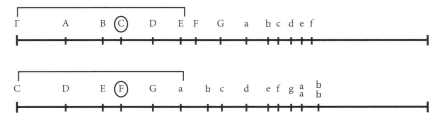

　つまり「音のモドゥス」とは、ディアトニックな組織のなかでは、それぞれの音によって前後の音との音程関係が異なっていることを、それぞれの音自体の音楽的属性としてとらえたものであり、『ミクロログス』を執筆した時点では、いまだ有線譜を使うには至っていないグイドその人としては、モノコルド上の音の配置から「音のモドゥス」、ならびに「音の親近関係」を発想したであろうことは想像に難くないのである。

VII. 半音、短3度、長3度の分割もしくは作図について

　グイドは第6章の末尾においてセミトニウム（半音）、ディトヌス（長3度）そしてセミディトヌス（短3度）について、モノコルド上に分割点は存在しないと述べている。しかし、この3種の音程はすべてピュタゴラス音律によって分割できるだけでなく、作図も可能である。つまり、短2度、短3度ならびに長3度のピュタゴラス音律による音程比は、それぞれ 256：243、32：27 ならびに 81：64 である。また、これらを5度の比を基本とした計算式で表すと以下のとおりとなる。

短2度　　$\left(\dfrac{2}{3}\right)^5 \times 2^3 = \dfrac{256}{243}$

短3度　　$\left(\dfrac{2}{3}\right)^3 \times 2^2 = \dfrac{32}{27}$

長3度　　$\left(\dfrac{3}{2}\right)^4 \times \left(\dfrac{1}{2}\right)^2 = \dfrac{81}{64}$

　これらの音程比を実際のモノコルドの分割を考慮した式で表すならば、例えば短2度は全音比の2乗を4度の比で割る、つまり $\left(\dfrac{8}{9}\right)^2 \div \dfrac{3}{4} = \dfrac{256}{243}$ となる。これは実際の手順としては、完全4度と2全音（長3度）の差によって、つまり複合的な分割によって半音を得ることを意味している。そして、この2つの音程は、基本的な分割法によって、すでに得られている音程である。つまり、グイドがこれらの音程の分割点がモノコルド上には与えられていないと述べているのは、これらがグイドも述べているように、しばしば実際の聖歌中で用いられる音程であるとしても、わざわざ余計な手間をかけて個別に求める必要はないという意味であると考えるべきである。

　上に述べたのは実用上の問題とでもいうべきものだが、もうひとつの可能性が存在するようにも思われる。すなわち、算術的に考えた場合、たとえば、長2度の比9：8の両辺を2倍して18：16とし、この両辺の間に17を挟むことで、短2度の比18：17および17：16が得られる。また、完全5度の比である3：2についても同様に6：4とした上で5を挟むことにより、6：5ならびに5：4、つま

り純正律の短3度と長3度の比が簡単に得られる。これらの比自体は極めて単純に得ることができるので、グイドが知っていたとしてもなんら不自然ではないが、すべて純正律の比であり、グイドが前提としているピュタゴラス音律の比ではない。確かにその差は極めて小さく、モノコルドの精度の低さを考えれば、実用上の目安としてまったく問題なく使うことも可能ではあろう。しかし、グイドに限らず中世の知識人がこのような場合に、近似値を受け入れそれでよしとするとは考えにくい。つまり、この場合、長3度の比はあくまで81：64なのであって80：64（＝5：4）ではないのである。また、長3度の比5：4と短2度の2つの比のうち17：16は、グイドが用いている上行のみによる方法では、現実の空間的制約を考慮すると分割は実質的に不可能である。したがって、グイドがもし短2度と長短3度について純正律の比を知っていたとしても、これらには実用性がないと考えて不思議ではない。そして、第6章においてこれら3つの音程の分割点がモノコルド上には与えられていないと述べたとき、グイドがこれらの点も多少なりと念頭に置いていた可能性を否定することはできないようにも思われる。

Ⅷ．楽器としての側面

　「モノコルド」という名称が「単一の弦」を意味しているにもかかわらず、かなり早い時期に多弦化、いわばポリコルド化が行われていた。たとえば同じ音高に調弦された同じ長さの弦を2本備えることによって音程の確認が容易になるばかりでなく、うなりの現象を確かめることも可能になる。つまり、研究、教育用の器具としての利便性を飛躍的に高めることができるのである。さらに16世紀以降になると、ブリッジの代わりにナット（枕）を用いて弦高を下げることで、直接指で押弦できるタイプのモノコルドも現れた。この結果、音程と弦長比の両面において精度が大幅に犠牲になっている（Adkins 2001, 17: 2）。しかし、もとよりモノコルドの精度はそれほど高いものではないので、この構造上の変化は取扱いをより容易なものするとともに、楽器としての性能を向上させる改良とみなすべきである。

　楽器としてのモノコルド、およびモノコルドを起源に持つと考えられる楽器について知るための資料はかなり限定的である。そのようななかで、この点についてある程度まとまった情報を与えてくれる資料として重要なのが、ミヒャエル・

プレトリウス Michael Praetorius（1571?‐1621）の『音楽大全　第2巻　楽器誌 Syntagma Musicum, Tomus Secundus, De organographia』である。この著作中においてプレトリウスはもちろんモノコルドそのものも記載している（第35章）が、さらにトゥルムシャイト（第34章）とクラヴィコード（第36章）をモノコルドに起源を持つものとし、ツィターやアパラチアン・ダルシマーの祖形となったシャイトホルト（第33章）についても「小さなモノコードに良く似ている」（郡司 2000: 92ff）と述べている。ただしシャイトホルトは、確かにその構造上はモノコルドに極めて近いが、同種の民俗楽器が北ヨーロッパ各地に見出されることを考えると、モノコルドと関係があるかどうかは疑わしい。これに対し、トゥルムシャイトすなわちトロンバ・マリーナとクラヴィコードはモノコルドから分かれた可能性がより高い。トロンバ・マリーナの構造がモノコルドと極めて類似していることは、一見して明らかだといえるであろう。さらに、プレトリウス以外にもこの楽器をモノコルドに関連付ける資料が存在している。たとえば、アタナジウス・キルヒャー Athanasius Kircher（1601‐1680）は、その『音楽汎論 Musurgia universalis』の第1巻においてモノコルドの分割についてかなりのページを割いているが、同書の図版 VIII においてトロンバ・マリーナを示しながら、これを「モノコルドン monochordon」と呼んでいる。

アタナジウス・キルヒャー　『音楽汎論』　第1巻，図版 VIII（部分）（Kircher 1650）

　さらにヴァルターはその『音楽事典』で、「モノコルド」という単語の第2義として、「トロンバ・マリーナの別名」という定義を与えている（Walther 1732: 419）。つまり、約100年を隔てた時代に生きたキルヒャーとヴァルターは、モノコルドという単語の意味をほぼ同じに理解していたことになる。

　クラヴィコードは外見上は完全な鍵盤楽器であり、その点でモノコルドとはまったく異なっているように見える。しかし、まだ中世のうちに多弦化、すなわちポリコルド化したモノコルドを楽器としても使用し始め、楽器として必要な機動性を得る工夫のひとつとして単純な鍵盤機構を追加し、いわば「鍵盤モノコル

ド」、つまり「クラヴィコルド」が成立したと考えることが可能である。事実、より古いタイプであるゲブンデン・クラヴィコードにおいては、弦の分割の原理が用いられており、その点で確かにモノコルドの名残を止めているといえなくもない。

　プレトリウスはほとんど無視している楽器であるが、ハーディーガーディもモノコルドに起源を持つ可能性が否定できない楽器である。とはいえ、その可能性はシャイトホルトと大同小異であると言えよう。

　その後、19世紀にいたるまでモノコルドは教育、研究用器具、実践における補助的用具あるいは簡易楽器として使用され続けた。たとえば、*Scientific American Supplement*, No. 731 には、マリー・ジョセフ・ニコラ・プソ Marie-Joseph-Nicolas Poussot が製作したピアノ型鍵盤を持つ弓奏モノコルドの図版が掲げられている[6]。

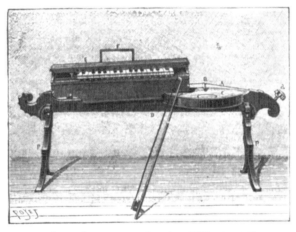

マリー・ジョセフ・ニコラ・プソの弓奏モノコルド

　しかし、モノコルドから派生したと考えられる楽器のうちで最も高い音楽的性能を持つクラヴィコードは、18世紀末から19世紀初頭にはすでに廃れており、さらに20世紀に入り電気工学が発達し、より精度の高い器具が生み出されると、モノコルドはその役割を完全に終えたのである。

注

[1] プロイセンの場合 1 エレは 25.5 インチつまり 66.68cm，バイエルンでは 34.25 イン
チつまり 83.30cm である。したがって、ヴァルターが挙げている約 1.5 エレはプロイ
センでは 100cm 程度、バイエルンでは 120cm 強となる。

[2] 直角を 3 等分する方法は以下の通りである。まず、角の頂点となるべき A から垂
線を引く。A を中心に弧を描き，補助線である垂線と底辺（この場合は AB）との交点を
中心に同じ半径で再び弧を描く。はじめの弧との交点 2 つと頂点とをそれぞれ結ぶ。こ
こに挙げた線分の 3 分割法は特に場所を必要とするものではないが、実際にはモノコル
ドの幅が足りなくなると考えられる。その場合には、まず全弦長を 2 分割し、AM もし
くは BM をコンパスによって別の場所に移せば 3 分割を楽に行うことが可能である。

[3] 角の頂点（C）を中心に適当な半径で弧を描く。この弧と辺 AC, BC との交点 2 つを
中心にそれぞれ再び弧を描く。これら 2 つの弧の交点と頂点とを結ぶ。

[4] 音名 Γ についてガイドは、《ミクロログス》第 2 章「音名とは何か、それはどのよ
うなもので、いくつあるのか」の冒頭で「さて、モノコルドにおける音名は次のように
なっている。まず最初にギリシア文字の Γ が置かれるが、これは近年に付け加えられ
たものである」（本書 9 頁）と述べているが、ここでガイドが『対話』を念頭において
いるのはほぼ間違いない。

[5] オルガヌムについて述べている第 18 章でも「プロトゥスである D と A」といった
言い方で「音のモドゥス」に言及している。

[6] アリゾナ州フェニックス市の楽器博物館 Musical Instrument Museum, Phoenix/
Arizona に、プソの弓奏モノコルドが一台現存している。

参考資料1. 古代における下行によるモノコルドの分割法について

　ボエティウス以前の古代においては弦の中点を基準とし、そこから下行する形で分割する方法が普通であった。この下行に分割法の特徴は、分割を開始する際の基準をモノコルドの総弦長とするのではなく、弦の中点、すなわち開放弦の1オクターヴ上の分割点とする点にある。例えば、5度を求める場合の手順は以下の通りである。(M＝中点)

①弦の中点を求める。

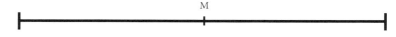

②中点の片側を2分割する。

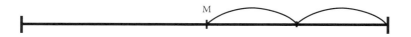

③上で分割した1区画を中点の反対側へ写す。これにより中点を挟む形で3:2の分割が完成する。

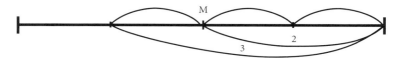

　つまり、音程比の大きいほうの数字から1を引いた数で中点の片側を分割し、その1区画分を中点の反対側へ足すということである。これは実体としてのモノコルドを使わず作図のみとした場合には、分割というよりもむしろ延長による方法ということができるであろう。

参考資料2. 偽オド『対話』第2章より本文引用箇所の原文

In primo capite monochordi ad punctum, quem superius diximus, Γ. litteram, id est G. graecum pone, (quae, quoniam raro est in usu, a multis non habetur). Ab ipsa Γ. usque ad punctum, quem in fine posuimus, per novem diligenter divide, et ubi prima nona pars fecerit finem, (prope Γ.) A litteram scribe, et haec dicetur vox prima. Ab eadem prima littera A. similiter per novem partire usque ad finem, et in nona parte B. litteram pro voce secunda appone. Dein ad caput revertere, et divide per quatuor a Γ. et pro voce tertia C. litteram scribe. A prima A. similiter per quatuor divide, et pro voce quarta D. litteram scribe. Eodem modo B. dividens per quatuor, invenies quintam E. Tertia quoque C. insinuat sextam litteram F. Post haec ad Γ. revertere, et ab ipsa, et ab aliis, quae sequuntur per ordinem, praedictam lineam in duas partes, id est, per medium divide, usque dum habeas voces quatuordecim vel quindecim absque Γ. et dum voces per medium diviseris, dissimiles easdem facere debebis. Verbi gratia, dum a Γ. per medium dividis, pro Γ. scribe G. pro A. mediata pone a. et pro B. aliam ♭. et pro C. aliam c. et pro D. aliam d. et pro E. aliam e. et pro F. aliam f. et pro G. aliam g. pro a aliam $\frac{a}{a}$ ut a medietate monochordi in antea eaedem sint litterae, quae sunt et in prima parte. Praeterea a voce sexta F. per quatuor divide, et retro ♭. aliam b. rotundam pone: quae ambae pro una voce accipiuntur, et una dicitur nona secunda, et utraque in eodem cantu regulariter non invenietur. Figurae autem et voces et litterae per ordinem ita ponuntur. Γ. I. A. II. B. III. C. IIII. D. V. E. VI. F. VII. G. VIII. a. IX. I. b. IX. II. ♭. X. c. XI. d. XII. e. XIII. f. XIIII. g. XV $\frac{a}{a}$. (Gerbert ed. 1784, 1: 251-264)

グイドの教会旋法論

『ミクロログス』第7章〜14章を読み解く

那須輝彦

　『ミクロログス』は、グレゴリオ聖歌（正式には「ローマ聖歌」）を日々歌う環境にありながら、「最も短いアンティフォナでさえ独力で歌いきることができないような歌い手たち」（序文）に悩まされてきたグイドが、初学者の初見力や歌唱精度を高めるために著したものである。

　「正確な歌唱」とは、前提となっている音階の全音と半音の並び方を音感として会得し、旋律を形作っている各音の音程を正しく取ることに他ならない。しかし五線譜はなく、まして今日のような黒鍵を備えた鍵盤もなかった当時、全音と半音の並び方を把握し、譜線のないネウマ譜のみを手がかりに歌うことは、かなりの難題であったと想像される。

　ことにグレゴリオ聖歌は、「教会旋法」によって書かれており、D、E、F、G[1]のどの音を終止音にしているかによって楽曲の性格が異なってくる。たとえばDが終止音であれば上には短3度がくるが、Fが終止音であるとその上は長3度になるからである。したがって全音と半音の並び方の把握を誤って歌うと、旋法を歪めてしまうことになる。グイドが看過できなかったのはこの問題であった。

　したがってグイドは、まず第1章から第6章にかけて、グレゴリオ聖歌の土台となる音階と各音程を解説する。その音階とは、のちに詳述するように、全音階列にb（およびオクターヴ上の♭♭）を加えたものであり、聖歌に使われる音程は、全音、半音、長3度、短3度、完全4度、完全5度の6種類である。

　そして著作の核心部にあたる第7章から第14章にかけては、教会旋法のありようが詳説されることになる。グイドはまず、AとD、BとE、CとFに注目し、それぞれの音の上下数音の全音と半音の「並び方 modus」が同一であり、音域を

6音程度に限れば、オクターヴの7つの音はこれら3組、およびGを終止音とする4つの「並び方」に集約できることを指摘する（第7章）。この「並び方」の把握を誤ると旋法が歪められること（第10章）、聖歌の最終音が終止音として重要な位置を占めること（第11章）に触れたあと、4つの「並び方」が使用音域によって8種類に分けられることを説く（第12〜13章）。こうして今日一般に理解されている8種類の教会旋法が出揃ったところで、最後に各旋法がどのような性格をもっているかが論じられ（第14章）、一連の旋法論は閉じられる。

　ある音を終止音とした際の上下数音の全音と半音の「並び方 modus」の違いの認識が、やがて8種類の「旋法 modus」という体系に結実してゆくわけであるが、すでに原綴で明示しているように、6音程度の全音・半音の「並び方」も「旋法」も原語は"modus"である。グイドの一連の記述において、どの段階で"modus"の語に「旋法」の訳語を当てるかの判断は容易ではない。したがって本訳書でも本稿でも"modus"の語は「モドゥス」とカナ表記するにとどめることになった[2]。

　本稿では、第7章から第14章に至るこの一連のモドゥス論の記述内容を順を追って精査してゆく。しかし考察に先立って、あらかじめ教会旋法というものの概要を承知しておくことが必要であろう。そこでまず、改めて教会旋法とは何かを確認しておこう。

Ⅰ．教会旋法

1．フィナリス

　「旋法」とは、「音階のある音に主音を定め、一定の音域を切り取ったもの」（林、小泉 1982: 1345）である。たとえば全音階列において C に主音を定め、そこから上に1オクターヴを切り取るとＴＴＳＴＴＴＳ（T=全音、S=半音）という音程の並びが生じるが、a に主音を定めて1オクターヴを切り取ると音程の並びはＴＳＴＴＳＴＴとなり、当然のことながら、両者は異なる性格や雰囲気を醸し出す（譜1）。このことを「旋法が異なる」という。

譜1

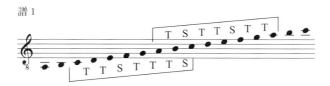

　近世以降の調性音楽では、原則として、このＴＴＳＴＴＴＳ（いわゆる長音階）とＴＳＴＴＳＴＴ（いわゆる短音階）の二種類のみが使われ、それらの主音が異なる高さに移動すると、音程関係（ＴとＳの配列）もそのまま移動する。すなわち移調である。

　しかしグレゴリオ聖歌においては、一定の音列の上で、主音の音高のみがＤ、Ｅ、Ｆ......と移動してゆく。したがってどの音に主音を定めるかによって、上記二種類以上の旋法が生み出されることになる。この主音のことを「フィナリス finalis（終止音）」と呼ぶ。グイドも言う通り、「主要な位置を占めるのは聖歌を終える音」（第 11 章）だからである。具体的に見てゆこう。

　土台となるのは譜 2 に示した Γ（ガンマ）から $\overset{d}{\underset{d}{}}$（ないし $\overset{e}{\underset{e}{}}$）にいたる全音階列である。基本的に派生音は存在しなかった。ただし丸括弧で付記したように、♮と $\overset{♮}{\underset{♭}{}}$ の代替としてそれぞれが半音下がった音（♭と $\overset{♭}{\underset{♭}{}}$）のみは許容されていた。グイドも第 8 章で指摘しているように、全音階列ではＦと♮との間に不快な三全音の音程が生じてしまうので、ことにＦを核にして旋律が動くような場合に、♮に代えて♭を用いたのである[3]。

譜2

　この全音階列上のＤをフィナリスにして、そこから上に 1 オクターヴを切り取ると、ＴＳＴＴＴＳＴという配列の音階ができる（譜 3a）。これが一般に「ドリア Doria」と呼ばれる旋法である。ニ短調に似ているが、第 6 音が♮である点が異なる。ただし前述の通り♮に代えて♭を用いることも可能であるから、そうすれば事実上、ニ短調と同じ音階となる。

　Ｅを主音として上に 1 オクターヴを切り取ったものが「フリギア Phrygia 旋法」

譜 3

正格旋法

a. ドリア（第 1 旋法）
T S T T T S T

b. フリギア（第 3 旋法）
S T T T S T T

c. リディア（第 5 旋法）
T T T S T T S

d. ミクソリディア（第 7 旋法）
T T S T T S T

変格旋法

e. ヒポドリア（第 2 旋法）

f. ヒポフリギア（第 4 旋法）

g. ヒポリディア（第 6 旋法）

h. ヒポミクソリディア（第 8 旋法）

である（譜 3b）。音程の配列は S T T T S T T となり、フィナリスの上が半音に
なる。したがって調性音楽に親しんだ耳には E の主音としての安定感が弱く、
曲が E で終止しても未解決な印象を受けるかもしれない。

　F を主音として上に 1 オクターヴを取った音階 T T T S T T S が「リディア
Lydia 旋法」である（譜 3c）。ただし前述の通り旋律が F を核にして動く場合、三
全音を避けるために b に代えて b が用いられることが多いので、そうなると事
実上、ヘ長調と同じ音階となる。

　G を主音として上に 1 オクターヴを取った音階 T T S T T T S が「ミクソリデ
ィア Mixolydia 旋法」である（譜 3d）。ト長調に似ているが、f に ♯ が付かないの
で上の g に至る直前が半音ではなく、導音進行が生じない。

　ここで確認しておくべきは、フィナリスに定めた D、E、F、G という音高に
は、旋法を規定する本質的な意義はないということである。重要なのは、それら
の音をフィナリスにして 1 オクターヴを切り取った際の T と S の配列が生み出
す音階の性格なのである。したがって ♯ や ♭ を使って T S T T T S T の配列さえ
維持すれば、どの音からでもドリア旋法は獲得できる。しかし前述の通り、中世

の音楽理論が前提としていた音階には♭と$\frac{\text{b}}{\text{b}}$を除いて派生音は存在しなかった。♯や♭を使ってTとSの配列を変えるのではなく、固定された全音階列上でフィナリスをD、E、F、Gと移動させてゆくと１オクターヴ内のTとSの配列がおのずと変り、したがって旋法が変ってゆくという認識が教会旋法の発想の根本なのであった。

　しかし繰り返せば、ミクソリディア旋法はドリア旋法より音域が高いというような認識は本質的ではない。たとえばグイドは、AとDの上下数音の並び方に「親近関係」があることを力説する（第７〜９章）。それは、のちに詳述するように、A（およびa）からでもドリア旋法が獲得できることを論じるために他ならないのである。

　このようにグイド当時の理論では、A、B、Cは、D、E、Fと「親近関係」にある音とみなされ、それらをフィナリスにした固有の旋法は設定されない[4]。しかしフィナリスのほかに、今日の音楽理論では発想できないような別次元の分類基準によって、教会旋法の種類は、４つから８つへと倍増されることになる。その基準がアンビトゥスである。

2.　アンビトゥス

　譜４をご覧いただきたい。いずれもDをフィナリスとするドリア旋法に見える。しかし２曲を使用音域の観点から比較すると、4aの旋律が５度上のaをあっさりと超えてオクターヴ上のdに至っているのに対し、4bの旋律はaを天井にして頭打ちとなり、その一方でフィナリスの下のAまで沈み込んでいる。

譜４

a.
A - ve　ma - ris　stel - la,　　De - i　Ma - ter　al - ma,　At - que sem - per Vir - go,

b.
Be - ne - di - ca - mus　Do - - - - - mi - no.

　教会旋法では、フィナリスを同じくする聖歌でも、4aのように旋律が強い上昇志向をもって１オクターヴ上まで展開するタイプと、4bのように低迷してフィナリスより下に沈み込むタイプとが、同族の「正格 authentus」旋法と「変格

plaga」旋法として区別されるのである。なぜそのような区別が生じたのか。これには、グレゴリオ聖歌の中でも、とくに旧約聖書の詩編を朗唱する「詩編唱」の慣行が深く関わっている。詳細は、本稿Ⅶ.「第 12 章 4 つのモドゥスを 8 つに分けることについて」の考察のところで論じよう。

　フィナリスの上 1 オクターヴに旋律が展開するタイプが正格旋法であり、フィナリスの上 5 度を上限とする一方で下 4 度まで下りることができるタイプが変格旋法（「ヒポ hypo-〔下の、下位の〕」の接頭辞がつく）である。要するに、使用可能な音域（これを「アンビトゥス ambitus」と言う）をおおむね 1 オクターヴに限定し、そのオクターヴをフィナリスの上だけに取るか、フィナリスを挟んで上 5 度と下 4 度に取るかによって、正格と変格が区別されたのである。

　たとえば、D をフィナリスとするものでは、D 〜 d をアンビトゥスとするタイプがドリア旋法、D を中心にして A 〜 a をアンビトゥスとするタイプがヒポドリア旋法となる。譜 3 の a b c d と e f g h で確認されたい。倍全音符が各旋法のフィナリスである。こうして 4 つのフィナリスから 8 種類の旋法が導きだされることになる。

　正格と変格の相違の説明として、「5 度種」と「4 度種」という枠組みも活用された[5]。たとえばドリア旋法は T S T T T S T の配列からなるが、これはT S T T という配列の 5 度種の上に T S T という 4 度種が乗っていると見なす（譜 5a）。そしてヒポドリア旋法は、ドリア旋法と同族であるから同じ 5 度種と 4度種をもっているが、5 度種 T S T T をフィナリスの上にもつ一方で、4 度種T S T はフィナリスの下にもっていると見るのである（譜 5b）。すなわち、正格はフィナリスの上に 5 度種—4 度種を重ねた旋法、変格はフィナリスの上に 5 度種、下に 4 度種をもつ旋法と説明された。

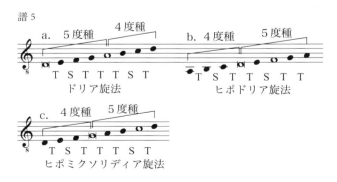

譜 5

a. 5 度種　4 度種
T S T T T S T
ドリア旋法

b. 4 度種　5 度種
T S T T S T T
ヒポドリア旋法

c. 4 度種　5 度種
T S T T T S T
ヒポミクソリディア旋法

3. ドミナント

　教会旋法を分類する第3の要因が「ドミナント」である。ドミナントとは調性音楽でも使用されているように、「旋律の盛り上がりがそのめぐりに集中するようになる音」（イェバサン 2010: 35）で、音砦の土台である主音に次いで旋律の上下行の足場・核として、文字通り音階を「支配する dominor」音である。調性音楽におけるドミナントは一貫して主音の5度上の音であるが、教会旋法では正格旋法のドミナントがおおむねフィナリスの5度上であるのに対し、変格旋法では基本的に3度上がドミナントとなる。例外はフリギア旋法で、当初はフィナリスEの5度上の音 b がドミナントであったが、b は F と三全音を作る危険をはらむ音として避けられ、のちにドミナントは c に上げられた。ヒポフリギアのドミナントもそれと連動して G から a に移った。ヒポミクソリディアのドミナントもフィナリスの3度上の b が避けられ c に落ち着いた。以上を再度譜3で確認されたい。全音符が各旋法のドミナントである。

　なぜあえて正格と変格とで異なるドミナントを設定するのか。この問題も、アンビトゥスによって正格と変格とが区別されることになった事情と同様に、詩編唱の慣行と密接に関わっている。詳細は第12章の考察のところで述べよう。

　教会旋法は、以上の3つの要因、フィナリス、アンビトゥス、ドミナントを組み合わせて特定されてゆく。たとえばアンビトゥスだけで見ると、ドリア旋法とヒポミクソリディア旋法は、いずれも D—d で区別がつかない。しかし前者は D がフィナリス、5度上の a がドミナントで、ちょうどその a を境にして T S T T の5度種と T S T の4度種が重なっているもの、後者は G がフィナリス、c がドミナントで、フィナリス G の上に T T S T の5度種、下に T S T の4度種をもつものと見なされるので、両者はまったく異なっているのである（譜5a と c）。

4. 長短2音階への集約

　正格・変格の違いは無視したとしても少なくとも4種類はあった旋法が、なぜ調性音楽では、長音階と短音階という2種類の旋法のみに限定されてしまったのであろうか。その一因として、西洋音楽の最大の特徴のひとつである多声化を挙げることができる。

　そもそもドリア旋法とリディア旋法は、すでに見たように、b に代えて b を用いることで、音階上、それぞれニ短調とヘ長調と同一となる。ミクソリディア旋法は導音がないのが特徴であったが、多声音楽となると、やはり終止部分には導

譜6
a

b

音が求められ、臨時的にfが半音上げられるように
なった（譜6a）。ルネサンス音楽の校訂譜において、
音符の上などに臨時記号（♯、♭）を小さく付記する
ことで示される「ムジカ・フィクタ musica ficta（本
来はない仮の音）」である。その時点でミクソリディ
アもト長調と同一になる。フリギア旋法の多声音楽
でもムジカ・フィクタが使用され、しばしば譜6b
のような終止が見られた。この時点で、調性音楽に
親しんだ耳には、イ短調の半終止にも聞こえてこよ
う。こうして、教会旋法によっていたはずの旋律に
多声音楽においてより満足のゆく進行や響きを求め
てムジカ・フィクタが加えられていくうちに、4種
類の旋法は結局、長・短音階の2旋法に集約されてしまったのである。

5. 名称の問題

　ここまで教会旋法の名称には、もっとも一般的なドリア、フリギア、リディア、
ミクソリディアを用いてきた。これらは古代ギリシアの旋法名称を受け継いだも
のであるが、ある種の誤解から、ギリシアのものとは異なる旋法を指すことにな
った[6]。

　グイドはこれらの名称を使っていない。代わりに彼が用いているのは、むしろ
当時一般的であったギリシア語の数詞名称「プロトゥス protus（第1）」、「デウテ
ルス deuterus（第2）」、「トリトゥス tritus（第3）」、「テトラルドゥス tetrardus（第
4）」である。このほかにドリアを「第1旋法 primus tonus」、ヒポドリアを「第2
旋法 secundus tonus」、フリギアを「第3旋法 tertius tonus」、ヒポフリギアを「第
4旋法 quartus tonus」……と番号で呼ぶ慣行も広く普及しているが、この番号の
付し方は、グイドに言わせれば誤りであった（第12章）。あとで改めて詳述しよ
う。

　以上が教会旋法の概要である。この体系が形成されつつあった当時、グイドは
彼なりの方法で初学者に教会旋法を説明しようとした。その議論が展開されてい
るのが『ミクロログス』の第7章〜14章なのである。以下、順を追って、その
論述内容を検討しよう。グイドはまず、4つのフィナリス、D、E、F、Gの各音
が上下の音程関係において有する特性から語り始める。

II. 第7章　4つのモドゥスによる音の親近関係について

1. 親近関係

　理論の前提となっている基本音階は前述の通りΓから$\frac{d}{d}$に至る21音である（譜2）。最低音Γは「近年になってから付け加えられた」（第2章）。アルファベットによる音名には7つがあることを確認したうえで、グイドはすぐさま、7つの音はじつは4種類のモドゥスにグループ化できることに注意を促す。

　AとDは「下には全音下行し、上には全音、半音、全音、全音の順に上行してゆく」ので同じモドゥスであり、BとEは「下には全音、全音と下行し、上には半音、全音、全音の順に上行する」ので同じモドゥスであるという。以下、譜7を参照されたい（全音符が基点音を表す）。

譜7

　AとDから上行すると、いずれの場合にもTS進行が生じる。またそれぞれの音の下も全音であるから、AとDはそれぞれを基点とした上下数音における全音と半音の並び方が等しく、したがって音高こそ異なるが、モドゥスは同じくする仲間なのであるという。BとEはすぐ上の音との幅が半音であるという特性を共有している。こうした上下数音の音程関係から見た各音の特性を音楽理論書『ムジカ・エンキリアディス Musica enchiriadis』（9世紀後半）の著者は音の「属性 qualitas」と呼んでいるが（Christensen, ed. 2002: 153ff.）、AとD、BとE、CとFはまさにその「属性」を同じくしていることになる。そしてグイドはこの属性を同じくする音どうしの関係を「親近関係 affinitas」と呼ぶ[7]。

　本稿冒頭で教会旋法を概観した際にはまったく出てこなかったこの「親近関係」という概念をグイドがいきなり持ち出すのは唐突に感じられるかもしれない。しかし中世の音階理論が古代ギリシアの理論に由来することを想起すれば、自然なことであったことがわかる。そこで改めて、古代ギリシアの音階論に立ち戻ってみよう。

2. 古代ギリシアの音階論

a. テトラコルド

　古代ギリシアの音階論は、完全4度の音程の枠内に並ぶ4つの音「テトラコルド tetrachord」（「テトラコルドン tetrachordon」）に始まる。論理的には音階は上下無限に展開するであろうところ、わざわざ完全4度の断片に区切って論が始められることがいぶかしく思われるかもしれない。しかし、音階とは全音や半音などの個々の音をやみくもに積み重ねて作り出すものではなく、一定の幅（ここでは完全4度）の断片のパターンを繰り返し接続させて構成するものと考えられた。そうした接続によって音階を成立させる単位がテトラコルドなのである。

　音階論を説いたアリストクセノス Aristoxenos（前375/360 - ?）やプトレマイオス Klaudios Ptolemaios（83以降 - 161）らは、グイドも第20章で紹介しているように、ピュタゴラス Pythagoras（前6世紀後半活躍）によって発見されたという1から4までの整数比で表すことのできる完全協和音程（オクターヴ、完全5度、完全4度）のうち、もっとも狭い音程である完全4度（4：3）を音階の基本単位とした。そしてその完全4度の中に2つの音を置く。したがって完全4度の両端の音とあわせて4音からなる音階になる。完全4度はたとえば5つの半音にも分けられるわけであるから、最初から完全4度（「ディアテサロン diatessaron」＝4を通して）というように音程の表現に4が入っているところにある種の既成事実化が認められるが、理論と実際の相前後は致し方のないところであろう[8]。独特なのはその完全4度の分け方である。完全4度の中に置く2音は可動的で、その位置によって譜8のように3種類のテトラコルド（「ディアトノン diatonon」類、「クロマティコン chromatikon」類、「エンハルモニオン enharmonion」類）があった（黒音符が可動音）。

譜8

T T S　　　短3度 S　S　　　長3度 1/4 1/4

ディアトノン類　　クロマティコン類　　エンハルモニオン類

　ところで、音階の基本単位としては、より同度（1：1）に近く、まさに主音とドミナントの関係である完全5度（3：2）も重要ではないかと思われよう。ここで想起すべきは、譜8や譜9のように、古代ギリシア人の音階の把握が下行型で

あったということである。テトラコルドとは「4弦」の意であり、古代ギリシアの主要な楽器であった竪琴の弦に由来する。つまりギリシアの音階論とは、完全4度の幅にある4弦をどのように調律するかという調弦法なのであった。ギリシアの竪琴は、図1のように、弦がなかば水平になるように抱えて奏でるもので、その状態で下部にある弦が高音弦であったとされる。したがって弦を手前上方へとかき鳴らせば下行音型のグリッサンドが生じるため、ギリシア人は自然に音階を下行型で発想したとも考えられるのである。

　このことを踏まえて譜8を見てみよう。下に完全4度ならば、完全5度上と同じ音、すなわちドミナントが取れることになる。アリストクセノスらが明言しているわけではないが、下行型であるからこそ、下4度で止まることが自然に安定感をもたらしたという面もあったのではなかろうか。

図1

アテネ国立考古学博物
館 A16464 木板（部分）
（紀元前 6 世紀）

b. 大完全音列と小完全音列

　さてこの下行4音のテトラコルドを、間に全音をおいたり（「ディエゼウグメノーン diezeugmenon（離接）」）、端の音を重ねあったり（「シュネーメノーン synemmenon（連接）」）しながら接続して、音階を広げてゆき、2オクターヴ15音に渡る「大完全音列 systema teleion meizon」が作られる（譜9）。各テトラコルド、および各音のギリシア語名称とその意味を付記した。最高音の名称が「ネーテー nete（最低）」で、「プロスランバノメノス proslambanomenos（付加音）」に次いで最低の音が「ヒュパテー hypate（最高）」であるのは、それらが竪琴の弦の位置を示すからである。「リカノス lichanos（人差し指）」はその指で弾く弦であったことに由来しよう。上2つのテトラコルド「ヒュペルボライオーン hyperbolaion（末端）」と「ディエゼウグメノーン diezeugmenon（離接）」、下2つのテトラコルド「メソーン meson（中央）」と「ヒュパトーン hypaton（最高）」の間で、各音の名称が共通であることに留意したい。

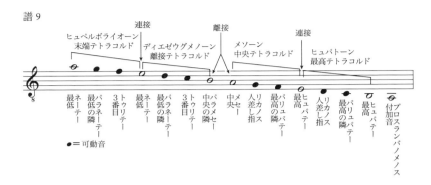

譜9

それらは「テトラコルドを異にする同じ音」であるという感覚があったことがわかる。

　さらに「連接」だけで 3 つのテトラコルドをつなげて構成される「小完全音列 systema teleion elasson」もあったことを付言しておく（譜 10）。これについてはまたのちに触れることになる。

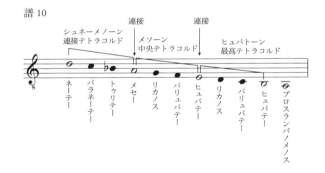

譜 10

3.　古代理論の継承と変容──フクバルドゥス

　こうした古代ギリシアの音階論が、ボエティウス Anicius Manlius Severinus Boethius（480 頃 – 524 頃）の『音楽教程 De institutione musica』（500 頃）などによって中世ヨーロッパに伝えられ、グレゴリオ聖歌の実際との、いわば辻褄合わせが模索されていった。古代理論を継承しつつ、聖歌の具体例をふんだんに引用して、両者の統合を試みた人物に、グイドより 1 世紀ほど前の理論家フクバルドゥス

Hucbaldus（850 頃 -930）がいる。彼は『ハルモニア教程 De Harmonica Instituione』（880 頃）において、ボエティウスが伝えるものとして譜 9 と同じ大完全音列を掲げるが、それはＴＴＳと下行するテトラコルドを連ねたものであるという（Chartier 1995：168）。したがってテトラコルドの中間 2 音はもはや可動音ではなく、テトラコルドはディアトノン類に固定されている[9]。そうでなければグレゴリオ聖歌に適用できるはずがない。

そして、もしその音階を最低音から上行型で作りたければ、ＴＳＴのテトラコルドを連接と離接で重ねてゆけばよいとする（譜 11）。

譜 11

音階が形成され、話題が個々の音の属性に進むと以下のような記述が見られる。

…quinta semper loca his singulis quattuor superior, quadam sibi conexionis unione iung'untur, adeo ut plaraque etiam in eis quasi regulariter mela inueniantur desinere, nec rationi ob hoc uel sensui quid contraire, et sub eodem modo uel tropo perfecte decurrere. Hanc ergo socialitatem continent（Chartier 1995：202）.

　　これら 4 つの音（依然としてギリシア語名称が使われているが、事実上のＤＥＦＧ）のそれぞれに対して 5 つ上の位置（ａｂｃｄ）は、つねにある種の関連し合う結束によって、これら 4 つの音と結び合わされている。そこで、大半の旋律が、それら（5 度上の音）のところで、あたかも原則通り［本来のフィナリス上］であるかのように終止し、この故に理性にも感覚にも反することなく、同じモドゥスあるいはトロプスのもとで完全に進行するのが認められる。したがって［4 つの音とそれらの 5 度上の音は］親交を保っているのである。

「親交 socialitas」がグイドの言う「親近関係」と（Ｇを除いて）同じであることは明白であろう。グイドは、土台となる音階の構成を述べるにあたって、テトラコルドの議論は省き、いきなり 7 音からなるオクターヴを紹介している。むしろオクターヴの同一性と周期性にこそグイドの論調の主眼はあるとも言える（第 5 章）。しかしこれまで見たように、古代ギリシア以来の発想、すなわち音階とは同種のテトラコルドが繰り返されているものであるという概念が基底にあった当

時、AとD、BとE、CとFが親近関係にあるという認識はごく自然なことなのであった。それらはまさに「テトラコルドを異にする同じ音」なのである。

　この親近関係がどのような意義をもつのか、なぜグイドがこのことを冒頭から力説するのかについては、第8章の考察において論じよう。

4. 6音の断片

　ところで、グイドがモドゥス（すなわち基点音の上下の音の並び方）を観察する際の、断片の切り取り方は、モドゥスごとに異なっている。たとえば第1のモドゥス（AとD）の場合は、いずれも下行がT、上行がTSTTの並びであることに着目しているのに対し、第3のモドゥス（CとF）の場合には、いずれも下行がSTT、上行がTTと、基点音から下に3音、上に2音を取って共通の並びを認めている（譜7）。一見、恣意的で不統一のように思われるが、その理由は単純である。そのようにして基点音の上下の切り取り方を変えることによって、いずれのモドゥスでも最大6音に亘る共通音階が獲得できるからである。

　じつはAとD、BとE、CとF、Gがもつ4種の属性と親近関係は、譜12に示した通り、最低限それぞれの基点音から下に1音、上に2音の4音があれば特定できる（Pesce 1999: 25）。

譜12

　グイドがあえて断片を6音にまで拡げていることに留意すべきであろう。譜7で明らかなように、親近関係として確保されている6音の枠は結局のところTTSTTで共通している。そしてこの6音階こそヘクサコルドに他ならないのである。

　ヘクサコルドとは、C、F、Gの3つの音を起点とし、さらに♮と♭を併用することで獲得される最大6音に渡る3つの共通音階である。並び方が同じ（TTSTT）なので、ウト、レ、ミ、ファ、ソ、ラの共通の階名が与えられ（譜13）、階名唱法に供された[10]。譜7に示した親近関係にある上下2列の6音階がまさしく自然ヘクサコルドと固いヘクサコルドに相当することが明らかであろう。

譜13

譜14

　単一のヘクサコルド種ではオクターヴ内の7音を歌いきれないので、譜14のようにヘクサコルドを乗り換えること（「ムタツィオmutatio」という）によって階名唱法を実践した[11]。あとひとつシラブル（すなわち今日のシ）を設けてしまえば、オクターヴに至ることができて簡便であったろうと思われるが、♭と♮の間を揺れ動く音に固定的な階名を与えることは憚られたのであろう。オクターヴをひとつの階名列で歌いきれなくとも、音階上の4度・5度の間にテトラコルドにもとづく親近関係を認めていた感覚からすれば、ヘクサコルドの乗り換えはそれほど不自然な操作ではなかったのかもしれない。ゲオルギアーデスが言うように、6度で完結した音空間の意識があった可能性もあるであろう[12]。グレゴリオ聖歌に6度を超える跳躍進行が出てこないこともまた事実である（那須2007: 61）。

　いずれにせよ、第7章におけるモドゥスとは、最大でも6音の断片における音の並び方程度の意であり、この段階で「旋法」の訳語を当てることには無理があることを、改めて確認しておこう。

III．第8章　その他の親近関係、および♭と♮について

1．その他の親近関係

　グイドは、第7章で取り上げたAとD、BとE、FとC以外の音の間にも、やはり4度・5度の音程関係でなんらかの親近関係が認められることを指摘する。たとえば属性を異にするはずのaとEも、下行だけに限れば並び方が共通している（譜15a）。じつは第7章で親近関係にある相手を欠いているように扱われていたGも、まさしく前述のヘクサコルド論のところで確認したように、上行だ

けに限れば C との間に最大 6 音に渡る共通音階は確保できる（譜15b）。

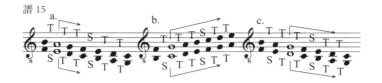

譜15

　しかしこれでは第 4 のモドゥス（のちのミクソリディア／ヒポミクソリディア旋法）の最大の特徴、すなわち基点音の下が全音で導音がないという点が共有できていない。その点で G と特徴を共有するのは D である（譜15c）。結局、G はグイドの言う通り「下行においては一方（D）と、上行においては他方（C）と同じ形をとる」音で、基点音の上下に渡って音の並び方を共有する単一の音をもたない。第 7 章で取り上げられた組と同等の親近関係を有する相手を欠いているとみなされるのは、まさにこのためである。基点音の上下数音に渡って並び方が等しく、モドゥスの本質を共有している音どうしでなければ親近関係は十全ではないのである。

2．♭と♮

　フクバルドゥスは、前述の最低音 A からの15音に渡る上行全音階列を提示したあとで、時としてこの 4 つの T S T のテトラコルドの間に、譜16のように、5 つ目の T S T のテトラコルドが挿入されると言う（Chartier ed. 1995: 178）。これは古代ギリシアの小完全音列に見られたシュネーメノーン（連接）のテトラコルド（中央テトラコルドの上に連接されるテトラコルド）の概念を借用したものである。プトレマイオスによれば、小完全音列は「昔の人々によって、転位の別の形式のものとして作り出された」（山本 2008: 198）。いまいちど、本稿の譜 9 と譜10を参照しながら、以下のプトレマイオスの記述に目を通していただきたい。

　　　旋律がメセーへと上昇してゆき、メソンのテトラコードと 5 度の調和をなしているディエゼウグメノンのテトラコードへと進むのではなくて、いわば外らしめられ、メセーと連接されたシュネーメノンのテトラコードへと結びつけられて、その結果として、メセーの前の諸楽音と 5 度の調和をなすかわりに 4 度の調和をなすことになる場合には、こういった音は期待に反して生じているの

で、感覚にとっては、変容感と逸脱感が生ずるのである（山本 2008: 200-201）。

　津上はこの「変容感と逸脱感」を、便宜的に階名（すなわち移動ド）を用いてわかり易く説明している。仮に譜 10 の小完全音列を下から階名で読むと、ラシドレミファソラまで来たところで、「♭シ」に出くわすので、たどり着いたラをミと読み替えてミファソラと進まねばならない。いわば 4 度の転調が生じたわけで、これがここでプトレマイオスが言う「転位／転換」である（津上 1988: 290）。

　本稿 II. 3. で見たように、古代ギリシアの理論はそのまま中世に受容されているわけではないので、実際の音は異なり、フクバルドゥスのいうシュネーメノーン（連接）のテトラコルドＴＳＴを構成する 4 音は譜 16 に示したとおり、Ｇａｂｃである。いずれにせよ、これによって我々はｂを獲得する。

譜 16

　グイドはまず、「これ（ｂ）が加えられたのは、Ｆがそこから 4 番目のｂとはトリトヌス（三全音）隔たっていて、協和することができないから」であり、したがって「低音域のＦあるいは高音域のｆが連続するような聖歌《カントゥス》では、しばしば丸いｂ（ｂ）が使われる」とｂの存在理由を述べる。注目されるのはそれに続く記述である。そこではまさしくプトレマイオスの言う「変容感と逸脱感」と同種のことが述べられている。

　　　［このｂによって］ある種の混乱と変化が引き起こされる。つまり、Ｇがプロ
　　　トゥスとして、ａがデウテルスとして、その丸いｂがトリトゥスとして響いてし
　　　まう（第 8 章）。

　グイドはここで初めて、何の前置きも説明もなく、「プロトゥス」、「デウテル

ス」、「トリトゥス」の語を使う。留意すべきは、ここではこれらの語が、4種類のモドゥスの名称ではなく、それらのモドゥスの基点音となる個々の音（AとD、BとE、CとF、G）の名称（一種の階名）として使われているということである。第1のモドゥスの基点音となるAやDがプロトゥスであり、第2のモドゥスの基点音となるBとEがデウテルスであり、第3のモドゥスの基点音となるCとFがトリトゥス、そしてここでは挙げられていないが、第4のモドゥスの基点音となるGが「テトラルドゥス」である。とくにポリフォニーを論じた18〜19章においてこの用法が頻出する。

　したがって上記の引用「Gがプロトゥスとして……響いてしまう」の趣旨は、bを用いるとその前後がGabcとなり、第4のモドゥスの基点音であったはずのGから、あたかも第1のモドゥスが始まっているかのように聴こえるということである。すなわちbの音のみを一瞬用いているのではなく、その前のGからシュネーメノーン（連接）のテトラコルドに乗り換えている。換言すれば、柔らかいヘクサコルド（譜13）にムタツィオしているのである。

3.　親近関係の活用

　このように親近関係という概念は、のちの階名唱法におけるムタツィオという操作を可能ならしめるためにも重要であったわけであるが、グイドは、より特殊な操作のためにこれを活用している。

　彼によれば、「丸いbはどちらかと言えば正規のものではなく、付加的なもの」なので、「もし、丸いbを一切使いたくなければ、それが出てくる旋律句、たとえばFGabをGabcと」し、「DEF［のD］から全音、全音と下行しようとする時のように、bが生じる旋律句の場合には、DEFに代えてabcを用いる」ことになる（第8章）。

　「DEFに代えてabcを用いる」場合を考えてみよう。これは、Dでは低すぎるからaに「移調」するというような単なる音高の問題ではない。先に譜2で示した通り、グイドの理論の土台になっている音階では低音域にはBを半音下げた音は存在しない[13]。したがって「［D］から全音、全音と下行しようと」しても、それはできない。ところがDと親近関係にあるaに基点音を移すとa─G─Fと下行することができる。すなわち親近関係とは、対応できない音を確保するために聖歌を移高する際に必要な概念であったのである。

　実例で示そう。譜17の冒頭を見ると、Fをフィナリスとするリディア旋法が

始まったように見える。しかし曲は a で終っており、確かに終盤に至るころには
a をフィナリスとするドリア系の様相を呈する。

譜 17

　実際この聖歌は、曲頭に「2」と付記されているように、a に移高されたヒポ
ドリア旋法（第 2 旋法）と見なされているのである。a をフィナリスとするヒポ
ドリア旋法ならば、冒頭のように半音上の b が出てくるはずがないのであるが、
実際の聖歌には、このように複数の旋法の間を揺れ動き、特徴が曖昧なものも存
在した。そしてこの譜では、フィナリスから全音、全音と下った長 3 度下の音
（F）もしばしば現れている。したがってこの聖歌をヒポドリア旋法本来のフィナ
リス D から記譜しようとすると、変ろ音（フィナリスの長 3 度下）と変ホ音（冒
頭に現れるフィナリスの半音上）を使うことになるが、いずれも音階上存在しない。
そこで聖歌全体を移高してフィナリスを a に取り、フィナリスの長 3 度下の音
（F）と半音上の音（b）を確保しているのである[14]。
　のちにグイドが、第 13 章において「なお、プロトゥス，デウテルス，トリト
ゥスの変格では、時として高音域の a b c に終止せざるを得ない場合がある」と
述べているのも、これと同じ事情を論じたものであろう。これはもちろん D、E、
F をフィナリスとする聖歌が、5 度上の a、b、c で終ってしまうことではなく、
聖歌全体を移高せねばならない場合があるということである。アンビトゥスに鑑
みれば、「プロトゥス、デウテルス、トリトゥスの変格」がもっとも低音域の変
ろ音が生じやすい旋法であることが明らかであろう（譜 18）[15]。

譜 18 　変格プロトゥス　　　　変格デウテルス　　　　　変格トリトゥス
　　　　（ヒポドリア）　　　　（ヒポフリギア）　　　　（ヒポリディア）

　こうした移高操作にも、階名がウト、レ、ミ、ファ、ソ、ラで止まるヘクサコ
ルド理論が運用されていた一因を認めることができる。臨時記号は存在しないの
であるから、仮にウトから長 7 度上の音にシという階名を与えてオクターヴを完
結させてしまったら、グイドの音階では譜 19 のような 2 種類のオクターヴ階名
列しか取れず、a, b、c をレ、ミ、ファと歌うことはできない（そのためには嬰ヘ
音が必要である）。

譜 19
ウトレ ミ ファソ ラ シ　　 ウトレ ミ ファソ ラ シ　　 ウトレ ミ ファソ ラ シ

　6 音に留めるからこそ、グイドの音階上に 3 種の階名列が確保でき、レの下が
短 3 度の場合（D → B や G → E）と長 3 度（a → F）の場合が生じるのである。

4. 第 8 章におけるディスティンクツィオとディフェレンツィア

　　　要するに、すべての［音の］モドゥスとモドゥスのディスティンクツィオは、
　　以下の 3 つの音（Ｃ Ｄ Ｅ）に関わっている。私は今「ディスティンクツィオ」
　　と言ったが、これを多くの人々は「ディフェレンツィア」と言っている。しか
　　し「ディフェレンツィア」というのは、変格と正格を識別したり分別したりす
　　るために言うのであって、それ以外の使い方は間違っているのである（第 8 章）。

　ここに至って、我々の考察は、本稿が扱う第 7 章から第 14 章のなかでもっと
も難解な箇所にたどり着く。ここで言う「モドゥスのディスティンクツィオ」と
「ディフェレンツィア」とは何か、そしてグイドの文意は何か。
　2 語の原文は "distinctiones modorum""differentiae" と、いずれも複数形であるの
で、「区別」「相違」といった概念ではなく、なにかの集合体を指している。『ミ

クロログス』の他の箇所で使用される "distinctio" は、第 15 章で詳述される、一息で歌い切れる程度の長さの「楽句」を指している。一方 "differentia" は、当箇所以外では、第 20 章において術語ではなく一般的な「相違」の意味で使われているのみであるが、術語としては、のちに詳述する詩編唱朗唱定型の「終止部異型種」の意味で使われる場合が多い。

　これらをそのまま当てはめると、「すべてのモドゥスとモドゥスの諸楽句は」ＣＤＥに関わっており、多くの人々はこの楽句を「ディフェレンツィア」と呼んでいるが、「ディフェレンツィア」は正格と変格をと区別するために言う言葉であるから、ここでそれを使うのは誤用ということになる。

　後述するように、「終止部異型種」の機能の一部には正格と変格を区別する働きも含まれないわけではないので、後半についてはある程度の理解が可能である。しかしその「ディフェレンツィア」の語を「多くの人々が」「楽句」の意味でも用いていたとは考えにくい。

　一方、グイドの著作を校訂している研究者ペシェは、2 語をそれぞれ「楽句」と「終止部異型種」の意味に取って、しかしラテン語原文を以下のようにほぼ正反対と言っていいように訳し、別の可能性を提示している。

　　Omnes itaque modi distinctionesque modorum his tribus aptantur vocibus. Distinctiones autem dico eas, quae a plerisque differentiae vocantur. Differentia autem idcirco dicitur, eoquod discernat seu separet plagas ab autentis, caeterum abusive dicitur（Waesberghe ed. 1955: 127-128）.

　　And thus all modes and *distinctions* of modes are connected with these three pitches [*CDE*]. But I use the word *distinctions* in the sense that *differentiae* is used by others. But insofar as *differentia* is used in this way – that is, it defines or separates plagal chants from authetic – it is used unproperly（Pesce 2007: 155）.

　　すべてのモドゥスとモドゥスのディスティンクツィオは、以下の 3 つの音（ＣＤＥ）に関わっている。私は今「ディスティンクツィオ」と言ったが、その意味するところに他の人々は「ディフェレンツィア」の語を使う。しかし「ディフェレンツィア」がこのように、すなわち正格と変格とを規定し区別するものという意味で使われている限り、その用法は間違っている。

　こう訳した上で、ペシェは、人は正格と変格を区別するために「ディフェレン

ツィア」の語を使うが、その用法は不適切で、むしろ両者を区別するのは「ディ
スティンクツィオ（楽句）」のありようなのであるという解釈も可能ではないか
という。つまり、「ディフェレンツィア」は正格と変格を区別するために使う言
葉であるから、ここでの使用は不適切であるという解釈とは反対に、むしろ「デ
ィスティンクツィオ（楽句）」のありようこそが正格と変格を区別するものであ
るという文意に受け取る可能性を示唆しているのである（Pesce 2007: 157）。

　しかしまずラテン語の原文に照らしてペシェの訳には無理があるように思われ
る。そして内容の面でも、この段階まででグイドが論じてきたことは、7つの音
が4度・5度の関係で何らかの親近関係にあるという話題であるから、ある言葉
が本来は正格と変格を区別するための用語なのでここではそぐわないという論旨
はあり得るとしても、正格と変格を区別するものは何かという議論は文脈上唐突
に過ぎるであろう。

　一方、作者不詳『「ミクロログス」注解 Commentarius in Micrologum』（12 世紀）
の著者は、またまったく別の説明をする。問題の箇所での「モドゥス」とは「フ
ィナリス」のこと、「ディスティンクツィオ」とは「アンビトゥスの開始音」の
ことで、ここでは具体的には、本文に続いて掲載されている図にあるF、G（モ
ドゥス＝フィナリス）、a、♭（ディスティンクツィオ＝〔ヒポドリアとヒポフリギア
の？〕アンビトゥスの開始音）を指すとする。そしてこれら4つの音がCDEと4
度・5度で結び合わされているという意味と説明する（Pesce 2007: 158）。

　これはこれで話が通じてはいるが、独創的に過ぎる感が否めず、本稿筆者は納
得していない。さらに首を傾げざるを得ないのが、「ディスティンクツィオ」と
「ディフェレンツィア」についてのこの著者のコメントである。

　　　Differentia autem dicitur qualibet vox dcita distinctio, ut .a.h...hoc modo discernitur
　　alter ab altero, quod omnis plagalis eandem speciem diatessaron habet sub finali quam
　　authentus habet post diapente super finalem...（Waesberghe ed.1957: 126）.[16]
　　　「ディフェレンツィア」は、aや♭のような「ディスティンクツィオ」の音を
　　言う。それが（中略）正格と変格とを区別する方法だからである。すなわち変格
　　は4度種を「フィナリス」の下に持つのに対し、正格は「フィナリス」の上、5
　　度に続いて同じ4度種をもつのである

　　　Dixi causam quare distinctions vocentur differentiae...id est sed tamen est dictum
　　abusive, quia non est in use apud musicos ut distinctions differentiae vocatur（Waesberghe

ed. 1957: 126-127). [17]

　　私はなぜ「ディスティンクツィオ」が「ディフェレンツィア」と呼ばれるか
の理由を示した（中略）「ディスティンクツィオ」が音楽家たちによって通常
「ディフェレンツィア」と呼ばれていないのは不適切である。

　すなわちむしろ「ディスティンクツィオ」と「ディフェレンツィア」は同義で
あり、その意味で「ディフェレンツィア」が使われていないのは誤りであると述
べ、2 語は同義ではないにもかかわらず多くの人々が混用していると読めるグイ
ドの原文とは正反対の論旨になっているように読めるのである。ペシェも前述の
解釈のほか、この注解書の文言を紹介するにとどまり、結論は出していない。
　「すべてのモドゥスとモドゥスのディスティンクツィオ」とは何か、それがＣ
ＤＥと関わっているとはどういうことか、そのディスティンクツィオの意味で多
くの人々が使っているディフェレンツィアとは何か。ラテン語の解釈も含めて、
この部分をとりまく状況は混沌としており、現状ではカナ表記のままにとどめざ
るを得ない。
　なお、このあとに掲載されている図の読み方、およびなぜ主要な基点音ＤＥＦ
ではなく、ＣＤＥが掲げられているのかについては、本訳書訳注 18 を参照され
たい。

IV．第 9 章　ふたたび、音が類似していることについて。
　　その中ではディアパソンだけが完全である

1．親近関係の限界とオクターヴの完全性
　Ⅲ．3．の具体例で見たように、親近関係にあるＤとａの間で聖歌を移高する
ことはほぼ可能であるが、「全く類似していない音、つまり異なったモドゥスの
間では、一方に他方の旋律や聖歌〔カントゥス〕は当てはまらない。もし無理に当てはめよう
とすれば、旋律は変わってしまうことになる。つまり、開始音がＤであるアン
ティフォナを、もし他のモドゥスの音であるＥやＦで始めようとすると、どれ
ほど異なったものに変化してしまったかがすぐに耳で聞き取れるに違いない」
（第 9 章）。
　なかば当然の指摘であるが、グイドが『未知の聖歌に関するミカエルへの書簡

Epistola de ignoto cantu』に掲げた《テ・デウム Te Deum》の一楽句による実例がこのことを端的に表しているので、譜 20 に掲げておこう[18]。

譜 20

ただし 4 度・5 度による親近関係はあくまでも最大 6 音に渡る断片の範囲なのであって、（♭ではなく♮を用いる本来の音階上で）上方にも下方にも無限に全音と半音の並び方が一致するのは、オクターヴ離れた音どうしのみである。したがって「ディアパソン以外では、類似は完全ではない」のである。

Ⅴ．第 10 章　ふたたび様々な［音の］モドゥスについて、また旋律の誤りに気づいて正すことについて

1．歌唱の精度

　4 種類のモドゥスあるいはトロプスが「誤ってトヌスとも呼ばれている」ことを指摘したあと、グイドは、それらの理解不足が招く誤りも含めて、歌唱の精度についての具体的な話題へと論を進める。

　　　さらにまた、歌うときに間違って調子の外れた音が入り込むこともある。たとえば、正確に測られた音（ヴォクス）から、ほんの少しばかり低めに外れたり、高めに外れたりする場合で、それは人の不正確な声が引き起こすのである。あるいはまた、決められた音程以外で上がったり下がったりして、ある［音の］モドゥス

204

の旋律をゆがめて他のモドゥスにしてしまったり、［本来］音のない場所から歌い出したりする場合である（第10章）。

　ここでは歌唱のまずさについて、2つのケースが挙げられているであろう。ひとつは、歌い手が音程は正しく把握しているものの、その音を発する際に上ずったり下がったりしてしまう場合で、今日でも日常的に認められる「音程が悪い」状態である。そしてもうひとつは、歌い手がモドゥスの把握・体得が不十分であるため、全音と半音の取り方を間違え、旋律のモドゥス自体を変容させてしまう場合である。たとえば我々が譜21を見て、譜面上は音符が線と間の上を等しく一音ずつ上がっているに過ぎないのに、ＴＴＳと音程を歌い分けられるのは、音部記号から判断してその音の並び（モドゥス）を承知しているからに他ならない。

譜21

　後者の例としてグイドは、聖体拝領唱《雅あふるる Diffusa est gratia》を挙げる。この聖歌では、「Fで始めるべき『このゆえに propterea』を、多くの人はFの下には全音が存在しないにもかかわらず、全音低く始めてしまう。その結果、この聖体拝領唱の終わりも同じく何も音が存在しないはずの場所に来てしまうことになる」（第10章）。

　実際に譜で検証してみよう。譜22に、本来の譜と、「このゆえに propterea」を全音下げて始めてしまった場合に生じる状態を推定した譜を掲げた。誤1の場合、旋律が参考譜のようにミクソリディア旋法を思わせる節回しに変容してしまう（ここでのフィナリスはFになる）。誤2の場合、モドゥスの変容ではなくピッチの移動、すわなちFのヒポリディア旋法が変ホに移高してしまう事態が生じる。グイドはこの聖歌の「終わりも同じく何も音が存在しないはずの場所に来てしまう」、すなわち変ホで終わってしまうと述べているので、おそらく後者の事態を指しているのではなかろうか。

譜 22

正

誤 1

参考譜

誤 2

　いずれにせよグイドの意図を忖度するならば、モドゥス（基点音の上下の音の並び方）を把握していれば、すなわちこの例の場合Fの属性を確実に会得していれば、そこから全音下がろうという感覚にはならないはずであり、またFをフィナリスとするモドゥスでは半音下からのE—Fの上行開始は稀であるから[19]、後続音が同度であることは明白になるはずであるというところであろう。

2．古ネウマ譜

　ところで、全音と半音の取り違えならいざ知らず、先行音と同度である音を全音下と取り違えるなどというミスが起こり得るかと疑問に思われるかもしれない。ここで改めて確認しなければならないのは当時の楽譜である。

　図2をご覧いただきたい。グレゴリオ聖歌のネウマ譜というと、四線上に角形の音符を配したものが想起されよう。しかしグイドの時代まで、ネウマ譜にはまだ譜線はなく、旋律のおおまかな上がり下がりが線や点で描かれているだけであった。聖歌の歌唱は暗譜が前提で、ネウマ譜は記憶の補助に過ぎなかったのである。図2は、現スイスのアインジーデルンにあるベネディクト会大修道院に残る、そうした最初期の譜線なしネウマ譜写本（10世紀後半）[20]に書かれた《雅あふるる》の譜である。

　問題の「このゆえに propterea」は、1行目の右端から2行目の冒頭に渡っている。略字形を使って "ppte-rea" のように書かれているその最初の "p" の上、2音

図 2

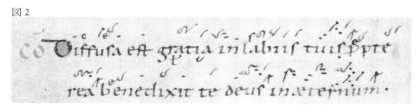

Einsiedeln, Stiftsbibliothek, Codex 121, s.6

の上行を表す曲線の前にアルファベットの "e" がひときわ濃く付記されていることに気づく。これは音高を表すための指示文字のひとつで "equaliter（等しく、同様に）" の頭文字であり、そのネウマの開始音が先行音と同度であることを示している。この指示文字が付記されていることが、この箇所において、先行楽句の流れから誤って全音下で歌い始めてしまう場合がいかに多かったかをいみじくも物語っていよう。

　譜線のない紙面にただ曲線や点が踊っているだけの手がかりしかない状況を考えれば、全音や半音を正しく歌い分けることがいかに困難な課題で、その解決にいかに多大な関心が払われていたかが得心されよう。グイドが悪戦苦闘する理由はここにある。そしてついに譜線を導入することを提唱したのも、ほかならぬグイドなのであった[21]。

3. モドゥスの名称

　この章の最後でようやくグイドは、4 種類のモドゥスの名称が、「プロトゥス」、「デウテルス」、「トリトゥス」、「テトラルドゥス」であることを明言する。ただしこの語が、各モドゥスの基点音（A と D、B と E、F と C、G）そのものを指す場合もあることはすでに指摘した通りである。

VI. 第 11 章　聖歌の中でどの音が主要な位置を占めるのか、そしてそれはなぜか

1. フィナリスの重要性

　グイドはここでいよいよ、モドゥスを決定する要因として、聖歌を終える音フィナリスが重要であることを指摘する。

誰かが歌っているのを聴いても、最初の音がどのモドゥスに属するのかはわからない。その後に、全音か半音か、あるいは残りのどの音程が続くのか、われわれは知らないからである。しかし聖歌が終ると、前に歌われていた一連の音から最後の音が属するモドゥスをはっきりと知ることができる。つまり、聖歌を歌い始めた時にはその後に何が続くかわからないが、歌い終った時には何がその前にあったかがわかるのである。したがって、終　止　音^{フィナリス・ヴォクス}こそ重視すべき音なのである（第 11 章）。

　当然のことである。フィナリスがモドゥスの判別に大切である理由をあえて説明すれば、そこまでたどり着くと、その音とそれに先立つ音との全音・半音の関係が判明するからである。
　モドゥスの決定要因としてのフィナリスの重要性を端的に表現したものとしては、偽オド Pseudo-Odo の『対話 Dialogus』（1000 頃）第 8 章の冒頭が名高い。

　　　Tonus vel modus est regula, quae de omni cantu in fine diiudicat. Nam nisi scieris finem, non poteris cognoscere, ubi incipi, vel quantum elevari vel deponi debeat cantus (Gerbert, ed. 1784, 1: 257).
　　　トヌス、あるいはモドゥスとは、すべての聖歌をそのフィナリスによって区別する規則のことだ。フィナリスを知らなければ、聖歌がどこから始まるべきか、どこまで上行・下行するべきか、きみは知りようもないのだよ。

　偽オドは、フィナリスによって聖歌の開始音や、上行・下行の使用可能音域がわかるという。

2.　聖歌の開始音

　グイドもこの章の冒頭でフィナリスが重要であることを明言したあとすぐに開始音に触れ、以下のように言う。

　　　もちろん残りの音は、前に述べた 6 つの旋律的音程^{コンソナンツィア}によって、旋律を終える音^{ネウマ}と整合していなければならない。つまり、聖歌の始めの音、各　楽　句^{カントゥス}の終わりの音、またそれらの出だしの音でさえも、聖歌を終える音と密接に関連し^{ディスティンクツィオ}ていなければならない。例外は E で終る聖歌で、しばしば E からディアペンテ

と半音（短6度）隔たったcで始まる。例えばアンティフォナ《そのことがありしより、三日目となり Tertia dies est quod haec facta sunt》がこれにあたる（第11章）。

　「残りの音」というのは、その次の文でわかる通り、各楽句の開始と終わりの音、とりわけ聖歌全体の開始音である。6つの旋律的音程とは、全音、半音、長3度、短3度、完全4度、完全5度であるから（第4章）、聖歌は、これら6つの音程のうちフィナリスと整合するもので始めなければならないという趣旨になる。アンティフォナ《そのことがありしより、三日目となり》が例外とされるのは、その聖歌のフィナリスEから短6度（すなわち前述の6つの音程を超えた音程）離れたcから始まっているからである。

　ではそれぞれのモドゥスのフィナリスにとって、開始音にはどの音程がふさわしいのか。グイドはのちに第13章において、開始音としての使用可能な上限音のみを具体的に解説するにとどまっている。ここでは、偽オドが実際の聖歌の例を引いて列記している具体的な開始可能音の一覧を提示しておこう（譜23）[22]。全音符がフィナリス、そしてそのフィナリスと黒音符が当該のモドゥスにふさわしい聖歌の開始音である。偽オドにおいても、「Eで終る」旋法のひとつ、フリギア旋法（後述する正格デウテルス）の場合のみ、フィナリスから短6度も離れた音（c）が開始音に許容されている。

譜23

なぜ聖歌、ことにアンティフォナの開始音にこだわるのか、また、この章の後半で述べられる「聖歌のあとに、唱句あるいは詩編唱あるいはその他のものをつなげようとするならば、何よりも［その聖歌の］終止音に合わせることが肝要である」という発言はどういう意味か。これらはいずれも詩編唱の歌唱慣行に関わる。続く第12章・第13章の考察において詳述しよう。

3．モドゥスの使用音域と具体的なフィナリス

　モドゥスの使用音域に関して、グイドは、「どの聖歌においても、終止音から5番目の音まで（下へ完全4度）下行しても、また8番目の音まで上行してもよい」と言う。

　正格と変格への分化はこのあと第12章で述べられ、それぞれのアンビトゥスはさらにそのあとの第13章で述べられることになるので、この段階ではまだ、正格と変格のアンビトゥスをまとめて各モドゥスの使用可能音域が提示されていると考えられよう。そして最後に、具体的にフィナリス4つが挙げられる。

　　　　以上のことから、ＤＥＦＧが終止音と定められている。なぜなら、モノコルド上の位置がいま述べた上行や下行に好都合だからである。つまり、下方には低音域のテトラコルドが1つ、上方には高音域のテトラコルドが2つ存在するのである（第11章）。

　各モドゥスのフィナリスをＤＥＦＧに置くと、前述の使用可能音域（下に完全4度、上に完全8度）を、すべてのモドゥスについて、土台となっている音階上にうまく確保することができる。「下方に低音域のテトラコルドが1つ、上方には高音域のテトラコルドが2つ存在する」とは、おそらく譜24のような状態を言っているであろう。

譜24　フィナリス　ＤＥＦＧ

　本稿の考察範囲の冒頭である第7章で親近関係を語る際には、付加音Γを除いて音階の本来の起点であるＡを先に挙げ、それとＤとが同じモドゥスに属する

という言い方であったのに対し、第8〜9章あたりから、プロトゥスの標準的な基点音がむしろDに移っていたのは、まさにこの理由によるであろう。

Ⅶ. 第12章　4つのモドゥスを8つに分けることについて

1.　8つの旋法へ

　ここでようやくグイドの記述は、正格旋法と変格旋法への分化に至る。

　　　あるモドゥス、たとえばプロトゥスの聖歌は、［その聖歌の］最後の音に比べて低く平坦なものもあれば鋭く高いものもある。そこで、［それに続く部分は］前述のように唱句であれ詩編唱であれ、また他のものであれ、最後の音に合わせて、ひとつの同じモドゥスで続けなければならないのだが、これまでは異なる音域に合わせることができなかった。なぜなら、続く部分が低ければ高い音とは合わず、高ければ低い音とは調和しなかったからである。そこで、それぞれのモドゥスを2つに、すなわち高いものと低いものに分け（中略）高い音は高いモドゥスに、低い音は低いモドゥスに合わせることが考え出された。そして、それぞれの高いモドゥスは正格（中略）低いモドゥスは変格（中略）と呼ばれた（第12章）。

　文面からすると、ある聖歌に唱句や詩編唱といったものを続けるような状況があることがわかる。もっとも端的な例が、聖務日課と呼ばれる典礼で行われる詩編の朗唱である。

2.　詩編唱とアンティフォナ

　かつてローマ・カトリック教会では、聖務日課において旧約聖書の詩編（全部で150編）を一週間ですべて朗唱した。おおむね、単一の朗唱音（保持音）で唱えてゆくのであるが、その朗唱にあたっては、詩編ごとに前後に一種のリフレインをつけるのが慣例であった。そのリフレインが本稿でも一度ならず登場してきたアンティフォナである。図示すると以下のようになる。

　　　　　アンティフォナ──詩編の朗唱──アンティフォナ

詩編150編は一週間に割り振られているわけであるから、ある曜日のある典礼で唱えられるものは固定している。たとえば主日（日曜日）の晩課で唱えられる詩編は（特別な祝日で変更にならない限り）、第109、第110、第111、第112、第113編の5編であった。その一方で、各詩編の前後に歌われるアンティフォナは固定しておらず、毎週変わることもあり得た。アンティフォナの歌詞は当該の詩編中の一節が引かれることもあったが、詩編とは関係なく教会暦上のその日にちなんだ内容であることも多々あった。つまり、ある曜日のある典礼で唱えられる詩編は年間を通して変わらないのに対し、その前後に歌われるアンティフォナが教会暦に応じて入れ替わってゆくことで、詩編の朗唱に季節感が添えられていたとも言えよう。

　さてアンティフォナもグレゴリオ聖歌であるから、なんらかのモドゥスによっている。当然、そのアンティフォナに続く詩編の朗唱もそのモドゥスにふさわしい音で行われるべきであろう。グイドが第11章で「聖歌の後に、唱句または詩編唱あるいはその他のものをつなげようとするならば、何よりも［その聖歌の］終止音に合わせることが肝要」であると述べていたのはこのことである。

　具体例で示そう。譜25は晩課で最初に唱えられる詩編第109編の朗唱例である。

　三位一体祭の例を引いているので、前後に歌われるアンティフォナも「栄光あれ、汝に、三位一体よ Gloria Tibi Trinitas」と、その祝日にふさわしい内容になっている。Dで終止しているのでモドゥスはプロトゥスである。続く詩編の朗唱では、発声部と中間部と終止部に若干の音の動きはあるものの、大半がaの音の反復で唱えられている。すなわちプロトゥスのフィナリスに合う詩編朗唱音はaなのである。この朗唱音の部分（保持部）で、散文詩である詩編各行の長短の差が調整される。

3. 旋法の分化

　しかし「たとえばプロトゥスの聖歌」でも「最後の音に比べて低く平坦なものもあれば鋭く高いものもある」。譜26に公現祭の晩課で詩編第109編の前後に唱えられるアンティフォナ《暁に先立ちて生まれ Ante luciferum genitus》を掲げた。

　やはりDで終止しているが、使用音域、すなわちアンビトゥスに着目すると、《栄光あれ、汝に、三位一体よ》がフィナリスの1オクターヴ上にまで拡がっているのに対し、この聖歌はフィナリスの5度上のaにまでしか達しておらず、そ

三位一体祭の晩課に固有のアンティフォナ

Glo - ri-a * ti - bi Tri - ni - tas ae-qua -lis, u - na De-i - tas, et an - te om-ni - a sae-cu - la, et nunc et in per - pe-tu - um.

詩編第109編

	発唱部・保持部	中間部	保持部	終止部
1.Dixit	Dominus	Do-mi-no me-	o : Sede a	dex -tris me- · is.
2.	Donec ponam ini-	mi- cos tu-	os : scabellum pe-	dum tu - o- rum.
3.	Virgam virtutis tuae emittet Domi-	nus ex Si-	on : dominare in medio inimico-	rum tu - o- rum.
4.	Tecum principium in die virtutis tuae in splendori-	bus san-cto-	rum : ex utero ante luciferum	ge - nu-i- te.
5.	Juravit Dominus, et non paeni-	te- bit e-	um : Tues sacerdos in aeternum secundum ordi-	nem Mel-chi- se- dech.
6.	Dominus a	dex- tris	is : confregit in die irae	su - ae re- ges.
7.	Judicabit in nationibus, im-	ple-bit ru - i-	nas : conquassabit capita in ter-	ra mul-to- rum.
8.	Detorrente in	vi- a bi-	bet : propterea exal-	ta - bit ca- put.
9.	Gloria	Pa-tri et	o : et Spiri-	tu - i Sanc- cto.
10.	Sicut erat in principio, et	nunc, et sem-	per : et in saecula saecu-	lo - rum.A- men.

終止部の異型種

アンティフォナの繰り返し

Glo - ri-a * ti - bi Tri - ni - tas ae-qua -lis, u - na De-i - tas, et an - te om-ni - a sae-cu - la, et nunc et in per - pe-tu - um.

譜 26

公現祭の晩課に固有のアンティフォナ

An- te lu-ci-　fe-rum ge-ni-tus,　et an-te sae-cu-la,　Do-mi-　nus Sal-va-tor no-ster ho-di-　e　　mun-do ap-pa-ru-it.

a.

Di- xit　Do-mi-nus　　Do-mi-no me-o : Se-de a　　dex-tris me-　　is.

b.

Di- xit　Do-mi-nus　　Do-mi-no　me-o : Se-de a　　dex-tris me-　　is.

の一方で下は A まで沈み込んでいる。この聖歌のあとに a の音で詩編朗唱を続ける
と、決して無理ではないがやや唐突に高音域に飛躍した感がある（譜 26a）。「続
く部分が（中略）高ければ低い音とは調和しない」のである。「そこで、それぞれ
のモドゥスを 2 つに、すなわち高いものと低いものに分け（中略）高い音は高い
モドゥスに、低い音は低いモドゥスに合わせることが考え出された」。実際には、
《暁に先立ちて生まれ》に続く詩編 109 編は譜 26b のように F の朗唱音で唱えら
れる。こうしてフィナリスを同じくするアンティフォナ《栄光あれ、汝に、三位
一体よ》と《暁に先立ちて生まれ》は、正格旋法と変格旋法に二分されることに
なる。
　アンティフォナと詩編唱の滑らかな接続という問題が、同じモドゥスの二分と
いう事態に深く関わっていることは間違いないであろう。何らかの実践上の不都
合がなければ、フィナリスを同じくする聖歌をアンビトゥスの取り方によって正
格と変格に分けるという作為がなされる必然性がない。ここで注目すべきは、実
例の詩編朗唱音 a と F が、本稿冒頭で確認したドリア旋法とヒポドリア旋法のド
ミナントに他ならないということである。この「詩編朗唱音」という働きこそ教
会旋法におけるドミナントの機能なのであり、その意味では「テノル tenor（保
持音）」や「レペルクシオ repercussio（反復音）」という別称のほうが的を射てい
る。先行するアンティフォナのアンビトゥスに合わせて詩編の朗唱を滑らかに接
続させたいがために、正格と変格でドミナントの音は異なるのである。

4. 詩編唱朗唱定型

　したがって詩編の朗唱定型も各旋法に応じて 8 種類がある[23]。中世の史料では、朗唱定型の一覧は、譜 25 の詩編で 9 ～ 10 行目にあたる "Gloria Patri et Filio et Spiritui Sancto. Sicut erat in principio, et nunc et semper et in saecula saeclorum. Amen（栄光は父と子と聖霊に。初めのように、今も、いつも世々に。アーメン）" の歌詞付きで表示されるのが慣例であった。この文言は詩編そのものではなく「栄唱 doxologia」と呼ばれる頌詞であり、どの詩編でも朗唱の最後に結びとして必ず歌われたので、朗唱定型を表示する際のサンプル歌詞として最適だったのである。譜 27 にヨハンネス・アッフリゲメンシス（コト）Johannes Affligemensis（Cotto）(1100 頃活躍) の『音楽論 De musica』(1100 頃) に掲載されている一覧を引用した（Waesberghe ed. 1950: 75）。

譜 27

　各旋法の朗唱定型を確認したい時、保持部の歌詞すべてを表記する必要はないので、"Gloria" で発唱部の音型を示し、そこからいきなり末尾の "saeclorum. Amen." につなげて終止部の音型を示している（したがって中間部の音の動きは略されている）。保持部の朗唱音は "Gloria" の最後のシラブルかつ "saeclorum. Amen." の最初のシラブルの音なので明白である[24]。

5. 「誤った」呼称

第12章の最後でグイドは、今や8種類となったモドゥスについて、序数詞による別称を紹介する。以下の通りである。

正格プロトゥス＝第1旋法 　　　　　変格プロトゥス＝第2旋法
正格デウテルス＝第3旋法 　　　　　変格デウテルス＝第4旋法
正格トリトゥス＝第5旋法 　　　　　変格トリトゥス＝第6旋法
正格テトラルドゥス＝第7旋法 　　　変格テトラルドゥス＝第8旋法

しかしグイドは、この用語法は誤りであると言う。じつは、4種類のモドゥスを正格と変格で8種類に分化するという操作は西方教会の創意ではなく、ビザンツ聖歌における「オクトエコス octoechos」という旋法の慣行に倣ったものである。そしてビザンツ聖歌においては、まず4種の正格旋法が第1、第2、第3、第4で呼ばれ、それに変格が第5、第6、第7、第8と続いた。本稿Ⅰ. 5. でも述べたように、そもそもプロトゥス、デウテルス、トリトゥス、テトラルドゥスが「第1」、「第2」、「第3」、「第4」の意なのであるから、ある意味では当然である。しかし8世紀の間に4×2＝8種類の旋法概念が西方教会に流入し、ラテン語で序数名称がつけられた際に、上記のような番号付けに変わってしまったのだった（Powers, Wiering et al 2001, 16: 778-779）。フクバルドゥスも偽オドも上記の番号づけを採用している。グイドが「誤って」と述べる事情はこのあたりにある。しかしこの番号づけはその後も存続し、現在に至っている。

Ⅷ. 第13章　8通りのモドゥスをその高低で認識することについて

1. 正格と変格のアンビトゥス

まず本章の表題から予想される単純な話題、すなわちアンビトゥスによる正格と変格の区別についての記述から確認しよう。章の後半にあたる。

本稿の冒頭における教会旋法の概観で当初から述べている通り、正格旋法はフィナリスから上1オクターヴをアンビトゥスとし、変格旋法はフィナリスの上5度と下4度をアンビトゥスとする。グイドはこの一般原則に加えて、実際の聖歌の旋律は、「正格は第8音、第9音、さらに第10音まで上行する」ことがあり、

変格の上行でも「第6音も許容される」場合があること、また正格でもフィナリスから1音は下行する場合があることを付記している。たとえば本稿冒頭でアンビトゥスの相違を示すために掲げた譜4でも、ドリア旋法であるはずのa譜の最後の音符がフィナリスの全音下（C）に下りている。実際の聖歌では、この程度の音域の逸脱はしばしば認められる。

それどころか、そうした許容範囲を超えて「低い方の音と高い方の音が入り混じっていて、正格と変格のどちらに属しているかわからない聖歌も数多くみられる」のである。最もよく知られているグレゴリオ聖歌のひとつ、“Cum jubilo” の名称をもつ《キリエ》[25]の譜をご覧いただきたい（譜28）。

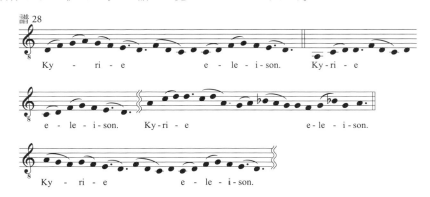

譜28

ドリア旋法に分類されてはいるが、アンビトゥスはAからdに及んでいる。こうした正格と変格の音域を併せもつ旋法はのちに「ミクストゥス（混合）旋法」と呼ばれるようになる（ティンクトリス 1979: 81; イェバサン 2010: 89-91）。

なお「プロトゥス、デウテルス、トリトゥスの変格では、時として高音域のａｂｃに終止せざるを得ない場合がある」（第13章）事情は、すでに第8章の考察において詳述した通りである。

2. モドゥスを判別するための「ネウマ」

モドゥスには、アンビトゥスによって正格と変格の8種類があるという議論を確認したうえで、あらためて第13章冒頭に戻ってみよう。

聖歌においてモドゥスを判別するために、ある種の旋律が作り出されており、そのどれに合うかによって聖歌のモドゥスを知ることができる......たとえば次

のようになる。
　　　　　[《第一に神の国を求めよ Primum quaerite regnum Dei》の文字譜]
　あるアンティフォナの終わりがこのような旋律とよく合うことがわかれば、
それが正格のプロトゥスであることを疑う余地はない。他のモドゥスでも同様
である（第 13 章）。

　ある聖歌が正格プロトゥスであると特定する際に照らし合わせるという、この
《第一に神の国を求めよ》という「旋律」とは何か。
　教会旋法の根本はＴＳＴ……の配置の相違による音階固有の性格であるが、当
然、それぞれの音階から導きだされる各旋法独特の節回しや旋律類型というもの
があり、それらも広い意味で各旋法を表すものであった。そこで旋法理解を深め
るため、各旋法の典型例として、旋法固有の節回しを凝縮した教育用模範聖歌と
でもいうべきものが、各旋法ごとに作為的に創作された。今日、モデル・アンティ
フォナと呼ばれるものである。そして正格プロトゥスのモデル・アンティフォ
ナが《第一に神の国を求めよ》なのである。もちろん残りの旋法についてもモデ
ル・アンティフォナがあり、それらには序数詞による旋法名称と同じ数字で歌詞
を始めるという趣向も凝らされていた。
　ふたたびヨハンネス・アッフリゲメンシス（コト）の『音楽論』から、これら
のモデル・アンティフォナの一覧を譜 29 に掲げた（Waesberghe ed.1950: 86）。
　譜例から、第 11 章で挙げられていたアンティフォナ《そのことがありしより、
三日目となり》も、じつは正格デウテルス（第 3 旋法）のモデル・アンティフォ
ナであったことが判明する。そして《第一に神の国を求めよ》も《そのことがあ
りしより、三日目となり》も、おおむねグイドの譜例と共通していることが明ら
かであろう。
　モデル・アンティフォナと並行するかむしろそれに先立つかたちで、正格旋法
に "Noeane"、変格旋法に "Noeagis" などという、ビザンツ聖歌の用語に由来する
ものの意味不明のシラブルを付した模範旋律句も存在した。譜 30 の a b c は、
作者不詳の『旋法と詩編朗唱についての短い覚書 Commemoratio brevis de tonis et
psalmis modulandis』（900 頃）に掲載されている "Noeane/Noeagis" 旋律句と、アッ
フリゲメンシスの『音楽論』およびランベルトゥス Lambertus（1270 頃活躍）の
『音楽論 Tractatus de musica』（1265 - 75 頃）にあるモデル・アンティフォナから、
それぞれ第 8 旋法の例を併記したものである（DeWitt 1973:256）。

譜 29

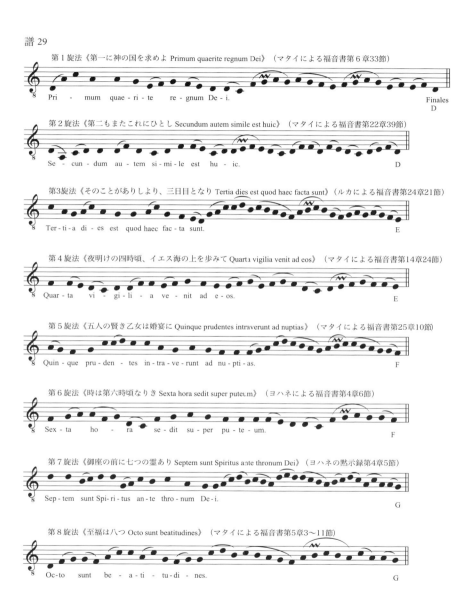

第1旋法《第一に神の国を求めよ Primum quaerite regnum Dei》（マタイによる福音書第6章33節）

Pri - mum quae - ri - te re - gnum De - i.

Finales
D

第2旋法《第二もまたこれにひとし Secundum autem simile est huic》（マタイによる福音書第22章39節）

Se - cun - dum au - tem si - mi - le est hu - ic.

D

第3旋法《そのことがありしより、三日目となり Tertia dies est quod haec facta sunt》（ルカによる福音書第24章21節）

Ter - ti - a di - es est quod haec fac - ta sunt.

E

第4旋法《夜明けの四時頃、イエス海の上を歩みて Quarta vigilia venit ad eos》（マタイによる福音書第14章24節）

Quar - ta vi - gi - li - a ve - nit ad e - os.

E

第5旋法《五人の賢き乙女は婚宴に Quinque prudentes intraverunt ad nuptias》（マタイによる福音書第25章10節）

Quin - que pru - den - tes in - tra - ve - runt ad nu - pti - as.

F

第6旋法《時は第六時頃なりき Sexta hora sedit super puteum》（ヨハネによる福音書第4章6節）

Sex - ta ho - ra se - dit su - per pu - te - um.

F

第7旋法《御座の前に七つの霊あり Septem sunt Spiritus ante thronum Dei》（ヨハネの黙示録第4章5節）

Sep - tem sunt Spi - ri - tus an - te thro - num De - i.

G

第8旋法《至福は八つ Octo sunt beatitudines》（マタイによる福音書第5章3～11節）

Oc - to sunt be - a - ti - tu - di - nes.

G

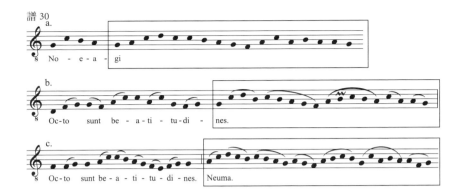

譜30

　"Noeagis" 旋律句も2つのモデル・アンティフォナも、開始音は異なるが、最後のシラブル以降のメリスマ部分では骨格を共有する旋律を提示する。譜23で確認した通り、第8旋法（変格テトラルドゥス）では、GもDもFも開始音になり得るが、曲尾はGであり、「それより前の音は最後の音に向かって整えられているので」（第11章）、旋法の特徴はとりわけこの最後のメリスマ部分に凝縮されている。すなわち当該の旋法の旋律類型のエッセンスである。そうであるからこそ、あるアンティフォナの「終わり」（第13章）をこの旋律と照合するのである。

　グイドはモデル・アンティフォナを「旋律」と呼んでいるが[26]、一般には（譜30cのランベルトゥスの例に明記されているように）、この曲尾のメリスマ部分のみが「ネウマ」と呼ばれた。グイドが、「聞いたことのない聖歌を吟味するにあたって」、すなわちモドゥスを特定するにあたって「旋律やそれに付随するものを並べてみることが大いに助けとなる」（第13章）と言うとき、おそらくそれは「旋律」がアンティフォナの前半部分、そして「それに付随するもの」が後半のメリスマ、すなわち一般に言う「ネウマ」を指していると思われる。

　あるアンティフォナを正格プロトゥスと特定する際に、《第一に神の国を求めよ》と照合することを勧めたあとで、グイドは、そうした照合・特定作業に「もっとも有効なのは、宵課のレスポンソリウムの唱句や聖務日課の詩編唱、およびモドゥスの旋律定型に定められたすべてである」（第13章）と言う。この趣旨を理解するには、「トナリウム tonarium」という典礼書の内容と意義とを把握することが近道である。

3. トナリウム

a. トナリウムとは何か

　これまでの考察で明らかなように、譜線のない古ネウマしか手がかりがない当時、おびただしい数のアンティフォナの旋法を正しく認識し、それに適切な詩編唱朗唱定型を接続させることは典礼音楽をつかさどる者にとって最大の関心事のひとつであった。当時、聖務日課は一日に8回行われ、一回の聖務日課で唱えられる詩編は3編から9編に及んだから、聖堂にもっとも長時間響いていたのは、詩編唱とその前後に歌われるアンティフォナであった。音楽監督者が、頻繁に入れ替わるアンティフォナの旋法特定と正しい詩編唱朗唱定型の確認に一日中追われていたであろうことは想像に難くない。

　そこで旋法ごとに、アンティフォナや、同じように詩編唱朗唱定型のような唱句を伴うレスポンソリウムやイントロイトゥスといったジャンルの聖歌を分類し、それらの冒頭楽句を列挙した便覧が作られた。それがトナリウムである[27]。

　初期の代表例として、図3にプリュムのレギノ Regino von Prüm （842 – 915 頃）のトナリウムから正格プロトゥスの部を掲げた（Coussemaker, ed.1864, 2: 5）。

図3　　　　　　　　　　《第一に神の国を求めよ》

Noeane 旋律句 ———

Gloria...saeclorum. Amen. ———

正格プロトゥス（ドリア）旋法に属するアンティフォナの冒頭楽句

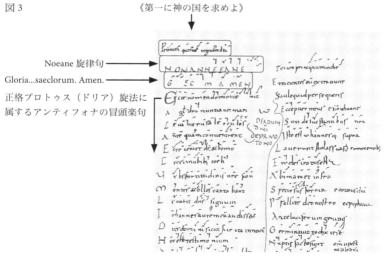

Bruxelles, Bibliothèque royale Albert 1er,
MS 2750-65 [2751], f. 46r.

見出しとして、モデル・アンティフォナ《第一に神の国を求めよ》と "Noeane" 旋律句（ここでは NONANNEEANE）が両方とも掲げられ、続いて、それに後続すべき正格プロトゥスの詩編唱朗唱定型が "G[loria] s[ae]c[ulorum] Amen" の文言とともに記されている。その下、《見よ、主の名は遠き所より来たり Ecce nomen Domini venit》からが、正格プロトゥスに属するアンティフォナの冒頭楽句のリストである。すべて歌詞の上に譜線なし古ネウマが付記されている。アンティフォナだけでも 1,200 曲を超える（Chartier 2001b, 21: 103）この膨大なリストによって、聖歌の旋法が確認された。

　しかしアンティフォナの分類はじつは旋法ごとの 8 種類には限られないのだった。正格プロトゥスの部の頁を繰っていくと、同じ正格プロトゥスに属するアンティフォナがさらに細分されていることに気づく。この話題に考察を進めるためには、あらかじめ詩編唱の「終止部異型種」を理解しておく必要がある。

b.　終止部異型種

　譜 27 の一覧に提示したように、詩編唱朗唱定型は、旋法ごとに一つずつ定められていたわけであるが、朗唱定型の「終止部」のみについては、旋法によって複数の選択肢がある場合があった。これが「終止部異型種」で、その原語が、第 8 章における「ディスティンクツィオ」の解釈のところで言及した「ディフェレンツィア differentia」である。譜例 25 の詩編唱の実例でも、ドリア旋法の朗唱定型に 9 種類もの終止部異型種が用意されている[28]。なぜ終止部だけ多様化したのか、そしてこれらの異型種はどう使い分けるのか。

　これらの異型種は、単に、旋法ごとに一種類しかない朗唱定型に変化をつけるというような意図で生み出されたのではない。本稿Ⅶ. 2. で解説したように、詩編の朗唱のあとにはアンティフォナが反復される。その開始音は、たとえば正格プロトゥスといえども C、D、G……とさまざまである。そのさまざまなアンティフォナとの接続がスムーズになるようにと取り揃えられたのが終止部異型種なのである。したがって異型種は、正格プロトゥスでも、フィナリスの D のみならず、F、G、a などで終っている（譜 25）。

　この終止部異型種、すなわちディフェレンツィアは、先の詩編唱朗唱定型のサンプル歌詞 "Gloria saeclorum Amen" で言うと、"saeculorum Amen" の部分に当たる。そこでその歌詞をさらに簡略化して母音のみを抽出した ＥＵＯＵＡＥ が、ディフェレンツィアの別称となった。

　そしてトナリウムにおいては、このＥＵＯＵＡＥ（＝ディフェレンツィア）ごとに、同じ旋法に属するアンティフォナが細分類され、グループ化されたのである。

c.　ＥＵＯＵＡＥによるアンティフォナの細分類

　終止部異型の種類やアンティフォナの分類法はトナリウムの編纂者ごとに異なる。ここでは少し時代が下るが、収録アンティフォナが異型ごとに鮮やかにグループを形成しているルッカのトナリウム（12 世紀初頭）の実例を引こう（譜 31、次頁）[29]。ドリア旋法の部から、第 1、第 3、第 9 の 3 つの異なる終止部異型と、それぞれに続くアンティフォナのグループを掲げた。

　ここではもはやモデル・アンティフォナや “Noeane” 旋律句の見出しも、詩編唱朗唱定型全体を示す “Gloria saeculorum Amen” の譜も無く、冒頭からドリア旋法の部がＥＵＯＵＡＥの種類に応じて分類されている。一見して、それぞれの異型ごとに後続するアンティフォナの旋律の骨格が共通していることが明らかであろう。編纂者が譜 32 に示したような詩編唱からアンティフォナへの旋律的流れを意図していたことが手に取るようにわかる。詩編唱の朗唱定型において、終止部のみ異型が派生したのは、決していたずらに変化を求めたからではない。後続するアンティフォナとの接続に際して、旋律の運動エネルギーがもたらす上行・下行への志向、あるいはドミナントからフィナリスへというような機能的欲求がおのずと変形を必要としたからなのである。

譜 32

　まずアンティフォナとそれに続く詩編唱の接続を滑らかにするために旋法を正格と変格に分け、さらに詩編唱の結びとアンティフォナの再現に音楽的な流れを作るために終止部に異型を派生させ、それらに応じて 1,200 を超えるアンティフォナのレパートリーを分類し、グループ化していった、その「音楽美」への飽くなき執念とエネルギーは、人間の本能的な営為とはいえ、やはり驚嘆に値しよう。

4.　グイドの記述の趣旨

　さて、アンティフォナの照合・特定作業に「もっとも有効なのは、宵課のレス

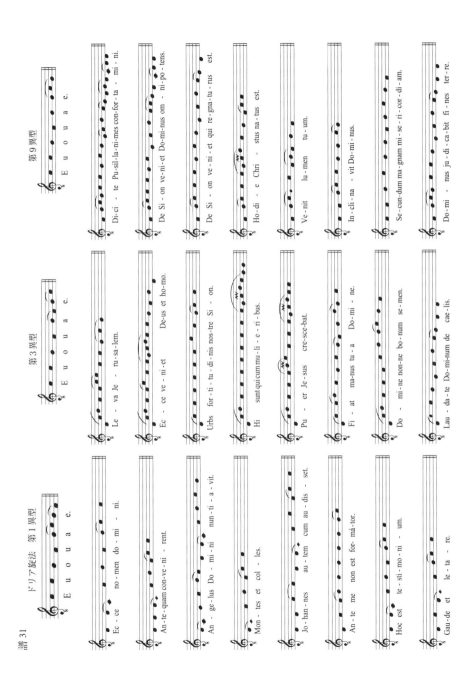

譜 31

ドリア旋法　第 1 異型

第 3 異型

第 9 異型

ポンソリウムの唱句や聖務日課の詩編唱、およびモドゥスの旋律定型に定められ
たすべてである」（第13章）というグイドの記述に戻ってみよう。「モドゥスの旋
律定型 modorum formula」というのは、トナリウムにおいて、各旋法の部、さら
にはその旋法内の細分カテゴリーであるディフェレンツィアの部ごとに見出しと
して掲げられていた、モデル・アンティフォナ、"Noeane/Noeagis" 旋律句、ＥＵ
ＯＵＡＥなどの定型と考えられよう。そこに「定められたすべて omnia quae…
praescripbuntur」とは、そうした定型のすべてとも、あるいはその定型のカテゴ
リー内に列挙されているアンティフォナ、レスポンソリウム、イントロイトゥス
などの冒頭楽句のすべてとも解せるかもしれない。ペシェも指摘している通り
（Pesce 1999: 361）、グイドの言い回しは解釈に余地を残すので厳密な特定は容易で
はないが、いずれにせよトナリウムに記載されている範例の類と解して的外れで
はないであろう。あるアンティフォナのモドゥスを確認したい場合には、そうし
た旋律定型や冒頭楽句と旋律的特徴を照らし合わせればよい。

　「宵課のレスポンソリウムの唱句や聖務日課の詩編唱」も、これまで繰り返し
見たように旋法を代表する要素である。それらをとりまく状況、とくにドミナン
トや終止部異型（およびそれに続くアンティフォナとの接続類型など）に習熟して
いれば、「ある特定のモドゥスによる聖歌において、開始音としてほとんど用い
られない音や決して生じるはずのない音も予測できる」。最後にこの「開始音」
についてのグイドの記述に検討を加えよう。

5. アンティフォナの開始可能音の上限

　　こうした知識があれば、ある特定のモドゥスによる 聖 歌（カントゥス）において、開始音と
してほとんど用いられない音やよく用いられる音、また決して生じるはずのな
い音も予測できる。たとえば変格においては、 楽 句（ディスティンクツィオ）の始まりや終わりで
ごくまれに第4音が出てくることがあっても、第5音まで上行することは決し
てあり得ない。また正格では、こうした楽句の始まりや終わりで、デウテルス
を除いて、第6音まで上行することは決してあり得ない。なお、プロトゥスと
トリトゥスの変格では第3音まで上行し、デウテルスとテトラルドゥスの変格
では第4音まで上行する（第13章）。

　「楽句の始まりや終わり」におけるモドゥスごとの使用可能音の上限について
やや煩雑に述べた箇所であるが、とりわけアンティフォナの開始音にグイドの関

心があるであろうことは想像に難くない。先行する詩編唱との接続を美しくするための重要な要素だからである。

　第8章の考察でも引いた『「ミクロログス」注解』の著者は、その開始音の上限が各モドゥスのテノル（ドミナント）であることを明言している。

　　　Ibi enim altius potest omnis cantus tam plagalis quam authentus super finalem
　　　incipere, vel etiam incipere et finere qualibet distinctio in cantu, ubi ascendit "Saeculorum
　　　amen," et tenor totius psalmi aptati alicui modo authento vel plagali...quia non ascendit
　　　altius quam "Saeclorum amen," et tenor ipsis psalmi.（Waesberghe ed.1957: 142f.）

　　　実際、正格であれ変格であれ、各フィナリスより上において、すべての聖歌が開始でき、すべての楽句が始まり終ることができるのは、なんらかの正格・変格モドゥスと結びついた "Saeclorum Amen" あるいは詩編のテノルが上がってゆく所である（中略）それらは "Saeclorum Amen" や詩編自体のテノルより上には上がれないのである。

　このことはグイドの煩雑な記述を実際の上限音に直して、各モドゥスのテノル（ドミナント）と比較してみると明らかである。

	フィナリス	テノル	聖歌の開始可能音の上限		
正格プロトゥス	D	a	第6音までは上行しない	=	a
変格プロトゥス	D	F	第3音まで上行する	=	F
正格デウテルス	E	c	例外的に第6音まで上行	=	c
変格デウテルス	E	a	第4音まで上行する	=	a
正格トリトゥス	F	c	第6音までは上行しない	=	c
変格トリトゥス	F	a	第3音まで上行する	=	a
正格テトラルドゥス	G	d	第6音までは上行しない	=	d
変格テトラルドゥス	G	c	第4音まで上行する	=	c

　一見して、グイドが描写した上限音がテノルと同一であることがわかる。要するにアンティフォナの開始音は、先行する詩編唱朗唱定型のテノル、すなわちそのモドゥスのドミナントを超えてはならないということである。また上の表から、なぜデウテルス、すなわち「Eで終る聖歌（中略）例えばアンティフォナ《そのことがありしより、三日目となり》」だけは、例外的に「しばしばEからディア

ペンテと半音（短6度）隔たったcで始まる」（第11章）ことが許されるのかも
歴然とする。そもそも先行する詩編唱朗唱定型のテノルが例外的にフィナリスの
短6度上であり、その音（c）で延々と詩編が唱えられるわけであるから、後続
するアンティフォナがcで始まっても不都合はないのである。

　トナリウムに親しんでいれば、こうした使用可能音の上限も含めてアンティフォ
ナの開始にふさわしい音というものがわかってくる。モドゥスごとの旋律類型
に慣れ、各ディフェレンツィアとアンティフォナとの美しい接続のありように精
通すれば、「ある聖歌において、開始音としてほとんど用いられない音や決して
生じるはずのない音も予測できる」（第13章）ようになるはずだと、グイドは言
っているのである。

IX. 第14章　前述のトロプスと、音楽の力について

1. エトス論

　8種類のモドゥスの音階上の特徴を押さえたうえで、グイドはそれぞれのモド
ゥスがもっている性格へと話題を進める。それぞれのモドゥスによる旋律が聴く
者の心にどのような感情を喚起し、その精神状態や行動にどのような影響を及ぼ
すかという議論は、古代ギリシアの時代からなされてきた。エトス論である。ア
リストテレス Aristoteles（前384 – 前322）は『政治学 Politica』でこう述べている。

　　　バッコス祭の熱狂やそのたぐいの興奮は、どれも楽器のうちでもっとも多く
　　笛〔アウロス〕の吹奏のなかで起こる。そして、音階に関してはプリュギア調
　　がこのような場合にふさわしいものである。ドリス調は……もっとも確固とし
　　た調子で、もっとも勇気の性格をそなえている……われわれは過剰の中間にあ
　　る中庸というものを評価し、それを求めるべきであると主張するのであるが、
　　ドリス調は他の音階と比べるならば、そうした本性をもっている……明らかに
　　ドリス調が若者の教育にいっそう適したものである（アリストテレス、牛田訳
　　2001: 427-427）。

　もちろんこれら古代ギリシアのモドゥスの説明がグレゴリオ聖歌のそれと無関
係であることは言うまでもない。グレゴリオ聖歌のエトス論については、クイド
は以下のような記述にとどめ、人によってモドゥスの嗜好がさまざまである点を

指摘している。

　　　ある人はデウテルスの正格（第3旋法）の変化に富んだ跳躍に心惹かれ、他の
　　人はトリトゥスの変格（第6旋法）の喜ばしさを選び、またある人はテトラルド
　　ゥスの正格（第7旋法）の多弁さがむしろ好ましく、さらに別の人はその変格
　　（第8旋法）の甘美さを良しとする等々ということになる（第14章）。

　すでに幾度となく指摘したように各モドゥスには、そのモドゥスならではの節
回しがあったわけであるから、そうした固有の節回しも含めて、人それぞれにモ
ドゥスの好みがあったということであろう。ここで述べられている主観的な性格
表現が具体的にどの楽曲のどのような楽句を念頭においているのかを特定するこ
とは容易ではない。
　ヨハンネス・アッフリゲメンシス（コト）は、グイドに比べてやや具体的な音
楽的特徴も含め、各モドゥスの性格を記述している。以下に引いてみよう。

　　Alios namque morosa et curialis vagatio primi delectat, alios rauca secundi gravitas capit,
　　alios severa et quasi indignans tertii persultatio iuvat, alios adulatorius quarti sonus
　　attrahit, alii modesta quinti petulantia ac subitaneo ad finalem casu moventur, alii
　　lacrimosa sexti voce mulcentur, alii mimicos septimi saltus libenter audiunt, alii
　　decentem et quasi matronalem octavi canorem diligunt（Waesberghe ed. 1950: 109）.
　　ある者は、第1旋法の暗く宮廷風な逍遙が気に入り、ある者は第2旋法のかす
　　れたような重苦しさの虜となり、ある者は第3旋法の厳しく、まるで立腹した
　　かのような跳躍を好み、ある者は第4旋法の愛想よい響きに魅了され、ある者
　　は第5旋法の適度な軽さとフィナリスへの急激な落下に動かされ、ある者は第6
　　旋法の涙を浮かべた音に慰められ、ある者は第7旋法の芝居がかった跳躍を好
　　んで聴き、ある者は第8旋法の品のよい貴婦人のような調べを愛好する。

　エトス論をもってモドゥスに関する記述を一通り終えたグイドは、次の第15
章から、文章構成法になぞらえて、そうしたモドゥスにもとづく美しい旋律の構
成法を論じてゆくことになる。
　以上、『ミクロログス』の中核部にあたる第7〜14章に綴られているモドゥス
論に焦点を当てて、何がどのような手順で論じられているか、グイドの真意は何
かを検討してきた。グイドがモドゥスの正しい把握にこだわるのは、つまるとこ

ろ、聖堂の一日において最も長い時間歌われていたアンティフォナと詩編唱の整然とした実践に腐心したからに他ならない。教会旋法とは、譜 3 に掲げたような聖歌を形作る前提となる音階列といった抽象的な概念ではなく、詩編朗唱に直結し、そこから必然的に形成されてきたきわめて実践的な歌唱慣行であり、また具体的な旋律類型の集合体なのである。

注

[1] 本稿における音名表記は、グイドが第 2 章で説いているものに準じている。ロ音は b、変ロ音は♭となる。譜 2 参照。

[2] ただし "modus" はさらに「音程」を意味する語として使われる場合もあり、その際には「音程」と訳出している。たとえば『ミクロログス』第 4 章の表題に見られる「6 つの音程」の原語は "sex modi" である。

[3] ただし全音階列の中で一番低い B を半音下げた音は存在しなかった。使用可能音域の最低音が Γ でその下に F がないので三全音が生じにくく、また B を半音下げた音を用いることで Γ をフィナリスにしたドリア旋法を取ろうとしても、フィナリスの下に全音下行することさえできず、実用性がなかったからである。

[4] 16 世紀には、a をフィナリスとするエオリア旋法、c をフィナリスとするイオニア旋法も提唱された。また b をフィナリスとするロクリア旋法も理論的には成立し得るが、フィナリスの上に三全音を内包するため実用化されなかった（皆川 1982: 697）。

[5] ライヒェナウのベルノ Berno von Reichenau（1048 没）の『トナリウム序文 Prologus in tonarium』（900 頃）などに最も早く見出せる（Powers, Wiering et al 2001, 16: 786-788; Cohen 2002: 351-354）。

[6] 古代ギリシアの名称の適用は、9 世紀後半の作者不詳の著作『音楽論別記 Alia musica』あたりから見出せる（Powers, Wiering et al 2001, 16: 780-781）。古代ギリシアの理論とグレゴリオ聖歌との間で旋法名の用法に齟齬が生じた経緯については、津上に詳しい論考がある（津上 1987）。またイエッペセンも、古典的著作『対位法』において、論を進める前提として著した教会旋法の解説の中で若干触れている（イェバサン 2010: 31-33）。

[7] "affinitas" についてはペシェらを参照（Pesce 1987; Cohen 2002: 346-351; Atkinson 2009: 221-230）。

[8] 事実、テトラコルドよりも古い音階として、完全 4 度を長 3 度と半音に分ける、すなわち 3 音から成るスポンディオン音階もあった（山本 2008: 315）。この場合は完全 4 度であってもトリコルド（3 弦）ということになる。

[9] プトレマイオスやガウデンティオス Gaudentios（3 世紀 - 4 世紀活躍）の記述によれ

ば、彼らの時代には、すでにクロマティコン類とエンハルモニオン類は衰えて、音階はディアトノン類に一元化されている（山本 2008: 171-172; Mathiesen 1998: 69）。

[10] この慣習の成立にグイドがどこまで関与したかについては、宮崎晴代「教育者グイド」（本書収録論文）参照。

[11] グラウトとパリスカが引いている例を使用（グラウト、パリスカ 1998: 89）。

[12] 「六度（c–a あるいは g–e'）の音域でもって境界づけられた、それぞれ完結した音空間が形成されている。これらの音空間は、それ自体安定したひとつの統一であって、決して破られることのないものである……だから、旋律がこの c–a の音域をのり超える場合には、それはやむなくこの音域から離れて、別のひとつの音域に組み込まれることになる」（ゲオルギアーデス 1994: 44）。

[13] 古代ギリシア理論を継承してテトラコルドを重ねた音階では B しかない（譜 11）。しかし前述の通り、F や f との三全音を避け、さらに譜 17 に見られるような半音変化に対応するために上の音域の b、♭♭ にのみ代替の b と ♭ が確保されたのである。本稿注 3 も参照。

[14] バウアーが言及している例を使用（Bower 2002: 160）。ただしこうした処置はあくまでも記譜上の問題であり、しかも、音階上にない音を含む楽句のみが部分的に「移高」されて記譜され、その他の部分は通常の音高で記譜されたと主張する研究もある（Atkinson 2009: 227）。

[15] 本書『ミクロログス』訳注 34 も参照。

[16] ペシェによる英訳がある（Pesce 2007: 159）。

[17] ペシェによる英訳がある（Pesce 2007: 160）。

[18] ペシェの校訂版をもとに五線譜に書き改めた（Pesce 1999: 496）。同じ楽句を用いた同様の例は、すでに『ムジカ・エンキリアディス』に見出せる（Schmid ed. 1981: 36）。

[19] たとえばグレゴリオ聖歌の冒頭旋律のインデックスで調べると、E–F の上行で開始する聖歌約 250 曲のうち、リディア旋法の例は 1 曲、ヒポリディア旋法の例は 5 曲のみである（Bryden and Hughes 1969）。

[20] Einsiedeln, Benediktinerkloster Musikbibliothek, 121（*Paléographie musicale*, vol.4）.

[21] 本訳書所収の『アンティフォリウム序文 Prologus in antiphonarium』、石川陽一「グイド・ダレッツォ、その業績」（本書収録論文）、および西間木（2006）参照。

[22] ゲルベルトの校訂版における記述をもとに五線譜で表示した（Gerbert, ed. 1784, 1: 259-263）。複数の理論家が認めている開始可能音を比較した一覧がドゥウィットの論文に掲載されている（DeWitt 1973: 206）。本稿注 19 も参照。

[23] 8 種類に加えて、朗唱定型の前半保持部と後半保持部で、朗唱音、すなわちドミナンドが異なるため、いずれの旋法にも分類できない "Tonus peregrinus" と呼ばれる定型もある。その名称（「遍歴 peregrinus」）は、こうした不規則さ、あるいはその定型で朗唱される数少ない詩編のひとつ、詩編第 113 編が「出エジプト」の旅を謳っていることに由来するとされる。

［24］本稿譜 25 では、「栄唱」は、「発唱部」の音は使わずに、「保持部」の音、すなわちドミナントで唱えるように記譜されている。実際の詩編唱では定型冒頭の「発唱部」は詩編の第 1 行目にしか用いないのである。一方、「マニフィカト」などのカンティクムやイントロイトゥスなどにつく「栄唱」は、「発唱部」の音から歌われる。また譜 27 の正格プロトゥスの定型と譜 25 とを比較すると、終止部が一致していないことがわかる。これは後述する「終止部異型種」が異なるからである。

［25］『リベル・ウズアリス Liber usualis』における通常文聖歌IX番（*Liber usualis*）。

［26］楽譜としてのネウマ譜のことではなく、数音からなる「旋律句」を意味する。本訳書第 15 章参照。

［27］トナリウムについてはユグロらを参照（Huglo 2001; Merkley 1988; Merkley 1990）。

［28］『リベル・ウズアリス』に掲げられているものを引いた（*Liber usualis*）。朗唱定型本体の終止部と合わせて異型は全部で 10 種類になる。譜 25 の詩編唱の実例と譜 27 の定型一覧とで、第 1 旋法の朗唱定型の終始部が異なっているのは、この異型種が異なるからである。

［29］Lucca, Biblioteca Capitolare Feliniana e Biblioteca Arcivescovile, 601（*Paléographie musicale*, vol.9）。

『ミクロログス』と「文法」

吉川　文

　グイドは『ミクロログス Micrologus』において様々な文法用語を折にふれて引き合いに出し、論を展開させる上でのキーワードとすることも少なくない。たとえば第 11 章でモドゥス（旋法）と終止音の関係を明示する箇所では、次のように述べている——「音楽の諸規則が終止音によって決まるとしても、驚くにはあたらない。**文法上の品詞においても**、最後の文字または音節に示される格、数、人称、時制を通して、その文意を見極めるのが普通である[1]」（強調は筆者による）。ただし、中世の音楽理論書で「文法」を援用するのは、グイドに限ったことではない。本稿では、まず当時の学問における文法の位置づけとその内容や教授のあり方について確認した後、『ミクロログス』と文法との関わりについて検討する。グイドは音楽を論じる際に、文法をどのように利用しているのか、様々な文法用語の扱いや『ミクロログス』の構成に目を向けて考察する。

Ⅰ．自由学芸における文法

　中世の学問体系において、その最も重要な土台となるのが 7 つの「自由学芸 artes liberales」[2]である。プラトン Platon（前 427 – 前 347）が学問の究極の対象に据えた哲学に対し、いわゆる一般教養とされる自由学芸は、古代においてまずはその予備的課程として位置付けられた。その後古代末期に向けて 7 つの学科にまとめられた自由学芸は、マルティアヌス・カペラ Martianus Mineus Felix Capella（5 世紀）やボエティウス Anicius Manlius Severinus Boethius（480 頃 – 524 頃）、カッ

シオドルス Flavius Cassiodorus Magnus Aurelius Senator（485 頃 – 580 頃）らの著作を通じて中世ヨーロッパに連綿と受け継がれた。

　7 つの自由学芸とは、「言葉」に関わる「三学科 trivium」すなわち「文法 grammatica」、「修辞 rhetorica」、「弁論（論理学）dialectica」と、「数」に関わる「四学科 quadrivium」すなわち「算術 arithmetica」、「幾何 geometrica」、「音楽 musica」、「天文 astronomia」である。この 7 つは、以下のような韻文で暗記された（クルツィウス 1971: 50）。

> Gram. loquitur; Dia, vera docet; Rhe. verba ministrat;
> Mus. canit; Ar. numerat; Geo ponderat; As. colit astra.
> 文（法は）話し、弁（論は）真理を教え、修（辞は）言葉を治め、
> 音（楽は）歌い、算（術は）数え、幾（何は）測り、天（文は）星を見守る。

　中世を通じて大きな影響力をもった自由学芸論として最初に注目されるのは、マルティアヌス・カペラの著作『フィロロギアとメルクリウスの結婚 De nuptiis Philologiae et Mercurii』（全 9 巻）である。最初の 2 巻では、古代ローマ神話の神メルクリウスが、あらゆる知識に通暁する乙女フィロロギアと結婚する経緯について語られる[3]。続く第 3 巻から第 9 巻では、結婚の祝いに花嫁が受け取る自由学芸の 7 学科が順に取り上げられている。7 つの学科は、それぞれ独自の衣裳をまとい、個別のアトリビュートを手にする女性の姿をとる。その筆頭に登場するのが「文法 Grammatica」である。「文法」は齢を重ねた魅力的な女性とされ、エジプトのメンフィスに生まれ、その後メルクリウス自身に見出されてギリシアのアッティカ地方で長年過ごし、さらにローマに移ってローマ風の衣裳を身にまとう。手には象牙細工の美しい小箱を携え、その中には子どもたちの言葉の誤りを取り去るためのナイフや、磨きをかけるためのヤスリを収めている（Stahl & Johnson with Burge trans. 1977: 64-65）。以下、7 つの学科が次々と紹介されるが、その最後に「音楽 Harmonia」が現れる[4]。擬人化された寓意的存在としての自由学芸は、中世の様々な著作の中で繰り返し示されるだけではなく[5]、大聖堂の彫刻やステンドグラスなどにも描き出され、視覚的イメージとして人々の中に刻み込まれた[6]。

　初期中世における自由学芸とキリスト教との関係を考える場合、カッシオドルスによる『綱要 Institutiones（聖書ならびに世俗的諸学研究 Institutiones divinarum et humanarum lectionum)』が重要である。これは、教会で必要とされる知識と世俗的な学芸とを密接に結び付ける著作である。カッシオドルスは、学芸の萌芽は始原より神の英知と聖書の中に潜在していたものであると説いて、自由学芸をキリスト教的な枠組みの中に収める[7]。『綱要』の中心課題が聖書研究、すなわち聖書に記された言葉をどのように解釈し、その本質に迫るのかという問題である以上、自由学芸の中でも言葉を扱う三学科が重要視される傾向にあるのは当然と言えよう。中世を通して三学科は、数学的な四学科よりも深く探求されるようになる。その中でも最も重要視されたのが、自由学芸で最初に学ばれる文法である。この「文法」という学科では、具体的に何が教えられていたのであろうか。

II. 文法教育の内容

「文法 grammatica」の語源にあたるのは、ギリシア語の「文字 gramma（γραμμα）」である。プラトンやアリストテレス Aristoteles（前 384 – 前 322）も、文法とは読み書きのためにまず必要とされる技術であると捉えていた。古代ギリシアにおける文法体系の最初の集成として重要なのが、ディオニュシオス・トラクス Dionysios Thrax（前 2 世紀中頃）による『テクネー・グラマティケー（文法術）Thechne grammatike（Τεχνη γραμματικη）』である。この著作では、文法の基礎となる 8 つの品詞の分類やその形態論が展開されている。

その後、文法は様々な概念を含むようになり、単語同士の関わりを考える統語論に加え、語源論や韻律論も文法の枠の中で論じられた。古代ローマ帝政期には、文法の一部として詩の注釈が加わり、クィンティリアヌス Marcus Fabius Quintilianus（30/35 頃 – 94 以降）は文法を「正しい語法と詩人たちの作った詩の注釈」という 2 つの部分からなるものと規定している[8]。文法は、普遍的な言葉の規則を扱うのみならず、その規則に基づいて個別の文芸作品をどう理解するのかといったところにまで踏み込む、非常に幅広い学として捉えられるようになった。

中世の文法においても、古代ローマの文法における一連の概念が引き継がれた。中世の文法書としてとくに重要なのが、ドナトゥス Aerius Donatus（4 世紀中頃）による『小文法 Ars minor』と『大文法 Ars maior』、およびプリスキアヌス Priscianus Caesariensis（6 世紀初頭活躍）の『文法学教程 Institutiones grammaticae』である。これらは、中世の文法教育において最も広く用いられた教科書であった。

ラテン語の学習者が最初に取り組むのは『小文法』である。これは、その名の通り短い著作で、文法の基礎として8つの品詞を概説している。その冒頭部分は、「品詞はいくつあるか。8つである[9]」と始まり、以下、名詞、代名詞、動詞、副詞、分詞、接続詞、前置詞、間投詞について問答体の形で説明が続く。生徒たちはこれを暗誦できるようになることを求められた。たとえば最初に取り上げられる名詞では、「名詞とは何か。格を持つ品詞で、人や物を個別にあるいは一般的に示すものである[10]」と始まり、名詞に見られる6つの付帯的特徴として「質 qualitas」（固有名詞と普通名詞）、「比較 comparatio」（原級、比較級、最上級）、「性 genus」（男性、女性、中性、通性）、「数 numerus」（単数と複数）、「形態 figura」（単一の語根によるものと複合語）、「格 casus」（主格、属格、与格、対格、呼格、奪格）を挙げた後、具体的に "magister"（教師）、"Musa"（ムーサ）、"scamnum"（玉座）、"sacerdos"（司祭）、"felix"[11]（恵まれた）といった語の人称や格による語尾変化を列挙している[12]。本稿冒頭で引用した『ミクロログス』での文法への言及、すなわち旋律の最終音の重要性を単語の語尾変化になぞらえた背景には、このような基礎文法論があったと考えられる。

　ラテン語学習者が『小文法』の次に向かうのは、同じくドナトゥスの『大文法』である。『大文法』では、言語を構成する要素から論が説き起こされる。はじめに取り上げられるのは「音 vox」である。音はさらに「文字 littera」によって書き表すことのできる「明瞭な articulata」ものと、書き表すことのできない「夾雑な confusa」ものに分けられる。その後、「文字」について、さらに文字を連ねた「音節 syllaba」、そして「詩脚 pes」、「抑揚 accentus」、「分節 distinctio」と論を進め、ふたたび8つの品詞についての解説がなされる。最後に、誤用などに端を発する言葉の変化や、換喩や頭韻反復、語尾の類似などの様々な「文飾・比喩 tropus」についても論じられる（Keil ed. 1864b）。

　文法をさらに詳しく論じた書物としては、プリスキアヌスの大著『文法学教程』（全18巻）が広く知られていた。第1巻から第16巻では、『大文法』と同じ内容について、正字法なども含めつつ詳述され、語形変化などの形態論が中心となっている。この部分は『大プリスキアヌス Priscianus maior』と称される。これに対し、最後の第17、18巻では、いわゆる統語論が扱われており、この2つの巻をまとめて『小プリスキアヌス Priscianus minor』と呼ぶこともある。『文法学教程』を特徴付けるのは、古代ローマの著作家から引かれた膨大な用例であり、原典は失われてしまったものの、プリスキアヌスを通じてその一部が今に伝えら

れる著作も決して少なくない。

　ドナトゥスやプリスキアヌスは、おそらくグイドにとっても当然の素養であったと考えられる。では、こうした知識は、実際どのようにして身につけられたのであろうか。次に、中世の修道院における文法教育の状況を見てみよう。

Ⅲ．修道院での初等教育──「読むこと」と「歌うこと」

　中世における知の蓄積と継承において、修道院の果たした役割がいかに大きなものであったか、ここで改めて繰り返すまでもないだろう。修道院での初等教育とは、こうした知の土台となる部分を形成するものであり、具体的には聖書を正しく読み、聖歌を歌うための知識を得ることが最初に求められた。これは、修道士見習いとして修道院に預けられた少年たちが、日々の聖務などに携わる上で必要不可欠なものであった。

　修道院での日々の勤めにおいて、修道士見習いの少年たちが自分の役割を誤りなく果たすためには、詩編や多くの聖歌を記憶し、典礼の流れの中で必要な所作を覚えなくてはならない。先輩修道士たちがどのように儀式を進めるのか、少年たちはその様子を模倣しながら、適切な聖書の読み方、聖歌の歌い方などを典礼での所作とあわせて身に付けることになる。しかし、はじめから何もかも見よう見まねというわけにはいかず、典礼に参与するに先だって聖書や聖歌を学んでおく必要があった。これこそが修道院での初等教育の核をなすものである（Boynton 2010: 53）。

　聖務などでの勤めを果たせるようになるため、少年たちは教師が唱える詩編の言葉や聖歌の一節を聞いてはその後について繰り返し、耳で覚えた。実際に典礼で必要となる言葉を正しく読み、節づけて歌うための基礎知識として、文法や音楽の理論が教えられた。ここで登場するのがドナトゥスの『小文法』である。ひとつひとつの言葉を正しく理解する手立てとして、名詞や動詞の変化形を徹底して暗記するのである。音楽に関しても同様に、まずは暗誦できるものが選ばれたことは想像に難くない。グイドの著作のひとつ、『韻文規則 Regule rhythmice』は、おそらくこうした用途のためにまとめられたもので、韻文を利用して暗誦しやすいように調子が整えられている。ヴァースベルヘによれば、『韻文規則』は 8 歳から 13 歳くらいの少年たちに向けて書かれたものであり、『ミクロログス』は、

もう少し年長の青年たちがすでに記憶している内容について理解を深めるために意図されたものと考えられる（Waesberghe 1985: 20; Pesce 1999: 5）[13]。

　11 世紀においては「読むこと」がほとんどの場合、黙読ではなく音読であったことを考えると、「読むこと」と「歌うこと」のつながりは非常に密接なものであった（Flynn 1999: 57）。実際に少年たちが読み方や歌い方を学ぶにあたって、それぞれ別々に担当教師がついたわけではなく、同じ人物、多くの場合修道院の「文書係 armarius」がその任にあたったと考えられる。文書係は修道院の蔵書管理者であり、典礼書などに誤りがあれば正すという形で、典礼のあり方そのものに対しての責任を負う立場にあった。また、修道士見習いの少年たちが、典礼に正しく参与できるようになるための教育に対しても、重要な役割を担っていた。賛歌のテクストや詩編のテクストを伝える修道院の写本資料の中には、少年たちが内容を理解し記憶するために役立つ教育的内容を、注釈として詳細に書き込んだものが残されている。このことからも、資料を管理する文書係が、音楽や文法の教師として一定の役割を果たしていた可能性は高い。とくに 11 世紀以降、文書係の役割には「聖歌隊長 cantor」の職務が含まれる状況も散見された（Boynton 2000: 9-10）。忙しい文書係が少年たちの詩編の朗誦や聖歌の歌唱を付ききりで教えることは難しかったようで、「聖歌隊長代理 succenteor」や、あるいは少年たちのために歌ってみせる人物がついて補佐する形で聖書朗読や聖歌を教え、その成果を文書係が確認するような方法がとられたとも考えられる（Boynton 2010: 53-55）。

　いずれにせよ、初等教育の段階で音楽と文法とが非常に密接な関係にあったことは明白で、少年たちの教師には文法と音楽の両方の知識が求められていた。さらに、ここで必要とされた音楽の理論とは、聖歌を歌うという実践に役立つものでなければならない。自由学芸の伝統の中で継承されてきた四学科のひとつとしての音楽は、抽象的な数学的学問であり、聖歌の歌唱に関わる実践的な知識をわかりやすく説明できるようなものではなかった。それまでの音楽理論に確固たる足場をもたない典礼聖歌について、少年たちに説明するため利用されたのが、学問としての文法の枠組みであり、その用語であったと言える。音楽も文法も、出発点として「音 vox」を共有している点は強調しておくべきであろう（Leach 2009: 195）。グイドにとって文法用語は、論を進めるために有効なツールであり、教えを受ける側にとっても馴染み深いものであった。以上の点を踏まえ、『ミクロログス』において文法用語がどのように用いられているのか、文法との関わりを具

体的に見てみよう。

IV. 『ミクロログス』における文法用語──第 15 章から第 17 章の記述

『ミクロログス』の中で文法との関わりが意識されている部分としては、本稿冒頭で指摘した第 11 章の他に以下のような箇所が挙げられる（**強調は筆者による**）[14]。

> 言葉に 8 つの品詞があり、至福も 8 つあるように、モドゥスも 8 通りある[15]。（第 13 章）

> さて、韻律詩に文字と音節、単語と詩脚そして詩行があるように、旋律にも音、すなわち楽音があり、それが 1 つ、2 つあるいは 3 つで［音楽上の］「音節」になる。その「音節」もまた、1 つか 2 つで旋律句、すなわち旋律にとっての「単語」を構成する。そして 1 つあるいは複数の「単語」が楽句、すなわち息継ぎにふさわしい区分を作り出すのである[16]。（第 15 章）

> 一方［言葉の場合］、わずかな文字からある程度の数の音節が作り出されるが、その数は数えられる範囲である。しかし、それらの音節から限りなく多くの単語が成り立つ。そして韻文詩においては、わずかな種類の詩脚からいかに多くの種類の韻律型が案出されることだろう。たとえば六歩格におけるように、ひとつの種類の韻律がいろいろ変化して様々な形をとるのである。それがどのように行なわれるかは、文法家が考えることである[17]。（第 16 章）

> しかし、われわれの規則が冗長にならないように、これらの文字の中から 5 つの母音だけを取り上げることにしよう。これら［5 つの母音］なしには、他のいかなる文字も音節も音になることはない。様々な単語において、甘美な響き合いがどれほど頻繁に見出されようとも、それはまさにこれらの［5 つの］母音によっているのである。たとえば韻文詩の中に、共鳴し互いに呼応する詩行が頻繁に見出されるので、君はいわば言葉[18]の交響に驚くはずである[19]。（第 17 章）

第 11 章、第 16 章、第 17 章の引用箇所では、「文法 grammatica」あるいは「文

法家 grammaticus」の語が直接使われており、文法との関わりは明白である[20]。その一方、第 15 章にはこの単語が現れないものの、この章全体が文法の考え方に深く根差している。『ミクロログス』全編を通して見た場合、第 15 章から第 17 章までの 3 つの章において文法用語やその論理の枠組みがとくに重視されている。これら 3 つの章を検討する前に、第 11 章と第 13 章での文法の援用について簡単に確認しておこう。

　本稿冒頭に挙げた第 11 章からの引用箇所において、名詞や動詞などでは単語の最後の音（語尾変化）が、その単語の意味を決定することになぞらえ、聖歌のモドゥス（旋法）でも終止音が非常に重要であることが示される。また、第 13 章の場合は、「8 つの品詞 octo partes orationis」という言い回しから文法との結びつきは明らかで、モドゥス（旋法）の種類がいくつあるかを説明するために 8 品詞論を引き合いに出している[21]。つまり、第 11 章と第 13 章では、『小文法』で論じられる文法論の最も基礎的な部分を、聖歌の旋法理論の説明に利用したと言える。ただし、語尾変化と終止音にせよ、8 品詞と 8 旋法にせよ、両者の関係は表面上のものである。ここでの比較は「最後の音の重要性」や「8 という数」を強調するためのものに留まり、音楽と文法との間の、より本質的な関係を論じるまでには至っていない。

　音楽と文法との関係は、第 15 章から第 17 章において、さらに踏み込んだ密接なものとなる。『ミクロログス』の中でのこれら 3 つの章は、聖歌の歌詞と関連づけて旋律を論じる部分にあたる。第 14 章までのグイドは、聖歌の旋律を構成する音、音程、そしてモドゥス（旋法）の特徴を順に説明してきた。彼の論は、モドゥスの違いが聖歌の旋律のもつ性格の違いに反映するところにまでおよんでいるものの、そうした差異は全音階の音組織の中に占める音の位置によって起こるものとされ、聖歌の歌詞が問題とされることはなかった。しかし、第 15 章からの 3 つの章では、旋律と歌詞とを関係づけながら論が展開するため、言葉への意識、およびその言葉の規則である文法への意識が、論旨の根幹に深く関わっている。それぞれの章の記述内容を、文法論に照らして考えてみよう。

　第 15 章では、「適切な、あるいはなされるべき 節 付 け De commoda vel componenda modulatione」というタイトルから明らかなように、聖歌の歌詞に対して付されるべき旋律について論じられる。最初に、旋律はいくつかの小さな単位から成り立っていることが説明される。以下の部分で大きな特徴となるのは、旋律の構成要素の関係を明らかにするにあたって、これまで重視してきた音の高

さの関係に代わり、音の長さの関係、すなわちリズムに着目している点である。具体的な文法論との関わりについて見ると、文が文字に始まる小さな単位を積み重ねて構成されていることにたとえて、旋律もひとつひとつの音から少しずつ大きな単位へと集積されながら出来上がっているとする部分に、文法との明らかな関係が認められる。これに続く部分では、「音節(シラバ)」や「単語(パルス)」、楽句(ディスティンクツィオ)といった各構成要素がテノル（最後の音の引き延ばし）によって分節されるとし、テノルの長さの違いを説明するため、音の長さの単位を示すものとして「モルラ morula」の語が利用される[22]。聖歌を構成する旋律句(ネウマ)は、旋律句に含まれる音の数とテノルの長さとを勘案し、旋律句同士が長さの点で適切な数比関係を結ぶように整えられている。これまで音の高さの関係を説明するために用いられていた「3つに対して2つ(セスクィアルテラ)」や「4つに対して3つ(セスクィテルツィア)」[23]が、ここでは旋律句の長さに関して引き合いに出される。さらに、聖歌を構成する旋律句や楽句の長さの関係が、詩脚(ベス)によって形作られる詩行(ヴェルスス)になぞらえられるのである[24]。

　第15章では、旋律句(ネウマ)や楽句(ディスティンクツィオ)同士の関係を論じるにあたって、音程関係や音の上行、下行といった音高にもふれているが、何よりも音の長さの関係が重視されている。聖歌の歌詞が韻文ではなく散文であっても、それに付随する旋律は韻律的な性格を持つと説明される。その際グイドは、旋律句をダクティルス（長短短格）やスポンデウス（長長格）、ヤンブス（短長格）といった詩脚、楽句をテトラメテル（四歩格）やペンタメテル（五歩格）、ヘクサメテル（六歩格）といった詩行と対比させる。さらに、詞と旋律との関係性を多様な面から捉え、歌詞の区切りと旋律の区切りが互いに照応するように気遣うだけではなく、歌詞の内容に相応しい性格をもった節付けが行われるべきであると指摘し、悲しい歌詞は荘重に、幸福な歌詞なら喜び踊るようにするのがよいと述べる。この章の最後では、音に付される「アクセント accentus」と音の「融化 liquescere」に言及しているが、どちらも言葉と結びつく問題として文法論でも取り上げられるものである。

　このように第15章は、全体が文法論との並行関係によって成り立っていると言っても過言ではない。しかし、グイドはこの章において旋律の区分やテノルの引き延ばし、数比関係を語る際に、聖歌の具体例を何ひとつ挙げていないため[25]、グイドの意図するところを正確に理解するのは困難である。第15章は、中世から現代にいたるまで、『ミクロログス』の中でもとくに問題とされることが多い。「このようなことは無理に書くよりも、語って示す方がわかりやすい haec et huiusmodi melius colloquendo quam vix scribendo monstrantur」との記述から、書き

記されたものだけでは内容を理解するのが難しいと、グイド自身も意識していたことが伺える。この章を実際に教える際には、区切りや長さの関係を語りながら実践してみせたとも想像できる。

　第16章でも、グイドは旋律の構成法を詩脚の組み合わせである韻律型にたとえながら論を展開する。しかし、この章では「…それがどのように行なわれるかは文法家が考えることである」との言葉を受けて、「われわれは、どのようにして互いに異なる旋律句（ネウマ）を作ることができるかを可能な限り見てみよう nos si possumus, videamus quibus modis distantes ab invicem neumas constituere valeamus」と論を進め、旋律を構成する6つの音程（モドゥス）の組み合わせとして旋律を説明し、文法を離れ、音楽の旋律構成の独自性を強調しているように思われる。この章で重視されるのは、音の高低をいかに組み合わせて旋律句を作り、さらに旋律句同士を連ねて聖歌を成立させるのかという問題であり、焦点は音の高低関係にある。このため、旋律線の上行や下行を言い表すために「アルシス arsis」や「テシス thesis」といった文法用語[26]が利用されている点には留意すべきである。

　第17章では、5つの母音を利用してテクストに節付けするという、かなり特殊な旋律構成法が論じられる。章のタイトルにある「語られるものはすべて歌（カントゥス）になる ad cantum redigitur omne quod dicitur」を論証するため、グイドは三段論法を用いている。すなわち「語られるものはすべて書きとめることができるように、書きとめられるものはすべて歌にできる、ということを考えてみよう。つまり語られるものはすべて歌になるのである Perpende igitur quia sicut scribitur omne quod dicitur, ita ad cantum redigitur omne quod scribitur. Canitur igitur omne quod dicitur」というのである。「語られるものはすべて書きとめることができる」という命題に不自然なところはないが、「書きとめられるものがすべて歌になる」という命題をそのまま受け入れることは難しい。そもそも口承による聖歌が「書きとめられる」、すなわち筆写されているものから成り立つとするグイドの論の意図はどこにあるのか、慎重に見定める必要がある。ここで注意すべきは前述の三段論法に続く、「なお、書きとめられるものは文字によって表される scriptura autem litteris figuratur」という部分である。グイドは、語られた言葉と歌を結び付けるために、言葉を書きとめる際に用いる「文字」に着目する。グイドの説明に従うと、歌詞に含まれる5つの母音に、それぞれ決まった高さの音をあてはめるならば、どのような言葉に対しても、自動的に旋律を作り上げることができる。つまり、母音の文字を媒介として歌詞と旋律が結び付くことによって、彼の三段

論法が成立するのである。ａｅｉｏｕの５つの母音を挙げるにあたり、ここでも文法論が下敷きとされる。さらに、韻文詩において母音が作り出す「甘美な響き合い<small>コンコルディア</small>」、「言葉の交響<small>グラマティカ</small><small>シンフォニア</small>」を強調することで、音楽と文法のさらに密接な関係が打ち立てられる。

　第15章と第16章で取り上げられた単位の集積としての文章の構造論、第15章で簡単にふれているアクセントの問題、第17章に見られる母音の説明は、いずれも『大文法』や『大プリスキアヌス』といった文法書で最初に取り上げられる項目であり、文法を考える上で土台となる部分である。第15章以降に見られる文法と音楽の関係は、それ以前の章の場合と比較すると、より根幹の部分で通じ合う重要な結びつきとして意識されている。

　『ミクロログス』と文法との強固な結びつきは、グイドの論を考えるにあたって無視することのできないものである。とくに、第15章で説明される旋律の構成法については、援用された文法用語をどう捉えるかということが、論旨を理解する上で決定的な意味をもつ。ただし、文法と音楽理論とを結びつけて論じるのはグイドに始まったことではない。グイドがどのような意図で文法用語を用いているのかを明らかにするためには、『ミクロログス』だけではなく、その前後の時期の音楽理論と文法との関わりを考える必要がある。

Ｖ．中世の音楽理論書における文法用語

　グイド以前の音楽理論書においても、文法が利用される例はいくつも見られる。アウレリアヌス・レオメンシス Aurelianus Reomensis（840 – 850 頃活躍）は、聖歌の旋法について論じた最初期の理論書『音楽論 Musica disciplina』で、"accentus acutus, accentus gravis" をはじめとする文法用語を多用しながら詩編唱の様々な旋律定型について論じている（Gushee 1973: 391）。また、8 つの旋法に言及する際、グイドと同じく 8 つの品詞を引き合いに出す[27]。フクバルドゥス Hucbaldus（850頃 – 930）は、『ハルモニア教程 De harmonica institutione』（880 頃）において、音楽の要素としての「音 ptongus」を文章における要素の「文字 littera」と対比させている（Desmond 1998: 469）[28]。要素同士の照応という点では、『ムジカ・エンキリアディス Musica enchiriadis』（900 頃）の冒頭部分も注目される。

ちょうど、明瞭で基礎的な要素であり、これ以上不可分な音（ヴォクス）が文字であり、その文字から構成された音節がさらに動詞や名詞を成し、そこから完全な語りが作り出されるのと同様に、歌の音（ヴォクス）であるプトングス、すなわちラテン語で音（ソヌス）と呼ばれるものが始原であって、あらゆる音楽の流れは最終的にこの音にまで分解される。音（ソヌス）の組み合わせから音程（ディアステマ）が生じ、さらに音程から音階（システマ）[29]ができる。このように音（ソヌス）が聖歌の第一の要素である[30]。

　このように、最も小さな構成要素から論を説き起こすあり方は、まさに『大文法』や『大プリスキアヌス』などの文法理論における論の進め方と共通する。また、『ムジカ・エンキリアディス』の冒頭に見られる音楽と文法理論の並置は、プラトンの『ティマイオス Timaeus（Τίμαιος）』についてカルキディウス Calcidius（4 世紀か 5 世紀初頭活躍）が残した注解の記述[31]の焼き直しであることも指摘されている（Waite 1956: 146）。

　アウレリアヌスやフクバルドゥスの理論、そして『ムジカ・エンキリアディス』は、いずれもグイドの『ミクロログス』に影響を与えたと考えられる。先にも述べた通り、それまで理論的枠組みをもたなかった聖歌を説明するため、文法論は非常に重要なツールとして様々な音楽理論書で利用されたのであり、『ミクロログス』もその流れの中に位置付けられる。近年、多くの研究者が音楽理論書における文法用語の利用に着目し、その用法から当時の音楽の姿を探ろうと試みている。『ミクロログス』における文法用語を考える上で示唆に富む研究をいくつか挙げよう。

　まず、文法用語と聖歌の旋律構造の関係を扱ったバウアーの論考がある（Bower 1989）。バウアーは、850 年から 1100 年頃までにまとめられた音楽理論書から、文法用語と旋律構造を対照させて論じた 12 編[32]を選び、それぞれの理論書の中で文法用語がどのように使用されているかを一覧表にまとめて検討する。彼の目的は、聖歌を分析するための有意義な視点として当時の理論書に見られる文法用語を理解し、利用することにある。グイドは「音節（シラバ）」、「単語（パルス）」、楽句（ディスティンクツィオ）の順に聖歌を分節したが、作者不詳の『ミクロログス注解 Commentarius in Micrologum』（1050–75 頃成立）とアリボ Aribo Scholasticus（1068–78 頃活躍）の『音楽論 De musica』では、こうした区分について解説するため、アンティフォナ《主はカナンの女たちに言われた Dixit Dominus mulieri Cananeae》を例に挙げている。

　《Dixit Dominus mulieri Cananeae》では、1 つの楽句（ディスティンクツィオ）に対し、"Dixit" が

「音節 シラバ」、"Dixit Dominus" が「単語 パルス」、"Dixit Dominus mulieri Cananeae" が楽句となる[33]。

バウアーは、この例を手がかりにアンティフォナの残りの部分もすべて区分しようと試みる。つまり彼は、『ミクロログス』をはじめとする理論書の記述、とくに音楽と文法用語が重なり合う部分から、当時の人々が聖歌の構造をどのように捉えていたのかを読み取り、聖歌を分析するために、中世の人々の視点を活かした新たな方法論を確立しようとしたのである。

　バウアーの分析に対し、フリンは音楽理論書での文法用語の扱い方全体を大きく取り上げ、文法と音楽との類似関係について、さらに踏み込んだ議論を展開する（Flynn 1999: 69-73）。フリンは旋律を区分する用語を基本的にバウアーと同じ様に分類した上で、区分された要素の上行下行を示すアルシスやテシスの語、アクセント用語にも触れる。また、旋律と歌詞の韻律構造の関係を考えた場合、聖歌においては歌詞の多くは韻文ではなく散文であることから、詞の韻律構造をそのまま音楽構造に適用できないとし、文法用語によって示される言葉の構文法と旋律の構文法の対応に限界があることを示す。それを踏まえた上で、旋律に特有の動きや構造を考えるために注目するのが文法用語としても用いられる「トロプス tropus」の語である。この語は『ミクロログス』にもたびたび現れ、モドゥスと同義のものとして使用されることが多い。しかし、第15章からの旋律の構成法の説明に入る直前の第14章では「トロプスと、音楽の力について de torpis et vi musicae」が扱われ、旋律の性格を特徴づけるものとしてのトロプスの側面が強調されており、フリンはこの部分にグイドによるトロプスの用語法の微妙な変化を見てとる。第15章以降トロプスの語はほとんど現れないが[34]、フリンは旋律の動きや構造の特徴が論じられる際に、トロプスについて第14章で語られた内容が意識されていると捉え、この用語の意味の広がりを指摘する。中世の音楽用語としての「トロプス」の語が持つ多様な意味合いと、比喩表現をはじめ様々な文飾を意味する文法用語としての「トロプス」との関係は、『ミクロログス』での記述を超え、さらに大きな視野から考えなくてはならない問題である。フリンの論考の中心は、典礼という枠組みの中で、言葉と共に音楽が果たす聖書解釈

学的・注解的な役割を探ることにあり、「トロプス」の持つ聖歌の注釈的な意味合いは当然重視すべき事柄となる。フリンは、11世紀の典礼聖歌集を具体的に分析する新たな視点を得るため、聖歌の歌詞と旋律、すなわち言葉と音楽との相関関係を、音楽理論書における様々な文法用語の援用から明らかにしようとするのである。バウアーやフリンの論考は、中世の音楽を文法という切り口から広く考えようとするものであり、聖歌の構造、あるいは典礼における言葉と音楽の関係についての新しい見方を提供するものとして興味深い。

　一方、デズモンドの研究は、『ミクロログス』第15章の主旨そのものを理解するために文法との関わりに光を当てる（Desmond 1998）。聖歌の旋律構造について論じた第15章は、グイド以前の理論書に類似の記述がほとんどなく、非常に独自性の高い部分である。そのため『ミクロログス』がまとめられた直後から、アリボの著作をはじめ、いくつかの注釈が行われているだけでなく、現代においても多くの研究者の注目を集め、議論の的となっている。デズモンドは、第15章に記された文法との並行関係から、聖歌の旋律がまずどのように区分されるのかを確認する。その際、バウアーによる音楽理論書での文法用語の整理から出発し、旋律の区分に関わる用語を重点的に再検討した上で、新たな一覧表を提示した。先にも述べたように、第15章で扱われる重要な問題として、旋律の区切りにおける音の引き延ばしや、区切られた旋律句や楽句同士の数比関係がある。加えて、旋律と詩の韻律との照応についての言及もあることから、聖歌の旋律における音の長短やリズムの問題を探る場合に、この章の記述が取り上げられることも多い（Crocker 1958: 11）。デズモンドは、アリボの『音楽論』をはじめとする『ミクロログス』への注解をもとに、グイドの論から聖歌の区切りをどう考えることが可能か、そしてフレーズ間の数比関係をどのように解釈できるか、文法の枠を超えて修辞学的な捉え方も視野に収めて論を展開する。聖歌の歌唱における音の長短とリズムに関して、グイドの記述から具体的な歌唱実践の例を導き出すには、残念ながら材料が不足していると考えざるを得ない。しかし、様々な注釈書や『ムジカ・エンキリアディス』などの音楽理論書との関係から、『ミクロログス』第15章でのグイドの意図に迫ろうとするデズモンドの論には、文法の枠組みから中世の音楽を考えることの重要性と可能性が感じられる。

　グイドが用いる文法用語の中でも、区分などを意味する「ディスティンクツィオ distinctio」の語にとくに着目したのが、ペシェである（Pesce 2007）。ディスティンクツィオは、『ミクロログス』第15章の場合、より小さな区分である

「音節」や「単語」から構成される楽句を意味することが多い。しかし、このような楽句としてのまとまりを作るための区分点を意味することもある。ペシェは、バウアーやデズモンドによる音楽理論書での文法用語の一覧表を下敷きに、ディスティンクツィオの語に特化した形で新たな表を作成し、文法的な「区分」と旋法との関わりを明らかにしようとする。なぜなら、ディスティンクツィオの語は、最初に登場する第 8 章において旋法の区別に関わる語として使用されているからである。ペシェの論の中心は、旋法との関わりの中でこの語をどう捉えるのかという点にある。ディスティンクツィオの語の意味は、「ディフェレンツィア differentia」の語と並置されることによってさらに複雑な様相を呈し、ひとつの語を一義的に扱うことができない難しさが改めて浮き彫りになる[35]。『ミクロログス』を含め、この時代の音楽理論書の記述を検討する際には、文法用語の援用について適切に把握する必要がある。しかし、個々の文法用語がどのような意味を担うものかは必ずしも明瞭ではなく、同じ用語が当時の理論書間のみならず、ひとつの論考の中でも一義的ではない点には十分留意する必要がある。

　最後に、第 15 章から第 17 章を中心とする文法用語の援用というミクロな視点ではなく、『ミクロログス』全体の構成と文法理論といった、よりマクロな関係をサリヴァンの研究に沿って見てみよう（Sullivan 1989）。

VI. 『ミクロログス』の構成と文法論

　サリヴァンは、グイドが『ミクロログス』をまとめるにあたり、彼自身が継承した自由学芸の伝統を枠組みとして利用していると指摘する。具体的に、7 つの学科のひとつとして教えられる音楽には、ボエティウスやカルキディウスを通じてプラトン、ピュタゴラス Pythagoras（前 6 世紀後半活躍）にまでさかのぼる数としての音楽の側面が考えられる。音と音との関係を数比関係として捉える音楽理論を、サリヴァンは音楽の「内的構造 inner structure」を支えるものと解釈する。一方、聖歌の歌唱という音楽の実践を支えるものとして、サリヴァンは「外的構造 outer structure」を挙げる。この外的構造の支柱となるのが、言葉に関わる文法などの三学科である。なぜなら、聖歌の歌唱では、語られる言葉と歌われる言葉との関係が重視されるからである。サリヴァンは、内的構造としてカルキディウスの伝えるプラトンの『ティマイオス』を重視し、外的構造としてプリスキア

ヌスの『文法学教程』を大きく取り上げ、プラトン的モデルと文法的モデルから『ミクロログス』全体の構造を説明する。

　『ミクロログス』第1章では「音 vox」の規則について学ぶことを明らかにし、続く第2章で音をアルファベットの文字によって示すという論の進め方は、プリスキアヌスやドナトゥスの理論書とまったく同じである。サリヴァンは、音名を示す文字が7つであることと、『ティマイオス』で論じられる7の重要性[36]との結びつきを認める。その後、音の配置、音と音との関係（音程）、8つの品詞を引き合いに出した上で8つのモドゥス（旋法）の説明が続く。これは、文字の組み合わせから単語が作られることを示し、その単語を8つの品詞に分類してからそれぞれについて論じる文法書の方法と等しい。『ミクロログス』では、音楽構造が文法構造の説明に重ね合わされ、文法書と同じ順序で論が展開するのである。

　第14章までは、純粋に音の規則の面が扱われており、聖歌の歌詞が問題にされることはない。しかし、第15章から第17章にかけて、旋律と歌詞との関係が非常に重要になる。サリヴァンが注目するのが第17章で、ここでは5つの「母音 vocalis」が選び出され、その母音に音をあてはめることによって聖歌を成立させようとする。プリスキアヌスは、母音と子音の関係を「魂 anima」と「肉体 corpus」の関係に喩え、母音がなければ子音は動くことができないのであり、両者はいわば動かすものと動かされるものの関係にあると説明する。母音を通じて旋律を構成し、音を動かそうとする『ミクロログス』での母音と楽音との関係は、プリスキアヌスが論じた母音と子音との関係に相当するものと捉えられる。第18、19章はオルガヌムを論じた章であり、サリヴァンはオルガヌムの2つの声部に二元性の象徴を見て取る。さらに、2つの声部がオクルススを通じて最後にひとつになることに一元論が示されるとし、プラトン的な二元論と新プラトン主義に通じる一元論とを対比させる。そして最後の第20章は、ピュタゴラスやボエティウスへの直接的なオマージュとなる。

　『ミクロログス』は青少年の教育の場での利用を意図したもので、実践的・教育的性格が非常に強い。こうした点から考えると、サリヴァンの解釈には、当時展開していたオルガヌムの実践をプラトン的な枠組みに当て嵌めようとするところなど、やや強引な部分もある。しかし、『ミクロログス』は全体を通じて、ピュタゴラスやボエティウスなど過去の「権威 auctoritas」を意識し、数学的な四学科のひとつとしての音楽理論を継承する面と、聖歌の歌唱実践の理論化のために文法を援用する面をもつことに、疑いを差し挟む余地はない。

　『ミクロログス』における論旨、中でも議論の多い第 15 章や第 17 章の内容を詳細に分析するために、文法論の理解は不可欠である。それと同時に、文法との関わりをさらに広い視野の中で捉えることにより、『ミクロログス』は当時の音楽を多角的に考える上で非常に有効な視座を与えてくれるのである。

注

［1］ Nec mirum regulas musicam a finali voce sumere, cum et in **grammaticae** paribus pene ubique vim sensus in ultimis litteris vel syllabis per casus, numerous, personas, tempora discernimus.（Waesberghe ed. 1955: 145、強調は筆者による）

［2］ これらの学科が "liberalis" と称されるのは、「自由人 homo liber」に相応しい学、すなわち実利・営利とは切り離された学だからであるとの証言がセネカ Lucius Annaeus Seneca（前 5/4 頃 - 後 65）の第 88 書簡に見られる（Gummere ed. 1962: 348）。また、セビーリャのイシドルス Isidor da Sevilla [Isidorus Hispalensis]（560 頃 – 636）の『語源 Etymologiae』では、"liberalis" が「書物 liber」と関連づけられている（クルツィウス 1971: 49, 78）。

［3］ メルクリウスはギリシア神話のヘルメスと同一視され、知恵に富み、旅人や商人の神であると共に、雄弁や音楽の神（アポロンの持つ竪琴は彼が作って贈った）ともされる。フィロロギア（「文献学」の意）はフロネシス（賢智）を母とし、あらゆる知識に通じた乙女であり、メルクリウスの花嫁に相応しい者としてアポロンが名指した。

［4］ 輝く黄金の頭飾りをつけた「音楽」が優雅に歩を進めるのに合わせて、黄金をあしらった彼女の衣装は微かな美しい音をたて、彼女の手にする丸い楯にはいくつもの円が互いに重なり合うように配されていて、そこからはあらゆる楽器に優る響きが流れる様が描写される（Stahl and Johnson with Burge trans. 1977: 352-353）。なお、マルティアヌス・カペラは音楽を "harmonia" として挙げているが、自由学芸のひとつである音楽は "musica" と称されることが多く、ボエティウスやカッシオドルスも "musica" の語を用いている。

［5］ 12 世紀に活躍したシャルトルのティエリ Thierry de Chartre（? – 1150 頃 1155 以前）は、『ヘプタテウコン（七自由学芸の書）Eptatheucon』において、「哲学者という気高い種族の若木を育てるために三学を四科に、婚姻の誓約のごとくに結びつけた」とし、『フィロロギアとメルクリウスの結婚』に登場するのとほぼ同じような姿で「文法」を描写している（ティエリ、井澤訳 2002: 479）。

［6］ 自由学芸 7 学科の図像表現の例としては、パリのノートル・ダム大聖堂やシャルトルの大聖堂の西側ファサードの彫刻、フィレンツェのサンタ・マリア大聖堂のジョットの鐘楼の壁の浮彫、フランス北部の都市ランの大聖堂の北側のバラ窓に嵌め込まれたス

テンドグラスなどがある。多くの場合、「文法」は冊子を開いて示す女性の姿を取り、教えを受ける幼い子供の像を伴うことも少なくない。

［7］『綱要』第 1 巻の序文参照（カッシオドルス、田子訳 1993: 339）。

［8］recte loquendi scientiam et poetarum enarrationum.『弁論術教程 Institutio oratoria』第 1 巻、第 4 章参照（Gesneri ed. 1822: 21; クルツィウス 1971: 56）。

［9］Partes orationis quot sunt? Octo.（Keil ed. 1864a: 355）

［10］Nomen quid est? Pars orationis cum casu corpus aut rem proprie communiterve significans.（Keil ed. 1864a: 355）

［11］"felix" は、現代の文法で考えるならば名詞ではなく形容詞に分類される。当時の 8 品詞論と現在の品詞分類の間の大きな違いのひとつは、形容詞が名詞に含まれている点で、これは形容詞の変化が名詞の場合と非常に似通っているためとも考えられる。一方で、現在は動詞の変化形として扱われる分詞は、独立した品詞として捉えられている。分詞の場合、名詞的な格変化、動詞的な時制の変化を行うために、この両者と深く関わっていることから、どちらか一方に分類してしまうことができないと考えられたのであろう（ロウビンズ 1992: 40-42）。

［12］たとえば、"Musa" は単一の語根からなる普通女性名詞と説明され、単数形では "Musa"（主格）、"Musae"（属格）、"Musae"（与格）、"Musam"（対格）、"Musa"（呼格）、"Musa"（奪格）と格に応じて語尾変化し、複数形では "Musae"（主格）、"Musarum"（属格）、"Musis"（与格）、"Musas"（対格）、"Musae"（呼格）、"Musis"（奪格）と語尾変化する様子が具体的に示される（Keil ed. 1864a: 356）。

［13］これとは反対に、『ミクロログス』は最も幼い少年たちを対象とした著作、『韻文規則』はある程度経験を積んだ年長者向けの著作と捉える見方もある（Palisca 1978: 50）。宮崎晴代「教育者グイド」（本書収録論文）参照。

［14］ラテン語原文は補足資料（Appendix 1 - 9）として本論文末にまとめる。

［15］本論文末 Appendix 1 参照。

［16］本論文末 Appendix 2 参照。

［17］本論文末 Appendix 3 参照。

［18］本書訳文では文意から、この原語の "grammatica" を「文法」ではなく「言葉」とした。

［19］本論文末 Appenidx 4 参照。

［20］グイドの他の主要な著作、『韻文規則』や『アンティフォナリウム序文 Prologus in Antiphonarium』、『未知の聖歌に関するミカエルへの書簡 Epistla de ignoto cantu directa ad Michaelem』では、直接 "grammatica" や "grammaticus" の語は用いられていない。

［21］8 品詞論については本論文の「II．文法教育の内容」と、『ミクロログス』注 28 参照。

［22］モルラについては、『ミクロログス』注 42 を参照。

［23］モノコルドの弦長比で考えると、「3 つに対して 2 つ」は完全 5 度の音程、「4 つに

対して 3 つ」は完全 4 度の音程にあたる。

[24] 数比関係を意識しながら韻律論が論じられている点に、アウグスティヌス Aurelius Augustinus（354 – 430）の『音楽論 De musica』を想起させるものがある（アウグスティヌス、原訳 1989）。『音楽論』では、詩行を具体例に挙げながら韻律や詩脚を分析し、詩脚の長さの数比関係（1：1 や 2：1、さらに 3：2 や 4：3 も含まれる）を説明している。『音楽論』で提示される「音楽とは、よく節づけることについての学問である Musica est scientia bene modulandi」との言葉は、ウァロ Marcus Terentius Varro（前 116 – 前 27）による現在は散逸した著作『学問論 Disciplinarum libri』からとられた定義と考えられるが（アウグスティヌス、原訳 1989: 580）、第 15 章のタイトル「適切な、あるいはなされるべき節付け De commoda vel componenda modulatione」に通じるものが感じられる。ただし、アウグスティヌスの『音楽論』で展開するのは、韻文における韻律、リズムの問題であって、聖歌の旋律が具体的に論じられることはない。

[25] 音の融化について説明する場合にのみ、"Ad te levavi" の楽句を挙げているが、これは融化の表記法に関するもので、音の長さに関わるような例は見られない。融化についての例も、いくつかの現存資料を見る限りわかりやすいものとは言えない。融化については、『ミクロログス』注 50 参照。

[26] アルシスとテシスについては『ミクロログス』注 52、注 53 参照。

[27]「しかし、最近の人々が見出した旋法は、ギリシア語による異なったアルファベットによるもの（名称）と同様にラテン語によるものを持ってはいるが、やはり旋律は先の 8 つのものに立ち戻ることになる。そして、文法における **8 つの品詞** により多くの品詞を加えて教えようとする者などいないように、誰も旋法により多くの数を加えたりできない」（『音楽論』より）。本論文末 Appendix 5 参照。8 という数字を説明するために、グイドは品詞の他に 8 つの「至福 beatitudo」を例に挙げている。8 という数と至福とを結びつける例は、中世の理論書でも相当数見られるが、品詞を挙げる例はそれほど多くない。グイドやアウレリアヌスの他にヨハンネス・アッフリゲメンシス（コト）Johannes Affligemensis (Cotto)（1100 頃活躍）の『音楽論 De musica』にも 8 品詞への言及が見られるが、ここでの記述は、グイドの例に倣ったものであることが明記されている。

[28]「これが要素であり、あるいは彼ら（昔の人々）が **プトングス** と呼んだものである。それはちょうどあらゆる言葉の表現が **文字** という要素によるものであって、何でもその文字をうまく使って語ることができるのと同様である」（『ハルモニア教程』より）。本論文末 Appendix 6 参照。

[29] このあとテトラコルドの説明が続くこともあって、"systema" を「音階」と訳出したが、「楽句」を意味するものとしてこの語が使われる場合もある。

[30] 本論文末 Appendix 7 参照。

[31]「そして実際、明瞭な原初の音のあり方とは、大きな部分である品詞、つまり名詞と動詞がその部分である音節、そしてその音節がこれ以上不可分で基礎的な最初の音である文字によっているという具合である。この文字からあらゆる語りの内容が構成され、

語りは最終的にはこの文字にまで分解されるのである。それと同じように、ギリシア人がエメレスと呼び、モドゥスと数によって構成される歌の原初の音のあり方は、実際ムジクスが音階（システマ）と呼んでいる、大きな部分を構成することになる。音階自体は、音程（ディアステマ）と呼ばれる滑らかにはっきりと発音されるものから構成される。さらに音程そのものの部分がプトングスで、これをわれわれは音（ソヌス）と呼ぶ。そしてこの音が、聖歌の第一の要素である」（『ティマイオス注解』より）。本論文末Appendix 8 参照。

［32］作者不詳の『ムジカ・エンキリアディス Musica enchiriadis』と『スコリカ・エンキリアディス Scolica enchiriadis』および『旋法と節付けられるべき詩編についての短い覚書 Commemoratio brevis de tonis et psalmis modulandis』、アウレリアヌスの『音楽論』、フクバルドゥスの『ハルモニア教程』、偽オド Pseudo-Odo の『対話 Dialogus』、グイドの『ミクロログス』、『未知の聖歌に関するミカエルへの書簡』と『韻文規則』、アリボの『音楽論 De musica』、作者不詳の『ミクロログス注解 Commentarius in Micrologum』、ヨハンネス・アッフリゲメンシス（コト）の『音楽論』の 12 編。

［33］本論文末 Appendix 9a, 9b 参照。なお、譜例はバウアーによる譜例 3（Bower 1989: 141）を参照して作成。『ミクロログス注解』やアリボの『音楽論』のもともとの史料には特に譜例は挙げられていない。

［34］第 18 章でオルガヌムに適した音について論じる際に、モドゥスとほぼ同義でトロプスの語が一度だけ登場する。

［35］ディスティンクツィオについては那須輝彦「グイドの教会旋法論」（本書収録論文）参照。

［36］たとえば世界の魂は、2 倍比、3 倍比からなる 1、2、3、4、8、9、27 の 7 つの数字から説明される。

Appendix 1　『ミクロログス』より

Igitur octo sunt modi, ut **octo partes orationis** et octo formae beatitudinis （Waesberghe ed. 1955: 150、強調は筆者こよる）

Appendix 2　『ミクロログス』より

Igitur quemadmodum **in metris sunt litterae et syllabae, partes et pedes ac versus**, ita in harmonia sunt phongi id est scni quorum unus, duo vel tres aptantur in syllabas; ipsaeque solae vel duplicatae neumam, id est partem constituut cantilenae; et pars una vel plures distinctionem faciunt, id est congruum respirationis locum. （Waesberghe ed. 1955: 162-163、強調は筆者による）

Appendix 3　『ミクロログス』より

cum **et de paucis litteris, etsi non perplures conficiantur syllabae, potest enim colligi numerus syllabarum Infinita tamen partium pluralitas concrevit ex syllabis, et in metris de paucis pedibus quam plura sunt genera metrorum, et unius generis metrum plurimis varietatibus invenitur diversum, ut hexametrum. Quod quomodo fiat videat grammatici**; （Waesberghe ed. 1955: 178-79、強調は筆者による）

Appendix 4　『ミクロログス』より

Sed ne in longum nostra regula producatur, ex hisdem litteris quinque tantum vocales sumamus **sine quibus nulla alia littera, sed nec syllaba sonare probatur earumque permaxime casus conficitur, quotienscumque suavis concordia in diversis partibus invenitur, sicut persaepe vdemus tam consonos et sibimet alterutrum respondentes versus in metris, ut quamdam quasi symphoniam grammaticae admireris.** （Waesberghe ed. 1955: 187-188、強調は筆者による）

Appendix 5　アウレリアヌス『音楽論』より

Qui tamen toni modernis temporibus inventi tam Latinorum quam Grecorum licet litteraturam inequalem habeant, tamen semper ad priores octo eorum revertitur modulatio. Et sicuti quit nemo **viii partes grammatice** adimplere disciplinae ut ampliores addat partes, ita ne quisquam tonorum valet ampliare magnitudinem;

（Gushee ed. 1975: 53-135、強調は筆者による）

Appendix 6　フクバルドゥス『ハルモニア教程』より

Unde et elementa vel **phthongos** eosdem nuncupaverunt: quod scilicet, quemadmodum **litterarum** elementis sermonum cuncta multiplicitas coarctatur, et quidquid dici potest, per eas digeritur; （Gerbert ed. 1963, 1:103-25、強調は筆者による）

Appendix 7　『ムジカ・エンキリアディス』より

Sicut vocis articulatae elementariae atque individuae partes sunt litterae, ex quibus compositae syllabae rursus componunt verba et nomina eaque perfectae orationis textum, sic canorae vocis ptongi, qui Latine dicuntur soni, origines sunt et totius musicae continentia in eorum ultimam resolutionem desinit. Ex sonorum copulatione diastemata, porro ex diastematibus concrescunt systemata; soni vero prima sunt fundamenta cantus. （Schmid ed. 1981: 1-59）

Appendix 8　カルキディウス『ティマイオス注解』より

Etenim quem ad modum articulatae uocis principales sunt et maximae partes nomina et uerba, horum autem syllabae, syllabarum litterae, quae sunt primae uoces indiuiduae atque elementariae, ── ex his enim totius orationis constituitur continentia et ad postremas easdem litteras dissolutio peruenit orationis ──: ita etiam canorae uocis, quae a Graecis emmeles dicitur et est modis numerisque conposita, principales quidem partes sunt hae, quae a musicis adpellantur systemata. Haec autem ipsa constant ex certo tractu pronuntiationis, quae dicuntur diastemata. Diastematum porro ipsorum partes sunt phthongi, qui a nobis uocantur soni. hi autem soni prima sunt fundamenta cantus. （Wrobel ed. 1876: 110）

Appendix 9a　『ミクロログス注解』より

Dixit Dominus mulieri Cananaeae. Illam unam dictionem "Dixit" habeatis syllabam, "Dixit Dominus" partem, "Dixit Dominus mulieri Cananaeae" distincionem. （Waesberghe ed. 1957: 154）

Appendix 9b　アリボ『音楽論』より

> *Dixit dominus mulieri cananeae*. Illam unam distinctionem, *Dixit*, habeatis
> syllabum, *Dixit dominus* partem. *Dixit dominus mulieri cananeae* distinctionem.
> （Waesberghe ed. 1951: 68）

表.『ミクロログス』の前後の時期の音楽理論書における文法用語

書名	旋律の分節に関わる用語 (小さな単位←→大きな単位)						旋律の動きに関わる用語
ドナトゥス『大文法 Ars maior』	vox littera	—	syllaba	media distinctio comma	pars subdistinctio colon	distinctio periodus	arsis - thesis accentus acutus gravis circumflexus
プリスキアヌス『文法学教程 Institutione grammaticae』	vox littera sonus	—	syllaba		pars		arsis - thesis accentus acutus gravis circumflexus
アウレリアヌス『音楽論 De musica』	vox		syllaba			distinctio	arsis - thesis accentus acutus gravis
フクバルドゥス『音楽教程 De harmonica institutione』	vox phtongus		syllaba		neuma pars	distinctio	arsis - thesis
『ムジカ・エンキリアディス Musica enchiriadis』	vox phtongus sonus	diastema —	syllaba neuma comma particula		systema — particula membrum colon		arsis - thesis
『スコリカ・エンキリアディス Scolica enchiriadis』	vox phtongus sonus diastema		neuma comma —	particula membrum —	colon systema	distinctio periodus	arsis - thesis
『旋法と節付けられるべき詩編についての短い覚書 Commemoratio brevis de tonis et psalmis modulandis』	vox sonus		syllaba neuma		membrum	distinctio	

	vox	syllaba		pars / neuma	distinctio	arsis - thesis / accentus
擬オド『対話 Dialogus』	vox	syllaba			distinctio	
『音楽論、特に変形について De musica et de transformatione specialiter』	vox	syllaba		pars	distinctio	
ガイド『ミクロログス Micrologus』	vox phtongus sonus	syllaba	—	neuma pars	distinctio	arsis - thesis accentus acutus gravis
ガイド『韻文規則 Regulae rhythmicae』	vox	syllaba colon	— —	pars comma	distinctio	
ガイド『未知の聖歌に関するミカエルへの書簡 Epistla de ignoto cantu directa ad Michaelem』	vox	syllaba	—	pars neuma	distinctio	
アリボ『音楽論 De Musica』	vox	syllaba	—	neuma pars	distinctio	
『ミクロログス注解 Commentarius in Micrologum』	vox phtongus sonus	syllaba	—	(neuma)	distinctio	
ヨハンネス・アッフリゲメンシス（コト）『音楽論 De musica』	vox phtongus sonus	syllaba colon diastema	membrum — —	comma systema	distinctio periodus teleusin	arsis - thesis accentus acutus gravis circumflexus

※バウアー（Bower 1989: 136）、デズモンド（Desmond 1998: 471）、ペシェ（Pesce 2007: 148-150）の文法用語に関する表を参考に作成する。分節に関わる用語は、小さい単位を左寄り、大きい単位を右寄りに記したが、欄の中での位置関係はおおよそのものである。また、それぞれの用語を明らかに対照させている場合には、ダッシュ（—）で結んで記した。比較のためにドナトゥス『大文法』とプリスキアヌス『文法学教程』に見られる文法用語も同じ表に収めた。

『ミクロログス』のオルガヌム理論

平井真希子

『ミクロログス』では、第 18、19 の 2 章を割いて初期多声音楽であるオルガヌムの説明を行なっている。多声音楽の実践がどのように始まり、グイドの時代までにどのように変化してきたのかに関しては、資料が乏しく判明していない点も多い。その意味でも、『ミクロログス』のオルガヌム理論は非常に貴重な証言となっている。

　ところが、第 18 章の文章には、ただ読んだだけではわかりにくい記述が多い。その大半は、第 19 章に載せられている譜例を参照しながら読むことによって理解しやすくなると思われる。しかし、譜例と照らし合わせてもなお、グイドの真意をつかみにくい部分が残る。

　本稿は、『ミクロログス』のオルガヌム理論すなわち第 18、19 章の記述をより深く理解するための手がかりとなることを目指している。まず初期多声音楽全般について確認した後、とくにグイド以前のオルガヌム理論について解説する。その後、グイドのオルガヌム理論とそれに付随する譜例の分析をおこなう。さらに、グイドのオルガヌム理論に関して先行研究で十分に説明されていない論点についても、ある程度の推測を試みることにしたい。同時代の楽譜資料の状況に関しても併せて概略を述べる。

I．オルガヌムとは

　中世後期においては、典礼聖歌に新たな旋律を挿入し、それに聖歌の内容を敷

衍するような新たな歌詞を付ける「トロープス」という習慣が盛んに行なわれていた。オルガヌムも、本来の聖歌に新たな要素を付け加えるという意味でこれに似た面がある。ただし、付け加えるのは「聖歌と同時に歌われる別の旋律」である。

　グイドは『ミクロログス』第18章の冒頭で、「ディアフォニアでは音（ヴォクス）が分離して鳴り、われわれはそれをオルガヌムと呼んでいるが、そこでは互いに分離した音が調和しながら別々に響いたり、別々に響きながら調和している」と述べている。すなわち、グイドは「ディアフォニア diaphonia」と「オルガヌム organum」という2つの名称をほぼ同義語としてとらえていたということになる。ただし、この2つの用語には微妙なニュアンスの差があるようである。「ディアフォニア」はギリシア語の「別々に響く音」という意味の言葉から来ており、「2つの音から成る」という含意がある。一方、「オルガヌム」は「道具」という意味のギリシア語から来ている。なぜ多声音楽がこのように呼ばれるようになったかについては、諸説があり明らかになっていない[1]。

　このような語源の違いからか、グイドは2声部を同時に歌うという手法やそれによって作られる響きを指す場合は「ディアフォニア」を、付加された声部を指す場合は「オルガヌム」を使う傾向がある[2]。そのため本文では、多くの場合原文の "organum" に「オルガヌム声部」という訳語を当てている。当時の多声音楽の実践ではあくまで聖歌が中心であり、付加される声部はそれを修飾するものという位置づけであった。したがって、グイドの時代の人々が「独立した2つの声部を持つ楽曲」という意識で歌っていたわけではなかったであろう。それでもあえて「オルガヌム声部」という訳語を採用したのは、少なくとも『ミクロログス』という音楽理論書の枠組の中では、付加された声部を取り出してその動きを説明するという論述手法が取られており、「声部」という語を避けることでかえってわかりにくくなってしまうという判断からである。

　「オルガヌム」の語は13世紀頃まで多声音楽全般を指す言葉としても使われ続ける。一方「ディアフォニア」は12世紀頃から使われなくなり、これに代わって「ディスカントゥス discantus」という言葉が登場する。モード・リズムの概念が登場する13世紀には、「オルガヌム」、「ディスカントゥス」の語は、広義のオルガヌムの下位分類としてリズム様式の違いを表すようになってゆく。

　このように「オルガヌム」という語で表される音楽が作られたのは、多声音楽の描写が理論書に初めて見られる9世紀頃から13世紀頃までだと考えられるが、

その様式は、時代ごとに大きく次の3つに分けられるといってよいであろう[3]。

    (1) 9〜11世紀　平行／斜行オルガヌム

    (2) 12世紀　華麗オルガヌム

    (3) 12〜13世紀　メリスマ・オルガヌム

(1) 9〜11世紀　平行／斜行オルガヌム

  この時代のオルガヌム様式については、主として理論書の説明をもとに推測が行なわれている。聖歌声部が上でオルガヌム声部が下となり、両声部が1音符対1音符で対応することが原則である。2つの声部の音程関係については、平行4度、5度での動きが基本となっているが、そこから逸脱して他の音程を使っている場合もある。実際には、1曲の聖歌に対し、平行部分とそこから逸脱する部分とが交替するような形でオルガヌム声部が付けられているということになる。現代の研究者は、前者を平行オルガヌム、後者を自由オルガヌム等のように呼ぶことが多いが、両者が交替するような様式のオルガヌムを全体としてどのように呼ぶかについての統一見解はないようである。詳しくは後述するが、平行から逸脱するいわゆる自由オルガヌムの部分では、オルガヌム声部が同一の音高を続けることにより作られる「斜行」が大きな役割を果たしていると考えられる。この特徴は、9〜11世紀のオルガヌム全体に見られるといってよい。したがって、ここではこの形態のオルガヌムを便宜上「平行／斜行オルガヌム」と呼ぶことにしたい。リズムについてはわかっていないが、1音符対1音符なので、元の聖歌を単旋律で歌う場合と同じリズムで歌っていたのではないかと推測できる。

(2) 12世紀　華麗オルガヌム

  この時代のオルガヌムは、現代の研究者によって「華麗オルガヌム florid organum」と呼ばれる様式が中心となる[4]。オルガヌム声部が上、聖歌声部が下になり、聖歌の1音符に対しオルガヌムの数音符が対応するような形態である。音程関係としては平行、斜行、反行が混在している。このような形のオルガヌムは、同時代の音楽理論書では部分的にしか説明されていない[5]。しかし、アキテーヌのポリフォニー諸写本[6]、カリクストゥス写本[7]等の楽譜史料の中に含まれる多数の楽譜を見ると、それまでとは異なる様式のオルガヌムが登場してきたことが明らかに認められる。

  楽譜は、初期のものを除き譜線付きネウマで書かれており、音高はほぼ確定で

きる。2声部の書き方としては、一部には特殊なものも見られるが[8]、基本的には2段のスコアとして記譜されている。そのため、両声部の音の対応関係もかなりの程度推測可能である。リズムに関しては確定できず、推定を試みている研究もある（Karp 1992）が、あまり成功していない。

(3) 12〜13世紀　メリスマ・オルガヌム

　この時代の中心となるのは、いわゆるノートルダム楽派の諸史料[9]に見られるオルガヌムである。3、4声部の曲も登場する。楽譜がスコアとして各声部を縦に並べる形になっているのは12世紀と同様である。角形ネウマを用いた記譜法で書かれ、音高は確定できる。2声曲では、長く伸ばした聖歌旋律の1音ずつにオルガヌム声部の多数の音符が対応する部分と、両声部の音符の数がそれほど違わない部分とが交替する。当時の音楽理論書の中で、前者は「オルガヌム・プールム organum purum」等の名称で説明され、後者は「ディスカントゥス discantus」と呼ばれている。前者では、オルガヌム声部が時として非常に長いメリスマを形成することもあるのが特徴的である。このような様式を現代の研究では「メリスマ・オルガヌム melismatic organum」と呼ぶことが多い。リズムについては諸説あるが、オルガヌム声部は自由リズムで歌っていたという説が現在有力である（平井 2009）。後者では、同時代の音楽理論書で説明されている「モード・リズム」の規則が適応でき、リズムはかなりの程度確定できる[10]。なお、3、4声曲にも聖歌声部を長く伸ばす部分と全声部が細かく動く部分との区別はあるが、いずれも原則的にはモード・リズムとして解釈することが可能である。

　14世紀以降も聖歌を定旋律として別の声部を付け加える楽曲は作り続けられるが、複雑なリズムを表現できる計量記譜法の発展に伴い、13世紀オルガヌム様式の曲が新たに作られることはほとんどなくなる（Baltzer 1990）。それとともに「オルガヌム」という言葉も使われなくなってゆく。
　以上見てきたように、オルガヌムの歴史は大きく3つの時代に分けることができる。ここでは、『ミクロログス』が含まれる9〜11世紀に焦点をしぼって説明してゆくことにする。この時代のオルガヌムを「平行／斜行オルガヌム」という概念でまとめることができることはすでに述べた。しかし、12世紀以降の様式と比較すれば共通点の方が多いものの、グイドのオルガヌム理論とそれ以外とでは若干の違いがある。次の節からは、グイド以前のオルガヌム理論、『ミクロロ

グス』のオルガヌム理論、『ミクロログス』におけるオルガヌムの実例、同時代
の多声実践をそれぞれ取り上げて見てゆくことにする。

II. グイド以前のオルガヌム理論

　多声実践についてある程度具体的に述べた最古の理論書として、『ムジカ・エ
ンキリアディス Musica enchiriadis』および『スコリカ・エンキリアディス Scolica
enchiriadis』がある。いずれも 9 世紀中頃に成立したと考えられている。作者や
書かれた場所はわかっていない。『ムジカ・エンキリアディス』と『スコリカ・
エンキリアディス』は多くの写本に続けて筆写される形で残されており、グイド
も読んでいた[11]。
　この 2 つの理論書は、内容的には重なる部分が多いが、用語の使い方などに若
干の違いがあり、それぞれ異なった作者が書いたものではないかと考えられてい
る（Phillips 1984: 397-401; Erickson trans. 1995: xxii-xxiv）。『ムジカ・エンキリアディ
ス』が単純な叙述形式をとっており、入門書的な書き方がされているのに対し、
『スコリカ・エンキリアディス』は対話形式をとっており、すでにある程度の知
識のある人に向けて書かれている。
　『ムジカ・エンキリアディス』は全部で 19 の章から成っている。前半の第 1 〜
9 章で単旋聖歌に関する基本的な概念を説明した後、後半の第 10 〜 18 章で「シ
ンフォニア」概念とオルガヌムの作り方を説明し、最後の第 19 章がエピローグ
となっている。一方、『スコリカ・エンキリアディス』は 3 部分から成っている。
第 1 部の内容はおおむね『ムジカ』の前半と、第 2 部は後半と対応しており、第
3 部では協和音程に関連する数比理論等を扱っている。
　前述のように、これらの理論書の中のオルガヌムについての記述は、現存する
最古のものであるが、その書き方からは、新しい現象としてではなく既知の現象
について説明する性格のものであることがうかがえる。そうであれば、オルガヌ
ムの習慣自体は理論書よりかなり前に始まっていたのではないかと推測される。
　この 2 つの理論書は特殊な音高の表記法を使用しているという特徴があり、そ
の記譜法は「ダジア記譜法 Daseian (Dasian) notation」と呼ばれている。本書訳
注 10 でも説明したが、この記譜法体系では、ＤＥＦＧのように全音、半音、全
音の間隔で並べられた 4 音からなるテトラコルドが基本になっている。この 4 音

は低いほうから順に「プロトゥス protus」（あるいは「アルコス archo［o］s」）「デウテルス deuterus」「トリトゥス tritus」「テトラルドゥス tetrardus」と呼ばれ、そのそれぞれに特殊な記号があてられている。この呼び方はグイドと共通であるが、対応している音高は必ずしも同じではないことに注意が必要である。

エンキリアディス音階

グイドの音組織

P はプロトゥス、D はデウテルス、Tr はトリトゥス、T はテトラルドゥスを指す。

　ダジア記譜法の体系では、隣接するテトラコルド同士はいずれも全音の間隔で接続されている。そのため、ある音とそこから5番目にあたる音、すなわち隣接するテトラコルドの同じ位置にある音同士は常に完全5度の関係になっている。一方、一部の箇所で、ある音と8番目の音との間にオクターヴではなくB♭とb♮、Fとf♯のように増8度の音程関係が作られてしまう。すなわち、オクターヴ上あるいは下に、対応する音がない箇所が存在する。
　それでは、このような特異な記譜法体系を用いて表現される、現存する最古の多声音楽理論とはどのようなものであったのだろうか。ここでは主に『ムジカ・エンキリアディス』を例に、内容をたどってみたい。
　第10章は「シンフォニア」の定義から始まる。シンフォニアとは「互いに結合された異なる音の甘美な協和 vocum disparium inter se iunctarum dulcis concentus」のことであり、具体的には、基本的なものとして完全4度、完全5度、オクターヴ、複合的なものとしてオクターヴ＋完全4度、オクターヴ＋完全5度、2オクターヴがあげられている。そして、これらの協和音程が同時に歌われる場合について、「それこそわれわれがディアフォニアの歌、あるいは慣習的にオルガヌム

と呼んでいるものである Haec namque est, quam diaphoniam cantilenam vel assuete organum nuncupamus」と述べている。ここでは、ディアフォニアとオルガヌムはほぼ同義語であるが、オルガヌムの方が慣習的な呼び方だということになる (Schmid ed. 1981: 23)。

　本格的なオルガヌムの説明の前に、同じ旋律をオクターヴ、2オクターヴ、完全5度の音程で重ねた場合の例が示される。ダジア記譜法の体系では、オクターヴ上あるいは下に対応する音がない場合が生じうるのは前述のとおりだが、オクターヴ重複に際してそのことは問題にされておらず、その箇所の譜例では、音高はダジア記号ではなく音名を示す文字記号で表記されている。

　続けてオルガヌムの説明となる。「ディアフォニアという名称はすべてのシンフォニアに共通して使えるが、特に完全4度、完全5度の場合に適切とされる Quod licet omnium simphoniarum est commune, in diatessaron tamen ac diapente hoc nomen optinuit」とあるにもかかわらず、その後の部分では、主に4度のオルガヌムのみについて論じられている (Schmid ed. 1981: 37)。5度平行のオルガヌムについては詳細に説明されてはおらず、4度の平行オルガヌムに比べて、オルガヌム理論上重要なものとして位置づけられてはいないようにも思われる。しかし、ダジア記譜法の体系そのものが、完全5度隔たった音同士の類似性を中心にしており、この体系の中で同じ旋律を5度平行で歌う場合、まったく矛盾なしに行なえるようになっている。したがってオルガヌム声部を別個に記譜する必要もなく、詳しい説明も必要ないことになる。理論書では重要視していないように見えるのは、そのためだったのではないだろうか。実際には、ある程度実践されていたのではないかとも考えられる (Fuller 1978)。

　4度平行のオルガヌムにおいては、5度平行の場合にはない大きな問題が起こりうる。聖歌声部がデウテルスの音をとった場合、その4度下の音、すなわち1つ下のテトラコルドのトリトゥスの音との間に増4度が作られてしまうのである。この問題を解決するために『エンキリアディス』の作者がとっている方法は、一言でいえば「聖歌声部にデウテルスの音が出現する場合、オルガヌム声部はその周辺ではテトラルドゥスの音を保ち、それより下に下がらない」というやり方である。すなわち、その場合オルガヌム声部はテトラルドゥスの音を続けることになる。このような音を近年の研究では「境界音 boundary tone」と呼んでいる (Fuller 1990: 497)。このような原則に基づいたオルガヌムの作り方を説明するために、テトラコルドのそれぞれの音から始まり同じような動きをするモデル旋律に

ついて、どのようにオルガヌム声部を付けるかが示されている。

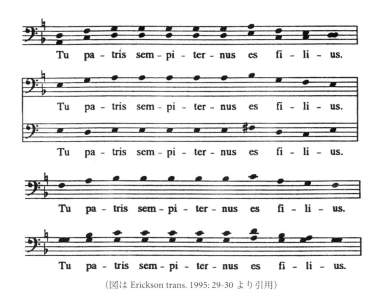

（図は Erickson trans. 1995: 29-30 より引用）

このうち第3の例では、デウテルスである b♮ 音が強調されるような旋律であるため、適切なオルガヌム付けができないとしている。第2の例で F♯ の音が含まれているが、これは本来のダジア記譜法体系の音階には存在しない音である。元の作者が増4度に気づかず譜例を作ってしまったと思われ、現代譜の作成者であるエリクソンが♯を補ったものである。

第1、第2、第4の例ではフレーズの終わりでユニゾンとなっている。第4の例では、境界音であるテトラルドゥスGを最後まで使い続けた結果として説明可能である。しかし、第1、第2の例では境界音とは無関係にユニゾンに向かって動いている。すなわち、『ミクロログス』で「オクルスス」と名付けている現象と同じことが起きていると思われるのだが、それについて文章では説明していない。

以上より、『ムジカ・エンキリアディス』のオルガヌム理論の特徴として、次の2点をあげることができるだろう。第1に、4度平行、5度平行の両方を認めている点である。このことは、5度平行を認めていない『ミクロログス』との大

266

きな違いである。また、4度平行の場合、曲の一部でオルガヌム声部が同じ音（境界音）を連続する斜行の形になるが、その理由を「聖歌声部がデウテルス、オルガヌム声部がトリトゥスの場合に生じる増4度を避ける」というふうに単純化していることが第2の特徴である。ダジア記譜法の体系では、すべてのテトラコルド内の音程関係が同じで、2つのテトラコルドを接続する方法も1種類しかない。この体系に基づいていることから、このような単純化が成立しうると言ってもよいであろう。

III. 『ミクロログス』のオルガヌム理論

　グイドは第18章の冒頭で、「ディアフォニア／オルガヌム」を定義した後、「ある人たちは、[聖歌を]歌っている人に対してつねに4番目の音が下にくるようにするという方法をとっている。（中略）先程述べたディアフォニアのやり方は明らかに生硬だが、われわれのやり方には柔軟性がある」と述べている（本書37頁）。ここで「生硬」「柔軟」と訳した箇所のラテン語原文では、"durus" "mollis" という語が使われている。

　第5章には「今日の一部の人々ははなはだ不注意なことに4つの記号しか用いてこなかった」（本書13-14頁）とあるが、本書訳注10で説明したように、この記述はダジア記譜法を指しているものと考えられる。このことからもわかるように、グイドは『エンキリアディス』の内容を知っており、少なくともその記譜法体系に対しては批判的な意見を持っていたようである。したがって、この「生硬なやり方」も平行オルガヌムを主体とした『エンキリアディス』の理論に対する批判であるように思われる。しかし、そこにあげられている譜例を良く見ると、ダジア記譜法の音組織体系によるものではないことがわかる。中央の聖歌声部の上下に別の声部を付加しているが、このうち下の声部で "Deus" のメリスマ中に見られるフラットの付かないロ音は、エンキリアディス音階に含まれていない。

グイドは音組織の基本として全音階によるものを考えていた。そのため、この譜例も全音階の音から成っている。下に増4度が来てしまうのは、ダジア記譜法の体系ではデウテルスの音すべて、すなわち4音中1音なのに対し、全音階では、すなわちフラットの付かないロ音のみである。したがって、この譜例にも見られるように、全音階の体系では、♭音が聖歌に出現しない限りかなり長く4度平行のままで動くことができたはずである。グイドが「生硬」としたのは、このようなオルガヌムだったのである。

　全音階を前提として「柔軟性がある」オルガヌムを作るためにグイドがとった方法は、増4度を避けるため以外にも「響きとして好ましい」という理由で平行オルガヌムからの逸脱を認めることであった。逸脱する場合、境界音を用いた斜行の形をとることは古いオルガヌムと同様だが、絶対に斜行とすべき箇所以外で、平行のまま進むか、逸脱して斜行とするかを選ぶ余地ができたということで、オルガヌムの歌い手の自由度は大きくなり、感性を試されることにもなったのではないだろうか。しかしこの方法を説明するためにグイドが持ち出した「音程（コンコルディア）間の順位付け」には、音楽理論的な裏付けが乏しいことは否めない。

　それまでの音楽理論で「シンフォニア」として特権的な地位を持った音程とされたのは、複合音程を除けば、完全4度、完全5度、オクターヴであり、それらには単純な数比に基づくという数学的な裏付けがあった。しかし、グイドがオルガヌムに使う音程としてあげたのは、好ましい順に「完全4度、長3度／全音（この2者のどちらが上かは述べていない）、短3度」となっており、完全5度と半音は使わないとしている。増4度／減5度と6度以上の音程については触れていないが、問題外ということのようである。

　シンフォニアである完全5度が除かれていることからもわかるように、この順位づけには数学的な裏付けは存在しない。『エンキリアディス』で説明されている方法でダジア記譜法体系におけるテトラルドゥスを境界音として斜行を続けた場合も、作られる音程はユニゾンと完全4度以外には常に全音と長3度となっていることは興味深い。当時好まれた音感覚を反映しているのであろうか。ここから出発して、このような音程を作りうる境界音は何か、と考えてゆくと、「オルガヌム声部に最も適した音はテトラルドゥスであるGやトリトゥスであるCとF（いずれも上に全音、長3度がくる）、より適している（＝次に適している）音はプロトゥスであるAやD（いずれも上に全音、短3度がくる）、適している（＝使える

が位置づけは低い）音はデウテルスである B や E（いずれも上に半音がくる）」（本書 37 頁）という説明が理解できるのである。

　平行オルガヌムから逸脱する自由度を増したことに加えて、『ミクロログス』のオルガヌム理論のもう 1 つの特徴は、「オクルスス occursus」の説明を付け加えたことである。この "occursus" は「出会う、出迎える」という意味のラテン語 "occurro" に由来する言葉であり、「フレーズの終わりで両声部が合流すること」を意味している。最後の音でユニゾンに到達するというだけでなく、その 1 つ前の音として何の音をとるべきかについても、グイドは好ましい音程という面から説明している。好ましい順に「全音、長 3 度、完全 4 度」であり、短 3 度は「あり得ない」とされ、半音は言及すらされていない。平行ないしは斜行の動きから、聖歌の最終音とその 1 つ前の音がどうなっているかを考え、オクルススへとスムーズに移行するためには、かなりの経験が必要だったのではないだろうか。

　さらに、オルガヌム声部が聖歌よりも高い音をとる場合についても述べている。これも自由度の増加ととらえることも可能だが、グイドはあまり積極的にこの方法を推奨しているようには思えず、例外的な手法と位置付けた方が良さそうである。

IV. 『ミクロログス』におけるオルガヌムの実例

　以上のような原則を理解したうえで、第 19 章で提示されている譜例を見直してみよう。

［譜例 1］

Ip - si___　so - li_____

　前半が 4 度平行、後半が C を境界音とする斜行になっているが、平行から斜行に移るところで同じ C 音を使い続けたまま移行しているところ、およびこの C 音がそのまま全音を経たオクルススとしても使われているところに注目したい。グイドはこのようなスムーズな移行を好んでいたように思われる。

［譜例 2］

Ser - vo　fi - - - dem___

この聖歌声部に対しては、4度平行を使い続けている。フレーズ後半に斜行を使うとすると、ふさわしい境界音はFと考えられるが、そこに行くためには聖歌がG音を反復している間にオルガヌム声部がDからFに跳躍することになる。それよりは4度平行を続けた方がよいという判断だろう。グイドは可能な限り同音の連続や順次進行を使う傾向があり、跳躍進行を美しくないと感じていた形跡がある。ただし、ディアテサロンからのオクルススよりはディアテサロンを続ける方が好ましいが、「調べ（シンフォニア）の最後の楽句（ディスティンクツィオ）では、それが生じないように配慮すべきである」（本書38頁）としているので、もしこれが曲の最後の部分であれば、このように平行のまま終わるのは良くないと考えたのではないだろうか。

［譜例3］

Ip - si＿＿ me to - ta

　これは逆に、斜行から平行に移るケースである。やはり、C音を使い続けられる箇所を境目に選ぶという配慮が見られる。

［譜例4］

De - vo - ti - o - ne com - mit - to

　聖歌がGに上がった所では完全4度を使う以外の選択肢はないが、その後全音を用いたオクルススにスムーズに移行することを考え、平行4度を使い続けることはせず、すぐに斜行に戻している。

［譜例5a］

Ho - mo＿＿ e rat in Ihe- ru - - sa - lem

［譜例5b］

Ihe - ru - - sa - - lem

　同じ曲に対するオクルススの可能性を2つ示している。上の譜例5aでは、最終音の1つ前の音が作る音程は「あまり好ましくない」とされる長3度であるが、境界音Cを使い続けられるという利点があるのに対し、下の譜例5bでは、オクルススに適した全音を使えることになる。グイドはこの両者に甲乙を付けようとはしていないようである。譜例5bのような全音の連続は、今日の音感覚からす

れば奇異に聞こえるが、グイドはそのように感じてはいないようである。

Ve - ni ad do - cen - dum ___ nos ___

vi - - - am pru - den - ti - ae ［譜例 6］

　上段では聖歌声部がフィナリス D よりも低い位置にまで下りている。それに
もかかわらず譜例 7b のようにオルガヌム声部を聖歌よりも高い音域に残すこと
をしなかったのは、上段最終音の A をフレーズの最後と考え、オクルススを作
る必要があると判断したからであろう。結果として、グイドの体系における最低
音である Γ を境界音として使うという苦しい選択となった。聖歌が D 音を連続
しているところでオルガヌムが C から A に跳躍するのはグイドの好みではない
が、それを回避しようとするとずっと平行 4 度を使うという「生硬な」オルガヌ
ムになってしまうため、やむを得ないと考えたのではないだろうか。

Sex - ta ___ ho - - - ra se - - dit ___ su - per ［譜例 7a］

pu - te - um ___

　前半は平行と斜行を取り混ぜたグイドらしい進行である。最後のメリスマの部
分で、スムーズな進行を重視するのであれば、聖歌が C から F に動いたところ
でオルガヌムを C のまま保ち、その後平行 4 度のままを続けるという選択肢も
あったのではないか。そうしなかったのは、曲の最後であるためオクルススをす
べき箇所だったからかもしれない。あるいは、聖歌が C から F に跳躍するのに
まぎらわせて、オルガヌムも一緒に上の境界音 F に移るというアイディアが面
白いと思ったからかもしれない。

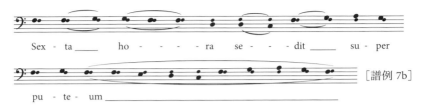

Sex - ta ___ ho - - - - ra se - - dit ___ su - per

[譜例7b]

pu - te - um ___

　これは、聖歌が低い音域で歌う場合、オルガヌムの方を高い音域に残す方法の例としてあげられている。しかし、確かにフィナリスＦよりも低い音域を使ってはいるものの、譜例6ほど低いわけではなく、平行とＣを境界音とした斜行を交替させた通常の形のオルガヌムを付けることも可能だったはずである。これは、Ｆという音が、聖歌のすべての音に対してオルガヌム声部として利用することができ、なおかつオクルススもきれいに形成することにグイドが気づき、遊びとしてドローンのようなオルガヌム声部を作ってみたということではないかと推測することも可能であろう。

Ve - ni - te ad - - - - - - o - re - mus

[譜例9]

　丸いｂも上下の音程関係から考えればトリトゥスに分類され、したがって境界音として使うことができることを示した例である。典型的な例というよりは、こんなことも一応可能だということを示すための珍しい例と考えるべきではないだろうか。

　ところでここまでの譜例で、境界音は、Γを使った譜例6および丸いｂを使った譜例9を除きすべてＣかＦであった。上に全音、長3度、完全4度の音程関係の音がくるという意味ではＧも同じであり、現に第18章の最初ではＧについても「オルガヌムに最も適した音」の1つとしていたはずである。実は、第19章には1つだけ境界音としてテトラルドゥスＧを使った譜例がある。

Vic - tor as - cen - dit coe - los un - de des - cen - de - rat

[譜例8]

　この譜例に対応するグイドの説明は、第18章の次の箇所である。「さらに、デ

272

ィアテサロン（完全4度）は各音の下に置かれるが、四角い♭の場合は除く。したがって、その音を含む楽句（ディスティンクツィオ）では、Gがオルガヌム声部としての有効性をもつ。このことが生じた場合、聖歌（カントゥス）がFに下行するか、あるいはGで終わる楽句を作るなら、［聖歌の］Gやaに対して、しかるべき場所で［オルガヌム声部は］Fで伴唱する」（本書39頁）。♭音の近辺ではこの音と増4度を形成するFが使えないため、Gはいわばピンチヒッターとして境界音の役割を務める。しかし、問題の部分が過ぎたとたんに、境界音としての仕事を再びFに奪われてしまうのである。

　テトラルドゥスGは、境界音としての位置づけがトリトゥスC、Fより低く、♭があってFが使えない場合にやむを得ず臨時に使うものとされているようである。グイドはその理由を説明しておらず、先行研究でもその理由を解明しているものは見当たらない。

　ところで、この問題に関連して、『ミクロログス』のオルガヌム理論の中にはもう1つ奇妙な記述がある。「ディアフォニアでは、まさにトリトゥスこそが他のどれにも増して使いやすいため首位を占め、それがグレゴリウスによって他のどの音よりも好まれたのも当然であろう。たしかにグレゴリウスは、多くの旋律の冒頭や反復音の大多数にそれ（トリトゥス）を当てているので、もしその聖歌からトリトゥスのFとCを取り除くなら、ほぼ半分の音が取り去られてしまうことが分かるだろう」（本書39頁）。ここでは明らかな理由をあげずにFとCの優位をうたっている。またなぜか急に、オルガヌムの話からグレゴリオ聖歌でよく使われる音の話に飛躍している。

　確かに、教会旋法では8つのうち半数でFとCが反復音として使われており、反復音として使われることが多いというのは納得できる。聖歌全体でどうなっているかに関しては検証が難しいが、デイヴィッド・ヒューズによれば、一部のレパートリーでは確かにFとCが多く使われている傾向があるとのことである。しかし中世の理論書で『ミクロログス』のこの箇所以外にはそのことを論じたものはなく、当時の人々がそのことをはっきりと意識していたわけではなさそうである。なおヒューズは、このグイドの記述をオルガヌムの境界音と結びつけて論じてはいない（D. Hughes 2001）。

　聖歌で特定の音が多く使われているかどうかに関しては、意外なことに本格的な研究が見当たらない。わずかにクルト・ザックスやウィリアム・マートが、音組織体系の中で強い音、弱い音の存在を指摘し、強い音は3度の間隔で現れる傾

273

向があることを示唆している。

Chains of thirds: ○ = strong notes   ● = intermediate notes   ●･= weaker & weakest notes

（図は Mahrt 2000: 487 より引用）

この強い音は、旋法に関係なく出現し、その旋法の終止音や反復音ではない場合にも旋律の中で強勢を持ち、多く使われやすいということである。もしこのような傾向が実際にあるとすれば、オルガヌムにおいても「強い音」であるCやFが「比較的弱い音」であるGに比べて境界音として選ばれやすいのは理解できるように思われる（Mahrt 2000; Mahrt 2009; ザックス 1969: 375-380）。

Ⅴ. 同時代の多声実践
──《ウィンチェスター・トロープス集》のオルガヌム

『ミクロログス』によって当時のオルガヌムの作り方はかなり明らかになったと言えよう。しかし、これはあくまで理論書の中に書かれたものであり、説明のために整理されて細部が切り捨てられた面もあるだろうし、地方ごとの違いなども反映されていないと思われる。典礼の現場でどのようなオルガヌムが歌われていたかを知るためには、楽譜資料についても見る必要があるが、それは容易ではない。ダジア記譜法やアルファベットを用いて音高を特定していたのは、もっぱら理論書の中で説明のために必要な場合であった。楽譜に関しては、当時まだ譜線なしネウマが一般的だったため、それだけから曲を復元することは困難である[12]。グイドが発明したとされる有線記譜法を使ってオルガヌムが記譜され始めたころには、様式の主流はすでに華麗オルガヌムに移ってしまっていた。

平行／斜行オルガヌムの楽譜資料として現存する最大のものは、《ウィンチェスター・トロープス集 The Winchester Troper》と呼ばれるものである。本稿の最後に、これについて紹介しておくこととしよう。

この名称で呼ばれる写本には、

Cambridge, Corpus Christi College 473（C473）

Oxford, Bodleian Library 775（O775）

の2つがあり、いずれも11世紀はじめ頃、ウィンチェスターのオールド・ミンスター Old Minster 修道院に由来する。ここには、計174曲のオルガヌムが含まれている。オルガヌム声部の楽譜は、単旋聖歌とは別に、C473の後半部分にまとめて筆写されている。個々のオルガヌムの楽譜には、どの聖歌に対応しているかの指示はないが、歌詞やメリスマの状況から推測は可能である。ただし、同じ写本C473の中には対応する聖歌の楽譜がなくO775のみにある場合なども多い。

C473については、スーザン・ランキンによる詳細な解説の付いたカラー・ファクシミリ版が2007年に出版された（Rankin ed. 2007）。彼女によれば、C473の主要筆写者は3人いるが、オルガヌムはほとんどがその中の1人の筆跡となっているとのことである[13]。このトロープス集は譜線なしネウマで記譜されているため、単独では音高の特定はできない。単旋聖歌については、同じ曲が音高を特定できる形で後の時代の写本に載っていることも多いため、相当程度解読可能である。一方、オルガヌムは写本C473以外の資料には載っておらず、解読は不可能と考えられてきた。

最初にこのレパートリーの解読を試みたのはアンドレアス・ホルシュナイダーであった（Holschneider 1968）。オルガヌムの楽譜は、音高を特定できる記譜法ではないが、それでも筆写者は、文字符号などを使いできるだけ音高を記録しようと試みている。この文字符号とは、音名のように音高を直接示すものではなく、例えば"e=equaliter"（前の音と同度）、"h=humiliter"（前の音より下がる）、"l=levare"（前の音より上がる）のようなものである。対応する聖歌と同じように動くネウマが書かれていればその箇所は平行オルガヌムになっているだろうし、聖歌が動いているのにオルガヌムが同音を保つように指示されていればその箇所は斜行であろう、といった推測を細かくしていくことで、ある程度の解読が可能であるとランキンは主張している（Rankin 1993; Rankin ed. 2007）。

ただし、こうした推測が成り立つためには、《ウィンチェスター・トロープス集》のオルガヌムも『エンキリアディス』や『ミクロログス』で説明されているのと同様の規則に基づいて作られていると仮定する必要がある。実際には、理論書の境界音の概念が全てあてはまるわけではないにしても、平行で動く部分やオルガヌム声部が同音を保持する斜行部分が重要な役割を果たしていることは間違いなさそうである。すなわち、このオルガヌムも基本的には「平行／斜行オルガヌム」の様式で書かれていると言ってよいであろう。

ホルシュナイダー、ランキンらの解読結果を見ると、原則として1音符対1音符で、オルガヌム声部が聖歌声部より下にあり、4度平行の部分と境界音を使った斜行の部分が交替し、フレーズの最後でユニゾンになるという形態のオルガヌムとなっている。ただし、『ミクロログス』より音の自由度は高い傾向があり、オルガヌム声部が聖歌声部より上になることも少なくない。また、フレーズの最後の部分で聖歌の1音に対しオルガヌム声部の複数音が対応している箇所がしばしば見られている。また、境界音としてCやF以外の音もかなり使われているようである。

　オルガヌムを作曲したのが誰なのかについて、写本には何も書かれていない。しかし、オルガヌムのレパートリー等の状況証拠から、10世紀末にオールド・ミンスターの先唱者であったウィンチェスターのウルフスタン Wulfstan of Winchester（992－996活躍）ではないかと推測されている（Holschneider 1968: 76-81; Teviotdale 2001）。

　《ウィンチェスター・トロープス集》のオルガヌムについては、まだ全貌が明らかになったとは言えない。これまでの解読作業の結果は非常に興味深いものであるが、解読の過程で、複数の解釈が可能である場合に恣意的に音高を選ばざるを得ない箇所も少なからずあったのではないかと思われ、どの程度の妥当性があるのか見極める必要がある。今後新たな知見が積み重ねられることを期待したい。

VI.　まとめ

　現在わかっている範囲で最初期の多声実践は、「平行／斜行オルガヌム」という概念で説明できるものであった。その細部に関しては資料による違いもあるが、聖歌声部を上、オルガヌム声部を下とした1音符対1音符のオルガヌムで、平行の部分と境界音を使った斜行の部分が交替するものである、という大枠は11世紀まで変わっていないと考えられる。

　この様式のカテゴリーに含まれると考えられる理論書『ムジカ・エンキリアディス』と『スコリカ・エンキリアディス』、および楽譜資料《ウィンチェスター・トロープス集》のオルガヌムについて解説した。そのうえで『ミクロログス』のオルガヌム理論の特徴をまとめると、以下の6項目に要約できる。

(1) 全音階を前提とする。

(2) 5度の平行オルガヌムを否定し、オルガヌム声部が下にくるような4度平行と斜行との交替を原則とする。

(3) 斜行を使う理由として、増4度回避以外に響きの好ましさも許容している。

(4) 境界音を選ぶ理由として、音程を順位付けしている（ただしその根拠は不確かで、理由なくテトラルドゥスよりトリトゥスを重視するなどの矛盾もある）。

(5) フレーズの最後でオクルススによりユニゾンに至る方法を説明している。

(6) 実例をあげている。実例では音進行のなめらかさを重視しているように思われる。

　これまで述べてきたように、「平行／斜行オルガヌム」を包括的に扱った理論書は、9世紀の『ムジカ・エンキリアディス』および『スコリカ・エンキリアディス』を除くと『ミクロログス』しかない。前2者は「ダジア記譜法」に基づく変則的な音組織を前提とした理論であり、不備も多い。『ミクロログス』は多くの事項に関して、この様式のオルガヌムについて知るための唯一の情報源となっているのである。

注

[1] 楽器のオルガンとの関連からこの呼び名がついたのではないかという説もあるが、十分な証拠はないようである（Reckow and Roesner 2001: 18: 671-673）。8〜9世紀には器楽全般を "organicum melos" と呼んでいたと思われ、同時に複数の音を発することができるという楽器の特質との類似から、多声音楽を "organum" と呼ぶようになったのではないかと考える研究者もいる（Planchart 2000: 23）。また、運動などが「正確な数比に基づく」ことを "ad organicum modum"（オルガヌムの方式で）と呼んだことと関連するという説もある（Fuller 1990: 491）。

[2] ただし、グイドはこの「ディアフォニア」と「オルガヌム」を一貫して使い分けているとは言えず、例外もある。例えば、「ディアフォニアはこの4つの音程（コンコルディア）によって聖歌（カントゥス）に付き従うのである」（本書37頁）では、「ディアフォニア」の語が「付加された声部」の意味で使われているように思われる。

[3] この3つの様式をどのように呼ぶかについては、現在まだ定説がない。ここでは、筆者が最も適切と考える名称を仮に提示しておいた。

［4］ただし、研究者によっては後述するメリスマ・オルガヌムに相当する様式を "florid organum" と呼んでいる場合もあり、様式の名称については混乱も見られる。

［5］例えば、同時代の代表的なオルガヌム理論書である『オルガヌム作法 Ad organumu faciendum』では、1 音符対 1 音符でオルガヌム声部が上に来るようなオルガヌムを説明している（Eggebrecht and Zaminer ed. 1970）。

［6］Paris, Bibliothèque nationale, lat. 1139, lat. 3459, lat. 3719 及び London, British Library Add. 36881. これらの写本に見られる音楽は、リモージュのサン・マルシャル修道院との関係が深いと考えられ、以前「サン・マルシャル楽派」と呼ばれていたが、近年では「アキテーヌのポリフォニー」という名称の方がよりふさわしいとされている。

［7］Santiago de Compostela, Biblioteca de la catedral metropolitana.

［8］アキテーヌのポリフォニーの中で最も古い段階の写本 Paris, Bibliothèque nationale, lat. 1139 の一部では、有節の 2 声曲に対し、第 1 節の歌詞に主声部のみの楽譜、第 2 節の歌詞にオルガヌム声部のみの楽譜を対応させることにより、一見単旋律曲に見える形で 2 声部曲を記録している（Marshall 1962; Fuller 1971）。

［9］Wolfenbüttel, Herzog August Bibliothek, Guelf. 628 Helmst, 1099 Helmst, Firenze, Biblioteca Medicea Laurenziana, Pluteus 29.1 等。

［10］「オルガヌム・プールム」「ディスカントゥス」の他に「コプラ opula」と呼ばれる第 3 のリズム様式もあり、長く伸ばした聖歌声部とモード・リズムで歌うオルガヌム声部を組み合わせたものという解釈が有力だが、異論もある（平井 2011）。

［11］『エンキリアディス』の詳細については『ミクロログス』訳注 10 参照。

［12］ただし地方によっては、早い時期から個々のネウマを書く位置を音高と連動させる方法をとっていた例もあるようである（Rankin 2011）。

［13］この主要筆写者がオルガヌムの作者ではないかという議論もあるが、結論は出ていない（Teviotdale 2001）。

参 考 文 献

一次文献（原著校訂版および現代語訳）

Guido d'Arezzo　グイド・ダレッツォ（アレッツォのグイド）
『ミクロログス（音楽小論）Micrologus』
　　　　Migne ed. 1844-1904: 141: 379-406.*（原著校訂版）
　　　　Waesberghe ed. 1955.*（原著校訂版）
　　　　Gerbert ed. 1784: 2: 2-24.*（原著校訂版）
　　　　Rusconi 2008: 3-85.（原著校訂版、イタリア語対訳）
　　　　Schlecht trans. 1873.（独訳）
　　　　Hermesdorff trans. 1876.（独訳）
　　　　Babb trans. 1978: 47-83.（英訳）
　　　　Colette and Jolivet trans. 1993.（仏訳）
『韻文規則 Regulae rhythmicae』
　　　　Migne ed. 1844-1904: 141: 405-414.*（原著校訂版）
　　　　Gerbert ed. 1784: 2: 25-34.*（原著校訂版）
　　　　Waesberghe ed. 1985.*（原著校訂版）
　　　　Pesce 1999: 327-403.（原著校訂版、英語対訳）
　　　　Rusconi 2008: 87-114.（原著校訂版、イタリア語対訳）
『アンティフォナリウム序文 Prologus in Antiphonarium』
　　　　Migne ed. 1844-1904: 141: 413-422.*（原著校訂版）
　　　　Gerbert ed. 1784: 2: 34-42.*（原著校訂版）
　　　　Waesberghe ed. 1975: 58-81.*（原著校訂版）
　　　　Pesce 1999: 405-435.（原著校訂版、英語対訳）
　　　　Rusconi 2008: 115-127.（原著校訂版、イタリア語対訳）
　　　　西間木 2006.（和訳）
『未知の聖歌に関するミカエルへの書簡 Epistola de ignoto cantu directa ad Michaelem』
　　　　Migne ed. 1844-1904: 141: 423-432.*（原著校訂版）
　　　　Gerbert ed. 1784: 2: 43-50.*（原著校訂版）
　　　　Pesce 1999: 437-531.（原著校訂版、英語対訳）
　　　　Rusconi 2008: 129-160.（原著校訂版、イタリア語対訳）
　　　　Hermesdorff trans. 1884.（独訳）

Anonymous（9 世紀）

『ムジカ・エンキリアディス Musica enchiriadis』

    Schmid ed. 1981: 1-59.*（原著校訂版）

    Gerbert ed. 1784: 1: 152-173.*（原著校訂版）

    Erickson trans. 1995: 1-32.（英訳）

Anonymous（9 世紀）

『スコリカ・エンキリアディス Scolica enchriadis』

    Schmid ed. 1981: 60-156.*（原著校訂版）

    Gerbert ed. 1784: 1: 173-212.*（原著校訂版）

    Erickson trans. 1995: 33-93.（英訳）

Anonymous（9 世紀）

『音楽論別記 Alia musica』

    Gerbert ed. 1784: 1: 125-152.*（原著校訂版）

    Chailly ed. 1965.*（原著校訂版）

Anonymus（11 – 12 世紀）

『ミクロログス注解 Commentarius in Micrologum』

    Waesberghe ed. 1957: 99-172.*（原著校訂版）

Anonymous（12 世紀）

『ハルモニア音楽技法 Ars musice armonie』

    出典 Basel, Universitätsbibliothek, F.IX.54, fol. 5r-8v.*

Anonymous（12 世紀）

『オルガヌム作法 Ad organum faciendum』

    Eggebrecht and Zaminer ed. 1970: 43-108. *（原著校訂版、独語対訳）

Aribo Scholasticus アリボ（1068 – 1078 頃活躍）

『音楽論 De musica』

    Gerbert ed. 1784: 2: 197-230.*（原著校訂版）

    Waesberghe ed. 1951. *（原著校訂版）

Aurelianus Reomensis アウレリアヌス・レオメンシス（840 – 850 頃活躍）

『音楽論 Musica Disciplina』

    Gushee ed. 1975. *（原著校訂版）

Berno von Reichenau ライヒェナウのベルノ（1048 没）

『トナリウム序文 Prologus in tonarium』

    Gerbert ed. 1784: 2: 62-91.*（原著校訂版）

Boethius, Anicius Manlius Severinus ボエティウス（480 頃 – 524 頃）

『音楽教程 De institutione musica』

    Friedlein 1867.*（原著校訂版）

    Bower trans.1989.（英訳）

Calcidius カルキディウス（4世紀か5世紀初頭活躍）
『ティマイオス注解 Commentarius in Platonis Timaeum』
　　　Wrobel 1876.*（原著校訂版）
　　　Waszink 1962.（原著校訂版）
Hucbaldus フクバルドゥス（850頃–930）
『ハルモニア教程 De harmonica institutione』
　　　Gerbert ed. 1784: 1: 103-152.*（原著校訂版）
　　　Babb trans. 1978: 1-46.（英訳）
　　　Chartier 1987.（原著校訂版、仏語対訳）
Johannes Afflighemensis (Cotto) ヨハンネス・アッフリゲメンシス（コト）（1100頃活躍）
『音楽論 De musica』
　　　Waesberghe ed. 1950. *（原著校訂版）
　　　Babb trans. 1978: 85-190.（英訳）
Martianus Mineus Felix Capella マルティアヌス・カペラ（5世紀）
『フィロロギアとメルクリウスの結婚 De nuptiis Philologiae et Mercurii』
　　　Dick ed. 1925: 469-535. *（原著校訂版）
　　　Stahl and Johnson with Burge trans. 1977.（英訳）
Pseudo-Odo 偽オド（11世紀）
『対話 Dialogus』
　　　Gerbert ed. 1784: 1: 251-264.*（原著校訂版）
Pseudo-Osbernus Cantuariensis カンタベリーの偽オスベルヌス（1100頃活躍）
『コンソナンツィア論 De vocum consonantiis』
　　　出典 Oxford, Bodleian Library, Codex Oxoniensis Rawl. C 270.*
Remigius Autissiodorensis オセールのレミギウス（862-900頃活躍）
『音楽論 Musica』
　　　Gerbert ed. 1784: 1: 63-94.*（原著校訂版）
Rodolphe de Saint- Trond サン=トロンのロドルフ（1070頃–1138）
『音楽の諸問題 Quaestiones in musica』
　　　Steglich ed. 1911.*（原著校訂版）
Sigebertus Gemblaecensis ジャンブルーのシゲベルトゥス（1030頃–1112）
『年代記 Chronicon』
　　　Sigebertus 1513.**（近代校訂版未出版）

＊および＊＊を付した一次文献原文は、以下のウェブサイトで閲覧可能。
　＊Thesaurus Musicarum Latinarum　http://www.chmtl.indiana.edu/tml/　（最終確認 2018年4月20日）
　＊＊Münchener Digitalisierungszentrum Digitale Sammlungen
　　http://daten.digitale-sammlungen.de/bsb00023480/image_1　（最終確認 2018年4月20日）

二次文献（一次文献の校訂版、現代語訳も含む）

Adkins, Cecil. 2001. "Monochord," *The New Grove Dictionary of Music and Musicians, second edition*, ed. by Stanley Sadie, 17: 2-4. London: Macmillan.

Anderson, William S. ed. 1996. *Ovid's Metamorphoses Books 1-5, Edited with Introduction and Commentary by W. S. Anderson.* Norman, Oklahoma: University of Oklahoma Press.

Atkinson, Charles M. 2009. *The Critical Nexus: Tone-System, Mode, and Notation in Early Medieval Music.* New York: Oxford University Press.（AMS Studies in Music）

———. 2010."Some Thoughts on Music Pedagogy in the Carolingian Era," *Music Education in the Middle Ages and the Renaissance*, ed. by Russell E. Murray Jr., Susan Forscher Weiss, and Cynthia J. Cyrus, 37-51. Bloomington: Indiana University Press.

Austin, Roland Gregory ed. 1971. *P. Vergili Maronis Aeneidos liber primus, with Commentary by R. G. Austin.* Oxford: Clarendon Press.

Babb, Warren trans. 1978. *Hucbald, Guido, and John on Music: Three Medieval Treatises.* New Haven and London: Yale University Press.（Music Theory Translation Series）

Bailey, David Roy Shackleton ed. 1990. *M. Valerii Martialis Epigrammata, post W. Haraeum.* Stuttgart: Teubner.

Baltzer, Rebecca A. 1990. "How Long Was Notre-Dame Organum Performed?" *Beyond the Moon: Festschrift Luther Dittmer*, ed. by Bryan Gillingham and Paul Merkley, 118-143. Ottawa, Canada: The Institute of Mediaeval Music.

Bernhard, Michael. 1990. "Das musikalische Fachschrifttum im lateinischen Mittelalter,"*Rezeption des antiken Fachs im Mittelalter*, 37-103. Darmstadt: Wissenschaftliche Buchgesellschaft.（Geschchite der Musiktheorie Bd. 3）

Blackburn, Bonnie J. 2001. "Hothby, John," *The New Grove Dictionary of Music and Musicians, second edition,* ed. by Stanley Sadie 11: 749-751. London: Macmillan.

Bower, Calvin Martin. 1967. *Boethius' The Principles of Music, An Introduction, Translation, and Commentary.* Ph.D. dissertation, George Peabody College for Teachers of Vanderbilt University.

———. 1989. "The Grammatical Model of Musical Understanding in the Middle Ages," *Hermeneutics and Medieval Culture,* ed. by Patrick J. Gallacher and Helen Damico, 133-145. Albany, New York: State University of New York Press.

——— trans. 1989. *Fundamentals of Music.* New Haven: Yale University Press.（Music Theory Translation Series）

———. 2002. "The Transmission of Ancient Music Theory into the Middle Ages," *The Cambridge History of Western Music Theory*, ed. by Thomas Christensen, 136-167. Cambridge: Cambridge University Press.

Boynton, Susan. 2000. "Training for the Liturgy as a Form of Monastic Education," *Medieval Monastic Education*, ed. by George Ferzoco and Carolyn Muessig, 7-20. London and New York: Leicester University Press.

―――. ed. 2008. *Young Choristers 650-1700*. Woodbridge: Boydell Press.

―――. 2010. "Medieval Musical Education as Seen through Sources outside the Realm of Music Theory," *Music Education in the Middle Ages and the Renaissance*, ed. by Russell E. Murray Jr., Susan Forscher Weiss, and Cynthia J. Cyrus, 52-64. Bloomington: Indiana University Press.

Bröcker, Marianne. 1997. "Monochord," *Die Musik in Geschichte und Gegenwart*, ed. by Ludwig Finscher, Sachteil 6: 456-466. Kassel: Bärenreiter.

Bryden, John R. and David G. Hughes ed. 1969. *An Index of Gregorian Chant*. Massachusetts: Harvard University Press.

Burney, Charles. 1782. *A General History of Music, From the Earliest Ages to the Present Period, Volume 2*. London: Becket, Robson and Robinson.

Chailley, Jacques ed. 1965. *Alia musica: Traité de musique du IXe siècle*. Paris: Centre de Documentation Universitaire.

―――. 1984. "*Ut queant laxis* et les origins de la gamme," *Acta Musicologica*. 56: 48-69.

Chartier, Yves. 1987. "Hucbald de Saint-Amand et la notation musicale," *Musicologie Médiévale: Notations et séquences*, ed.by Michel Huglo, 145-155. Paris: Librairie Honoré Champion.

―――. 1995. *L'oeuvre musicale d'Hucbald de Saint-Amand: Les compositions et le traité de musique*. Saint-Laurent, Québec: Bellermin.

―――. 2001a. "Hucbald of St Amand," *The New Grove Dictionary of Music and Musicians, second edition,* ed. by Stanley Sadie 11: 794-795. London: Macmillan.

―――. 2001b. "Regino of Prum," *The New Grove Dictionary of Music and Musicians, second edition,* ed. by Stanley Sadie 21: 103. London: Macmillan.

Christensen, Thomas ed. 2002. *The Cambridge History of Western Music Theory*. Cambridge: Cambridge University Press.

Cohen, David. 2002. "Notes, Scales and Modes in the Earlier Middle Ages," *The Cambridge History of Western Music Theory*, ed. by Thomas Christensen, 307-363. Cambridge: Cambridge University Press.

Colette, Marie-Noël and Jean-Christophe Jolivet ed. 1993. *Micrologus/Gui d'Arezzo: traduction et commentaries*. Paris: Éditions ipmc.

Conte, Gian Biagio ed. 2009. *P. Vergilius Maro. Aeneis: Recensuit atque apparatu critico instruxit Gian Biagio Conte*. Berlin: Walter de Gruyter.

Coussemaker, Charles Edmond Henri de. 1852. *Histoire de l'harmonie au moyen âge*. Paris: V. Didron.

―――. ed. 1864. *Scriptorium de musica medii aevi vols. I-IV*. Paris: Durand et Pedone-Lauriel.

Reprint ed. Hildesheim: Georg Olms, 1963.

Crocker, Richard L. 1958. "*Musica Rhythmica* and *Musica Metrica* in Antique and Medieval Theory," *Journal of Music Theory*. 2, 1: 2-23.

D'Accone, Frank A. 2001. "Florence," *The New Grove Dictionary of Music and Musicians, second edition,* ed. by Stanley Sadie 9: 1-11. London: Macmillan.

Desmond, Karen. 1998. "*Sicut in grammatica*: Analogical Discourse in Chapter 15 of Guido's *Micrologus*," *The Journal of Musicology*. 16, 4: 467-493.

DeWitt, Patricia Alice Mitchell. 1973. *A New Perspective on Johannes de Grocheio's Ars Musicae.* Ann Arbor: UMI. (PhD. dissertation, The University of Michigan)

Dick, Adolfus ed. 1921. *Martianus Capella: Werke.* Leipzig: Teubner.

Eggebrecht, Hans Heinrich and Frieder Zaminer ed. 1970. *Ad Organum Faciendum: Lehrschriften der Mehrstimmigkeit in nachguidonischer Zeit.* Mainz: B. Schott's Söhne.

Erickson, Raymond trans. 1995. *Musica Enchiriadis and Scolica Enchiriadis.* New Haven and London: Yale University Press. (Music Theory Translation Series)

Flynn, T. William. 1999. *Medieval Music as Medieval Exegesis.* London: Scarecrow Press.

Friedlein, Godofredus. 1867. *Anicii Manlii Torquati Severini Boetii De institutione musica libri quinque.* Leipzig : D. B. Teubner. Reprint ed. Frankfurt am Main: Minerva, 1966.

Fuller, Sarah. 1971. "Hidden Polyphony — A Reappraisal," *Journal of the American Musicological Society.* 24, 2: 169-192.

————. 1978. "Discant and the Theory of Fifthing," *Acta Musicologica* 50: 241-275.

————. 1990. "Early Polyphony," *The Early Middle Ages to 1300,* ed. by Richard Crocker and David Hiley, 485-556. New York: Oxford University Press.

————. 2011. "Early Polyphony to circa 1200," *The Cambridge Companion to Medieval Music*, ed. by Mark Everist, 46-66. Cambridge: Cambridge University Press.

Gerbert, Martin ed. 1784. *Scriptores ecclesiastici de musica sacra vols. I-III.* St. Blasien, Germany: Typis San-Blasianis. Reprint ed. Hildesheim: Georg Olms, 1990.

Gesneri, Jo ed. 1822. *M. Fabii Qintiliani, De Instituione Oratoria, Tomus 1.* London: T. Davison.

Green, Edward. 2007. "What is Chapter 17 of Guido's *Micrologus* About? – A Proposal for a New Answer," *International Review of the Aesthetics and Sociology of Music.* 38, 2: 143-170.

Grier, James. 2005. "The Musical Autographs of Adémar de Chabannes (989-1034)," *Early Music History.* 24: 125-168.

Gummere, Richard M. ed. 1962. *Seneca. Ad Luilium epistulae morales. With an English Translation by Richard M. Gummere, vol. 2.* London: Harvard University Press.

Gushee, Lawrence. 1973. "Questions of Genre in Medieval Treatises on Music," *Gattungen der Musik in Einzeldarstellungen. Gedenkschrift der Leo Schrade,* ed. by Wulf Arlt, Ernst Lichtenhahn, Hans Oesch, and Max Haas, 365-433. Bern: Francke Verlag.

———— ed. 1975. *Avreliani Reomensis Mvsica disciplina.* (n. p.) : American Institute of Musicology.

Haines, John. 2008. "The Origins of the Musical Staff," *Musical Quarterly*. 91, 3/4: 327-378.

Hermesdorff, Michael trans. 1876. *Micrologus Guidonis de disciplina artis musicae d. i. Kurze Abhandlung Guidos über die Regeln der musikalischen Kunst.* Trier: Commissionsverlag J. B. Grach.

———— trans.1884. *Epistola Guidonis Michaeli monachio de ignoto cantu directa D. I. Brief Guido's: An Den Moch Michael Uber Unbekannten Gesang.* Trier: Verlag der Paulinus.

Hiley, David. 2001. "Neuma," *The New Grove Dictionary of Music and Musicians, second edition*, ed. by Stanley Sadie, 17: 785-787. London: Macmillan.

Hirschmann, Wolfgang. 2002. "Guido von Arezzo," *Die Musik in Geschichte und Gegenwart, 2. Neubearbeitete Ausgabe,* ed. by Ludwig Finscher, Personenteil 8: 221-229. Kassel: Bärenreiter and Stuttgart: Metzler.

Holschneider, Andreas. 1968. *Die Organa von Winchester: Studien zum ältesten Repertoire polyphoner Musik.* Hildesheim: Georg Olms.

Hughes, Andrew. 2001. "Aribo," *The New Grove Dictionary of Music and Musicians, second edition,* ed. by Stanley Sadie 1: 897-898. London: Macmillan.

Hughes, David G. 2001. "Guido's *Tritus*: An Aspect of Chant Style," *The Study of Medieval Chant – Paths and Bridges, East and West: In Honor of Kenneth Levy*, ed. by Peter Jeffery, 211-225. Woodbridge, UK: Boydell Press.

Huglo, Michel. 1969. "L'auteur du «Dialogue sur la Musique» attribué à Odon," *Revue de musicologie*. 55, 2: 119-171.

Huglo, Michel. 2001. "Tonary," *The New Grove Dictionary of Music and Musicians, second edition,* ed. by Stanley Sadie, 25: 594-598. London: Macmillan.

Jeffery, Peter. 2001. "Octoechos," *The New Grove Dictionary of Music and Musicians, second edition,* ed. by Stanley Sadie, 18: 370-373. London: Macmillan.

Karp, Theodore. 1992. *The Polyphony of Saint Martial and Santiago de Compostela.* New York: Oxford University Press.

Keil, Heinrich ed. 1864a. "Donati de partibus orationis ars minor," *Grammatici Latini Vol. IV,* 355-366. Leipzig: Aedibus B. G. Teubneri.

———— ed. 1864b. "Donati ars grammatica," *Grammatici Latini Vol. IV,* 367-402. Leipzig: Aedibus B. G. Teubneri.

Leach, Elizabeth E. 2009. "Grammar and Music in the Medieval Song-School," *New Medieval Literatures* (Special Issue: Medieval Grammar and the Literary Arts). 9: 195-211.

Liber hymnarius cum invitatoriis et aliquibus responsoriis. Solesmes: Abbaye Saint-Pierre. 1983.

Liber usualis missae et officii pro dominicis et festis I. vel II. classis. Tournai: Declée. 1921.

Mahrt, William P. 2000. "Gamut, Solmization, and Modes," *A Performer's Guide to Medieval Music*, ed. by Ross W. Duffin, 482-495. Bloomington: Indiana University Press. (Part 3 Theory and Practice, XII Essential Theory for Performers)

————. 2009. "An Unusual Chain of Thirds: The Introit *Miserere Mihi, Domine*," *Sacred Music*. 136, 2: 48-50.

Marshall, Judith M. 1962. "Hidden Polyphony in a Manuscript from St. Martial de Limoges," *Journal of the American Musicological Society*. 15, 2: 131-144.

Mathiesen, Thomas J. 1998. *Greek Views of Music*. New York: Norton. (Source Reading in Music History vol. 1)

McGee, Timothy J. 1998. *The Sound of Medieval Song: Ornamentation and Vocal Style according to the Treatises*. Oxford: Clarendon Press.

Mengozzi, Stefano. 2010. *The Renaissance Reform of Medieval Music Theory: Guido of Arezzo between Myth and History*. Cambridge: Cambridge University Press.

Merkley, Paul. 1988. "Tonaries and Melodic Families of Antiphons," *Journal of the Plainsong and Medieval Music Society*. 11: 13-24.

————. 1990. "Tonaries, Differenitae, Termination Formulas, and the Reception of Chant," *Beyond the Moon: Festschrift Luther Dittmer*, ed. by Bryan Gillingham and Paul Merkley, 183-194. Ottawa: The Institute of Mediaeval Music.

Meyer, Christian. 1997. "La tradition du Micrologus de Guy d'Arrezo: Une contribution à l'histoire de la réceptiondu texte," *Revue de musicologie*. 83, 1: 5-31.

Migne, J. P. ed. 1844-1904. *Patrologia cursus completes, series latina,* 221 vols. Paris : Garnier.

Oesch, Hans. 1954. *Guido von Arezzo: Biographisches und Theoretisches unter besonderer Berücksichtigung der sogenannten odonischen Traktate*. Bern: Haupt Verlag.

Olivieri, S. 2002. "Camaldoli, Abbey of," *New Catholic Encyclopedia, second edition*, ed. by Thomas Carson and Joann Cerrito, 2: 898-899. Detroit: Gale in association with the Catholic University of America.

Page, Christopher. 2010. *The Christian West and its Singers*. New Haven and London: Yale University Press.

Paléographie musicale: Les principaux manuscrits de chant grégorien, ambrosien, mozarabe, gallican. Solesmes: Abbaye-Saint-Pierre. 1989-.

Palisca, Claude V. 1978. "Introduction: Guido, Micrologus," *Hucbald, Guido, and John on Music: Three Medieval Treatises,* trans. by Warren Babb, 9-56. New Haven and London: Yale University Press. (Music Theory Translation Series)

————. 2001a. "Guido of Arezzo [Aretinus]," *The New Grove Dictionary of Music and Musicians, second edition*, ed. by Stanley Sadie, 10: 522-526. London: Macmillan.

————. 2001b. "Johannes Cotto [Johannes Affligemensis]," *The New Grove Dictionary of Music and Musicians, second edition*, ed. by Stanley Sadie, 13: 137-138. London: Macmillan.

————. 2001c. "Theory, theorists, §5: Early Middle Ages," *The New Grove Dictionary of Music and Musicians, second edition*, ed. by Stanley Sadie, 25: 362-367. London: Macmillan.

Pesce, Dolores. 1987. *The Affinities and Medieval Transposition*. Bloomington: Indiana University

Press.

———. 1999. *Guido d'Arezzo's Regule rithmice, Prologus in antiphonarium, and Epistola ad Michahelem: A Critical Text and Translation with an Introduction, Annotations, Indices, and New Manuscript Inventries*. Ottawa, Canada: The Institute of Mediaeval Music.

———. 2007. "A Historical Context for Guido d'Arezzo's Use of *distinctio*," *Music in Medieval Europe: Studies in Honour of Bryan Gillingham*, ed. by Terence Bailey and Alma Santusuosso, 146-162. Hants, UK: Ashgate.

———. 2010. "Guido d'Arezzo, *Ut queant laxis*, and Musical Understanding," *Music Education in the Middle Ages and the Renaissance*, ed. by Russell E. Murray Jr., Susan Forscher Weiss, and Cynthia J. Cyrus, 25-36. Bloomington: Indiana University Press.

Phillips, Nancy Catherine. 1984. *"Musica" and "Scolica Enchiriadis": The Literally, Theoretical and Musical Sources*. Ann Arbor: UMI. (PhD. dissertation, New York University)

Planchart, Alejandro Enrique. 2000. "Organum," *A Performer's Guide to Medieval Music*, ed. by Ross W. Duffin, 23-51. Bloomington: Indiana University Press. (Part 1 Repertoire, I Sacred Music)

Powers, Harold, Frans Wiering et al. 2001. "Mode," *The New Grove Dictionary of Music and Musicians, second edition*, ed. by Stanley Sadie, 16: 775-860. London: Macmillan.

Rankin, Susan. 1993. "Winchester Polyphony: The Early Theory and Practice of Organum," *Music in the Medieval English Liturgy*, ed. by Susan Rankin and David Hiley, 59-99. Oxford: Clarendon Dame Press.

——— ed. 2007. *The Winchester Troper: Facsimile Edition and Introduction*. London: Stainer and Bell.

———. 2011. "On the Treatment of Pitch in Early Music Writing," *Early Music History*. 30: 105-175.

Reckow, Fritz and Edward H. Roesner. 2001. "Organum," *The New Grove Dictionary of Music and Musicians, second edition*, ed. by Stanley Sadie, 18: 671-695. London: Macmillan.

Rusconi, Angelo. 2008. *Guido d'Arezzo, Le Opere, Micrologus, Regulae rhythmicae, Prologus in Antiphonarium, Epistola ad Michaelem, Epistola ad archiepisopum Mediolanensem, Testo latino e italiano*. Firenze: Fondazione Ezio Franceschini.

Russel, Tilden A. 1981. "A Poetic Key to a Pre-Guidonian Palm and the Echemata," *Journal of American Musicological Society*. 34, 1: 109-118.

Schlecht, Raymund trans. 1873. "Micrologus Guidonis de disciplina artis musicae," *Monatshefte für Musik-Geschichte*. 5: 135-177

Schmid, Hans ed. 1981. *Musica et Scolica Enchiriadis: Una cum aliquibus tractatulis adiunctis*. München: Verlag der Bayerischen Akademie der Wissenschaften.

Seay, Albert. 1970. "Guglielmo Roffredi's Summa musicae artis," *Musica disciplina*. 24: 69–77.

Sigebertus 1513. *Sigeberti Gemblacensis coenobitae Chronicon*. Paris : Estienne and Petit.

Stahl, William Harris and Richard Johnson, with E. L. Burge trans. 1977. *The marriage of Philology and Mercury/ Martianus Capella*, New York: Columbia University Press.

Steglich, Rudolf ed. 1911. *Die Quaestiones in musica: Ein Choraltraktat des zentralen Mittelalters und ihr mutmasslicher Verfasser Rudolf von St. Trond* (*1070-1138*). Leipzig: Breitkopf und Härtel.

Stirling, John ed. 1734. *Catonis Disticha Moralia et Lilli Monita Paedagogica; or, Cato's Moral Distichs, and Lilli's Paedagogical Admonitions*. London: Thomas Astley.

Sullivan, Blair. 1989. "Interpretive Models of Guido of Arezzo's Micrologus," *Comitatus: A Journal of Medieval and Renaissance Studies*. 20,1: 20-42.

Taruskin, Richard. 2010. *Music from the Earliest Notations to the Sixteenth Century*. Oxford: Oxford University Press. (The Oxford History of Western Music, vol.1)

Teviotdale, Elizabeth C. 2001. "Wulfstan of Winchester," *The New Grove Dictionary of Music and Musicians, second edition*, ed. by Stanley Sadie, 27: 585-586. London: Macmillan.

Torkewitz, Dieter. 1999. *Das älteste Dokument zur Entstehung der abendländischen Mehrstimmigkeit*. Stuttgart: Franz Steiner Verlag. (Beihefte zum Archiv für Musikwissenschaft Band XLIV)

Waesberghe, Joseph Smits van ed. 1950. *Johannis Affligemensis De Musica cum Tonario*. Rome: American Institute of Musicology. (Corpus Scriptorum de Musica 1)

———. 1951. "Guido of Arezzo and Musical Improvisation," *Musica Disciplina*. 5: 55-63.

———. ed. 1951. *Aribonis de Musica*. Rome: American Institute of Musicology. (Corpus Scriptorum de Musica 2)

———. 1953. *De mvsico-pedagogico et theoretico Gvidone Aretino eivsqve vita et moribus*. Firenze: L. S. Orschki.

———. ed. 1955. *Gvidonis Aretini Micrologvs*. [N. P.] : American Institute of Musicology. (Corpus Scriptorum de Musica 4)

———. ed. 1957. *Expositiones in Micrologum Gvidonis Aretini: Liber argumentorum, Liber specierum, Metrologum, Commentarius in Micrologum Gvidonis Aretin* . Amsterdam: Noord-Hollandsche Uitg. Mij. (Musicologica Medii Aevi 1)

———. 1969. *Musikerziehimg. Lehre und Theorie der Musik um Mitteralter*. Leipzig: VEB Deutscher Verlag für Musik. (Musikgeschite in Bildern vol.II/3)

———. ed. 1975. "Guidonis Prologus in Antiphonarium." *Tres tractatuli Gvidonis Aretini: Guidonis Prologus in Antiphonarium*, 58-81. Buren: Knuf. (Divitiae musicae artis A/III)

———. ed. 1985. *Gvidonis Aretini Regulae rhythmicae*. Buren: Knuf. (Divitiae musicae artis A/IV)

Waite, William. 1956. "Review: Guidonis Aretini. Micrologus, Ed. Jos. Smits van Waesberghe. (Corpus scriptorum de muisca, 4.) American Institute of Musicology, 1955. 243pp," *Journal of the American Musicological Society*. 9, 2:146-149.

Walther, Johann Gottfried. 1732. *Musicalisches Lexicon oder Musicalische Bibliothec*. Leipzig: Wolffgand Deer. Reprint ed. *Musicalisches Lexicon oder Musicalische Bibliothec* [*1732*] -

Neusatz des Textes und der Noten by Friederike Ramm. Kassel: Baerenreiter, 2001.

Waszink, Jan Hendrik. 1962. *Timaeus a Calcidio translatus commentarioque instructus*. London: The Warburg Institute.

Weakland, Rembert. 1953. "Hucbalds as Musician and Theorist," *Musical Quarterly*. 42: 66-84.

Wrobel, Johann. 1876. *Platonis Timaeus, interprete Chalcidio cum eiusdem commentario ad fidem librorum manu scriptorium*. Leipzig: G. B. Teubner.

アウグスティヌス　1989　「音楽論」　原正幸訳、『アウグスティヌス著作集第 3 巻：初期哲学論集 (3)』　東京：教文館

アリストテレス　1972　『詩学、アテナイ人の国制、断片集』　今道友信他訳、東京：岩波書店（アリストテレス全集 17）

―――　2001　『政治学』　牛田徳子訳、京都：京都大学出版会（西洋古典叢書）

イェバサン、クヌズ　2010　「教会旋法：当初のグレゴリオ旋法から 16 世紀の多声部旋法まで」　東川清一訳　（Knud Jeppesen. Die Kirchentöne）　東川清一『旋法論：楽理の探求』　東京：春秋社　27-55.　(*Kontrapunkt Lwhrbuch der klassischen Vokalpolyphonie* 部分訳)

大谷啓治　1984　「中世前期の教育思想」　上智大学中世思想研究所編『教育思想史 3：中世の教育思想（上）』　東京：東洋館出版社　17-28.

片山千佳子　1983　「プトレマイオスにおける音程比理論の変貌」『東京藝術大学音楽学部紀要』　9: 1-27.

カッシオドルス　1993　「綱要 Institutiones（聖書ならびに世俗的諸学研究 Institutiones divinarum et humanarum lectionum)」田子多津子訳、上智大学中世思想研究所編『中世思想原典集成第 5 巻後期ラテン教父』東京：平凡社　329-418.

金澤正剛　1998　『中世音楽の精神史』　東京：講談社

カルディーヌ、ウージェーヌ　1979　『グレゴリオ聖歌セミオロジー』　水嶋良雄訳、東京：音楽之友社

川井田研朗　2005　「カロルス大帝の「万民への訓諭勅令」（Admonitio　Generalis)（789 年）の注解 (1)」『福岡大学人文論叢』　36 (4)：117-150.

共同訳聖書実行委員会訳　2003　『聖書：新共同訳』　東京：日本聖書協会

グラウト、D. J.、C. V. パリスカ　1998　『グラウト／パリスカ新西洋音楽史　上』　戸口幸策、津上英輔、寺西基之訳、東京：音楽之友社

クルツィウス、E. R.　1971　『ヨーロッパ文学とラテン中世』　南大路振一、岸本通夫、中村善也訳、東京：みすず書房

ゲオルギアーデス、T. G.　1994　『音楽と言語』　木村敏訳、東京：講談社（講談社学術文庫）

坂口昂吉　「ベネディクトゥスの会則」　上智大学中世思想研究所編『古代キリスト教の教育思想（教育思想史 2)』　東京：東洋館出版社　363-392.

ザックス、クルト　1969　『音楽の起源』（Curt Sachs. *The Rise of Music in the Ancient World, East and West*. New York: W. W. Norton, 1943.）　皆川達夫、柿木吾郎訳、東京：音楽之友社（ノートン音楽史シリーズ）

津上英輔　1987　「ボェーティウスによるギリシャ・トノス理論の誤解と中世旋法理論に対するその影響」『同志社女子大学学術研究年報』　38（3）：297-310.

―――　1988　「プトレマイオスのトノス理論（1）」『同志社女子大学学術研究年報』　39（3）：274-293.

ティエリ、シャルトルの　2002　『ヘプタテウコン（七自由学芸の書）　Eptatheucon』上智大学中世思想研究所編『中世思想原典集成第 8 巻　シャルトル学派』　井澤潔訳　東京：平凡社

ティンクトリス、ヨハンネス　1979　『音楽用語定義集　付・ルネサンス音楽への手引き』（Johannes Tinctoris. *Terminorum musicae diffnitorium*. Treviso, ca. 11494.）　中世ルネサンス音楽史研究会訳、東京：シンフォニア

東川清一　2010　『旋律論：楽理の探求』　東京：春秋社

那須輝彦　2007　「中世の音程論を再考する：コンソナンツィアの意味の変転にみる音楽理論の展開」『音楽学』　53, 1: 52-68.

西間木真　2006　「アレッツォのグイド『アンティフォナリウム序文』訳」『地中海研究所紀要』　4: 131-137.

林謙三、小泉文夫　1982　「旋法」　下中邦彦編『音楽大事典』　東京：平凡社　3: 1345.

パリスカ、C. V.　1993　「グイード・ダレッツォ」『ニューグローヴ世界音楽大事典』　東京：講談社　5: 446-449.

樋口隆一　2001「中世の音楽理論」ヨハネス・デ・グロケイオ、中世ルネサンス音楽史研究会訳『音楽論 全訳と手引き』東京：春秋社 153-164.

平井真希子　2009　「《オルガヌム大全》研究の歴史と展望」『東京藝術大学音楽学部紀要』　34: 123-138.

―――　2011　「コプラ概念再考」『音楽学』　57（1）：43-55.

プレトリウス、ミヒァエル　2000　『音楽大全 II　楽器誌』　郡司すみ訳、東京：エイデル研究所

ベネディクトゥス、ヌルシアの　1993　『戒律 *Regula*』古田暁訳、上智大学中世思想研究所編『中世思想原典集成第 5 巻後期ラテン教父』東京：平凡社　239-328.

松川成夫　1984　「カロリング・ルネサンスとアルクイン」　上智大学中世思想研究所編『中世の教育思想（上）』　東京：東洋館出版社　129-155.

皆川達夫　1982　「教会旋法」　下中邦彦編『音楽大事典』　東京：平凡社　2: 696-698.

山本建郎訳　2008　『アリストクセノス／プトレマイオス　古代音楽論集』京都：京都大学出版会（西洋古典叢書）

リシェ、ピエール　2002　『ヨーロッパ成立期の学校教育と教養』　岩村清太訳、東京：知泉書館

ロウビンズ、R. H.　1992　『言語学史』　中村完、後藤斉訳、東京：研究社出版
ワースベルヘ、ヨセフ・スミツ・ヴァン　1986　『音楽教育：中世の音楽理論と教授法』
　　東川清一他訳、東京：音楽之友社（人間と音楽の歴史3「中世の音楽」第3巻)

訳 文 の 索 引

グイド・ダレッツォ『ミクロログス（音楽小論）』および
『韻文規則』『アンティフォナリウム序文』『未知の聖歌に関するミカエルへの書簡』（各抜粋）
の索引

292

ルモニア）

す

せ

聖歌索引

中世ルネサンス音楽史研究会同人（五十音順）

飯森　豊水　　（いいもり・とよみ）　　　　開智国際大学教授

石川　陽一　　（いしかわ・よういち）　　　千葉大学講師

今谷　和徳　　（いまたに・かずのり）　　　早稲田大学エクステンションセンター講師

金澤　正剛　　（かなざわ・まさかた）　　　国際基督教大学名誉教授

佐々木　勉　　（ささき・つとむ）　　　　　慶應義塾大学講師

佐野　隆　　　（さの・たかし）　　　　　　東京藝術大学教育研究助手

関根　敏子　　（せきね・としこ）　　　　　音楽文献目録委員会事務局長

髙野　紀子　　（たかの・のりこ）　　　　　国立音楽大学名誉教授

高久　桂　　　（たかひさ・けい）　　　　　桐朋学園大学附属図書館員

為本　章子　　（ためもと・あきこ）　　　　元武蔵野音楽大学准教授

寺本　まり子　（てらもと・まりこ）　　　　武蔵野音楽大学特任教授

那須　輝彦　　（なす・てるひこ）　　　　　青山学院大学教授

野川　夢美　　（のがわ・ゆめみ）　　　　　桐朋学園大学附属図書館員

樋口　隆一　　（ひぐち・りゅういち）　　　明治学院大学名誉教授

平井　真希子　（ひらい・まきこ）　　　　　元東京藝術大学講師

正木　光江　　（まさき・みつえ）　　　　　昭和音楽大学名誉教授

皆川　達夫　　（みながわ・たつお）　　　　立教大学名誉教授

宮崎　晴代　　（みやざき・はるよ）　　　　武蔵野音楽大学講師

吉川　文　　　（よしかわ・あや）　　　　　東京学芸大学准教授

ミクロログス（音楽小論）
——全訳と解説

2018 年 6 月 15 日　初版第 1 刷発行

著　者＝グイド・ダレッツォ
訳　者＝中世ルネサンス音楽史研究会
発行者＝澤畑吉和
発行所＝株式会社 春秋社
　　　　〒101-0021 東京都千代田区外神田 2-18-6
　　　　電話　（03）3255-9611（営業）・（03）3255-9614（編集）
　　　　振替　00180-6-24861
　　　　http://www.shunjusha.co.jp/
印刷・製本＝萩原印刷株式会社
装　幀＝伊藤滋章

春秋社

門馬直美 **西洋音楽史概説**	2800円	古代ギリシアから現代に至る西洋音楽の変遷を詳述。時代様式，作曲家の個人様式を簡潔にまとめ，音楽史の流れを的確に解説。音楽史の基礎学習に最適。教材としても好評。
東川清一・平野　昭 **音楽キーワード事典**	2500円	音楽と楽譜の基礎知識。譜表と音名，音符と休符，音程，拍子とリズム，音階・旋法・和音，音楽形式，アーティキュレーションと強弱，テンポ，発想記号，装飾法，ジャンルなど。
村田千尋 **西洋音楽史再入門** ──4つの視点で読み解く音楽と社会	2900円	音楽と社会の関係性に着目し，中世から近代に至る西洋音楽史の流れを「楽譜」「楽器」「人」「場と機能」の4つの視点から読み解く。それぞれの"通史"が音楽の豊穣な地平をひらく。
美山良夫・茂木博（編） **音楽史の名曲** ──グレゴリオ聖歌から前古典派まで	2700円	音楽史上傑出した作品を詳細な解説とともに譜例でたどる西洋音楽史。歴史上重要な楽曲67曲を厳選し，各時代の代表的な様式・技法を網羅。図版多数。文化史対照年表つき。
C. ヴォルフ／礒山雅（訳） **バッハ　ロ短調ミサ曲**	2500円	《マタイ受難曲》と並ぶバッハ音楽の最高峰──晩年の集大成としてまとめあげられた経緯と謎，豊かな創造の源泉に迫る。世界的なバッハ学者の最新研究を踏まえた労作の全訳。
M. ラータイ／木村佐千子（訳） **愛のうた** ──バッハの声楽作品	2500円	受難曲やオラトリオなど，バッハの大規模な声楽作品を，時代背景とともにわかりやすく解説。音楽を通して生き生きと描き出されたキリスト教における「愛」の形を再発見する。
D.G. テュルク／東川清一（訳） **テュルク　クラヴィーア教本**	8000円	エマヌエル・バッハに続く十八世紀後半の音楽理論家による古典的名著。楽典，運指法，装飾音，演奏表現，指導法など，古典派・ピアノに限らず，広く音楽を学ぶ人のための必携書。
寺西　肇 **古楽再入門** ──思想と実践を知る徹底ガイド	2800円	古楽復興の立役者達が世を去りつつある今，彼らが目指した革命とは何だったのかを振り返り，音楽の本質をさぐる好著。録音・映像・書籍など，聴くべき／読むべき資料も網羅。
今谷和徳・井上さつき **フランス音楽史**	3800円	「フランスとは何か」──その定義に始まり，9世紀から現代に至るフランス音楽史を一望する他に類のない通史。優れた筆致で変わるフランス，変わらざるフランスが明らかに。
R. J. ウィンジェル／宮澤淳一・小倉眞理（訳） 〔改訂新版〕**音楽の文章術** ──論文・レポートの執筆から文献表記法まで	2800円	学術的論文・レポートの書き方の手引きとして音楽外の領域でも好評。ネット時代の情報検索・研究法を増補，訳注と付録（文献・資料の表記法）を更に充実させた待望の改訂新版。